सावंत आंटी की लड़कियां

सावंत आंटी की लड़कियां

गीत चतुर्वेदी

राजकमल प्रकाशन

ISBN : 978-81-267-1922-8

मूल्य : ₹495

पहला संस्करण : 2010
दूसरा संस्करण : 2021

प्रकाशक : राजकमल प्रकाशन प्रा. लि.
1-बी, नेताजी सुभाष मार्ग, दरियागंज
नई दिल्ली-110 002

शाखाएँ : अशोक राजपथ, साइंस कॉलेज के सामने, पटना-800 006
पहली मंजिल, दरबारी बिल्डिंग, महात्मा गांधी मार्ग, प्रयागराज-211 001
36-ए, शेक्सपियर सरणी, कोलकाता-700 017

वेबसाइट : www.rajkamalprakashan.com
ई-मेल : info@rajkamalprakashan.com

मुद्रक : बी.के. ऑफसेट
नवीन शाहदरा, दिल्ली-110 032

SAVANT ANTI KI LADKIYAN
Stories by Geet Chaturvedi

भावना के लिए

"Deep in your heart, you are laughing at me. Even if you aren't now, you will be later." she was choked with tears.

...Shimamura looked at the hair and wondered whether the coldness that had so startled him–he had never touched such cold hair, he said–might be less the cold of the snow-country winter than something in the hair itself. The woman began counting on her fingers. For some time she counted on.

Yasunari Kawabata, Snow Country

आभार

संग्रह की ये कहानियां क्रमशः 'पहल', 'नया ज्ञानोदय' व 'तद्भव' में प्रकाशित हुईं। इनके संपादकों-प्रकाशकों के प्रति मेरा हार्दिक आभार। कुछ कहानियों के शुरुआती ड्राफ़्ट पढ़कर सुझाव देने के लिए कुमार अंबुज, संजय भिसे, विनीत तिवारी, सत्यनारायण पटेल और देसराज काली का आभार।

और उन सभी मित्रों, पाठकों का आभार, जिन्होंने पत्रिकाओं में प्रकाशन के बाद इन कहानियों पर अपनी प्रतिक्रियाएं दीं; उनके फ़ोन कॉल्स और मेल मेरे लिए बहुत क़ीमती हैं।

अनुक्रम

सावंत आंटी की लड़कियां

1

वह मई के महीने की चिपचिपी दोपहर थी, जब कई लोगों के एक साथ चिल्लाने से पैदा हुआ शोर, जाने किन रास्तों से, रातपाली कर सो रहे विजू सावंत के कानों में बड़े फूहड़ तरीक़े से घुसा। वह हड़बड़ाकर उठे। उन्होंने अनजाने लोगों को कोसते हुए कुछ प्रचलित सूक्तियां कहीं और बालकनी की तरफ बढ़े।

विजू सावंत, जिनकी छाती के भीतर एक कुआं बना हुआ था और जिसमें से बाल्टियों के टकराने और पानी के छलक जाने की आवाज़ आती थी, को इसीलिए रातपाली की नौकरी कभी पसंद नहीं रही। दिन में उनकी चारों लड़कियां किसी न किसी बात पर लड़ पड़तीं और उनकी नींद ख़राब होती। चारों को एक ही वक़्त अख़बार पढ़ने की सूझती और एकमात्र 'लोकसत्ता' पर वे टूट पड़तीं, एक ही वक़्त उन्हें फिल्म देखने का मन करता और वे घर में पड़ी तीन फिल्मों की कैसेटों की दौलत पर लड़ लेतीं। वे कोई फिल्म नहीं देख पाती थीं, क्योंकि उनके शोर से विजू सावंत की नींद टूट जाती और वे बिना किसी को डांटे-मारे कैसेटों या अख़बार को अपनी दादी की ओर से एक दीवाली में भेंट मिली अलमारी में बंद कर देते और चाभी तकिए के नीचे।

उनकी मां भी रातपाली की नौकरियों को गाली देती थीं। उनके पिता रातपाली करते थे और मां को रात अकेले घर में रहने पर बड़ा डर लगता था। मां सच कहती थीं या झूठ, कि एक बार एक चोर रात को उनके टीन के पतरे पर चढ़ गया और उसे तोड़ने की कोशिश करने लगा। उनके पिता अच्छा कमा लेते थे और वह दीवाली का वक़्त था। घर में बोनस के रुपए पड़े थे और मां की जान सूख गई थी कि न केवल रुपए गए, बल्कि चोर उनकी जान भी ले लेगा। मां के मन में चोर का डर ऐसा बैठा कि उन्होंने पिताजी की वह नौकरी छुड़ाकर ही दम लिया। उसके बाद पिताजी को ताउम्र कोई ढंग की नौकरी नहीं मिली और विजू सावंत को ताउम्र इस बात का मलाल रहा कि कोल्हापुर के इंजीनियरिंग कॉलेज में इलेक्ट्रिकल इंजीनियरिंग में उनका दाख़िला सिर्फ़ इस कारण रुक गया कि उनके पिता सही समय पर पैसों का इंतज़ाम नहीं कर पाए। सिर्फ़ सत्रह साल

की उम्र में उस दिन विजू सावंत पहली बार शराब पीकर घर में आए और अपने बाप के जिस अंग से वह पैदा हुए थे, वहां घूंसा मार दिया। *(वह वाक़या बड़ा अजीब था, क्योंकि घूंसे अक्सर टारगेटेड मिसाइल की तरह चेहरे पर गिरा करते हैं। शायद विजू दादा ने पेट का निशाना लिया हो और शराब ने निशानेबाज़ी का हुनर भुला दिया हो।)* वैसे, शराब पीने की आदत उनमें उसके भी एक-दो साल पहले से आ गई थी और दसवीं की परीक्षाओं में एक परचा उन्होंने दो पैग मारकर ही दिया था।

इस वक़्त मार तमाम लोग उनकी बालकनी के सामने उलझे हुए थे। दूसरी मंज़िल से साफ दिख रहा था कि एक लड़का जमीन पर पड़ा है और उसकी छाती पर सवार दत्तू पाटील उसे दनादन घूंसे मारे जा रहा है। भीड़ में से कोई दत्तू पाटील को खींचने की कोशिश करता, तो दत्तू उसे ही एकाध जड़ देता। दत्तू पाटील कॉलोनी का माना हुआ लड़ाका था और हफ्ते-दस दिन में ज़रूर किसी न किसी पर अपनी उंगलियों की खाज मिटा लिया करता। अगर कोई नहीं मिलता, तो वह अपने बेटों में से किसी को चुनता और इसी तरह सड़क पर लिटाकर उसकी छाती की सवारी का आनंद लेता। उसका यह ओपन थिएटर इतना प्रभावोत्पादक होता कि दौड़ाकर पीटना कॉलोनी का एक संक्रामक उत्सवधर्मी कर्म बन गया था। छह-एक महीने पहले उसने अपने छोटे बेटे बबल्या को, जो उस वक़्त शायद सत्रह का था, को सरेआम नंगा करके बेल्ट से मारा था। बबल्या कॉलोनी में हीरो बना फिरता था और कुछ ख़ास क़िस्म की लड़कियां उससे नोट्स की अदला-बदली के बहाने लेटर लिया-दिया करती थीं। उन्होंने बबल्या को क़रीब सौ मीटर तक दौड़ाया था और श्री. पुं. जोशी, एमएससी के क्वार्टर के सामने चित कर दिया था। फिर जबरन उसके कपड़े उतारे थे और बेल्ट से दे दनादन। उसी बीच विजू सावंत ने उसे रोका और उसकी बेल्ट छीन ली। उन्होंने उसे समझाने की कोशिश की कि इतना जवान लड़का, जो संभवतः अब बच्चा भी पैदा कर ले, उसे इस तरह सार्वजनिक रूप से अपमानित करना अच्छा नहीं है, तो दत्तू पाटील को इतना बुरा लगा कि उसने सावंत को धक्का मारकर गिरा दिया और बेल्ट छीनकर एक उन्हें ही लगा दी। बबल्या और दत्तू पाटील एक-दूसरे को गालियां देते ओझल हो गए, बबल्या आगे-आगे दौड़ता और दत्तू पाटील उसके पीछे-पीछे।

विजू सावंत बहुत देर तक जमीन पर पड़े पछताते रहे और उन्हें तब रोना आ गया, जब ख़ुद श्री. पुं. जोशी, एमएससी ने उन्हें उठाया और अपने घर के भीतर ले गए। बबल्या को छह महीने तक कॉलोनी में किसी ने नहीं देखा और मारे पछतावे के, विजू सावंत तीन दिन तक घर से बाहर नहीं निकल पाए। उनके घर पहुंचने से पहले ही सारा समाचार वहां पहुंच गया था और उन्होंने देखा कि उनकी पत्नी पार्वती और सबसे बड़ी बेटी नंदू तकिए में मुंह गाड़े रो रही थीं। उन्हें फिर रोना आ गया,

लेकिन उन्होंने उसे मुल्तवी रख अपनी बीवी और बच्चे को चुप कराया। उनकी बीवी ने रोते-रोते ही कहा कि बबल्या अच्छा लड़का था और उसके बाप को उसे ऐसे नहीं पीटना चाहिए था, तो उन्हें कुछ राहत महसूस हुई। उसने उन्हें हौसला दिया कि वह सही थे और दत्तू पाटील तो है ही शैतान; उनके दिल में मुस्कान लौटी, जो होंठों तक आने में शर्मिंदगी महसूस करती थी। शाम को जब वह भीतर के कमरे में बैठकर 'मार्मिक' का ताज़ा अंक देख रहे थे, तो उनकी दूसरे नंबर की बेटी ने कहा कि नंदू इसलिए रो रही थी कि बबल्या को उसके बाप ने इस तरह पीटा, तो वह सन्न रह गए। बबल्या के पिटने पर बेटी के रोने को वह जोड़ नहीं पा रहे थे।

आज फिर दत्तू पाटील का दंगल चल रहा था और दूसरी मंज़िल की बालकनी में खड़े विजू सावंत को अपनी नींद ख़राब होने का हिंसक कोफ़्त हो रहा था। उन्होंने धारीदार कच्छे पर मलकर चश्मे का कांच साफ किया और देखा कि दत्तू पाटील उस लड़के की छाती पर बैठा हांफ रहा था। लड़का चित पड़ा हुआ था, उसके माथे से ख़ून आ रहा था और उसकी आंखें ऐसे खुल-बंद रही थीं, मानो मौत आ रही हो, नहीं-नहीं, जा रही हो!

दत्तू पाटील शायद थक गया था, वह काफ़ी देर तक उसकी छाती पर बैठा रहा। फिर पस्त-सा उठा और हवा में मार करने वाली गालियां देने लगा। उसी तरह बड़बड़ाते हुए वह पार्क के पास वाली सड़क पकड़ अपने घर की ओर चला गया। पिटा हुआ लड़का देर तक चित रहा। नीचे के फ्लोर पर रहने वाले दामू अण्णा के बेटे ने उस पर पानी छिड़का। लोग अब उसके और नजदीक आ गए। उसकी आंखें खुलीं, वह दहशत में था, लोगों की छोटी-सी हरकत पर भी वह आंखें इस तरह मींच लेता कि एक घूंसा और सहन कर लेगा। लोगों ने उसे उठाकर बिठाया, जानना चाहा कि माज़रा क्या है और दत्तू पाटील को ख़ूब बुरा-भला कहा। लड़का कांपती टांगों के बल उठा और एक-एक का चेहरा देखा। उसने अपनी फटी हुई शर्ट समेटी, धप् से बैठ गया और जग के पानी से अपना ख़ून साफ किया। कुछ लोगों के सहारे खड़ा हुआ और बिना पीछे देखे वहां से भागा।

वह चिल्ला रहा था, 'दत्तू पाटील, तेरी मां का भो..., तेरे सामने तेरी बेटी की गां.. मारूंगा...तेरी मां की...मारूंगा...'

कुछ लोगों के चेहरे खुले के खुले रह गए और कुछ लोग ठठाकर हंस पड़े।

रामचंद्र तिड़के ने हंसते हुए ऊपर देखा और विजू सावंत से कहा, 'काय हो सावंत साहेब। अकेले तुम्हीच बालकनी के दर्शक, हम लोग तो मरीब डीसी वाले...'

और खुलकर हंसा।

विजू सावंत ने उसे एक काल्पनिक क़िस्म की मुस्कान दी, जो कुछ ही पलों में जम्हाई में बदल गई और हवा में उड़ते हुए एक कमरे में प्रविष्ट हो गई।

2

नंदू के मुंह से ज़ोर-ज़ोर से घुर्र-घर्र की आवाज़ आ रही थी। पार्वतीबाई की नींद टूट गई। ऐसा लग रहा था कि कोई गला दबा रहा हो और कोई गूं-गूं कर रहा हो। उसने बत्ती जलाई और सामने की दीवार पर टंगी घड़ी की ओर देखा; रात के ढाई बज रहे थे। नंदू के ठीक पास उसकी छोटी बहन सुधा सोई थी और पप्पू-तारा बाहर के कमरे में। उनके घर का इकलौता चिराग़ श्रीधर उर्फ़ श्रीनिवास उर्फ़ छोटू उर्फ़ राजू भी बाहर ही था। पार्वती ने गूं-गूं की आवाज़ को अनसुना कर करवट बदल ली। उसकी मां कहती थी कि रात को चित सोने पर इलाक़े के जिन्न छाती पर सवार हो जाते थे और देह पर क़ाबिज़ होने की कोशिश करते थे। बचपन में उसके साथ भी कई बार ऐसा हो चुका है; शादी के बाद एक रात तो विजू सावंत उससे बुरी तरह डर भी गए थे। शादी के आकर्षणों से निवृत्त हो जब वे सोए, तो रात के तीसरे पहर अचानक पार्वती के मुंह से आवाज़ें निकलने लगीं। विजू सावंत ने उसे उठाना चाहा, लेकिन उसके मुंह से आवाज़ें कम नहीं हुईं, तो विजू सावंत मारे डर के चीख़ पड़े। उनकी चीख़ सुनकर पार्वतीबाई अदबदाकर उठ पड़ी। बाहर से विजू सावंत के पिता और मां कमरे में दौड़े आए। विजू सावंत पसीना-पसीना थे। सबने पूछा–क्या हुआ? पर विजू सावंत ने कुछ नहीं कहा। लोगों को लगा कि उन्होंने कोई बुरा सपना देखा होगा। उनकी मां रसोई से लोहे का चाकू ले आईं और उसे विजू के तकिए के नीचे रख दिया और बुदबुदाती रहीं–पहले भी कितनी बार कहा है कि दिन में बग़ूलों की ज़द में मत जाया कर। कुछ पकड़ लेगा। जब मां-पिता बाहर चले गए, तो विजू ने पार्वती को बताया कि दरअसल वह नींद में हबुआ रही थी, जिसे सुन वह बेहद डर गए। फिर उन्होंने पार्वती को कोसा कि वह कितनी गहरी नींद सोया करती है। उनके बार-बार झकझोरने पर भी वह नहीं उठी। लंबी कोशिश के बाद विजू सावंत को नींद आ पाई और उस दिन के बाद से पार्वतीबाई सावंत की नींद दुबली हो गई। विजू सावंत पाद भी दें, तो उसकी पलकें खुल जातीं।

आज नंदू गूं-गूं कर रही थी और पार्वतीबाई उसे अनसुना कर रही थी। थोड़ी देर में नंदू का शोर बढ़ने लगा और पार्वती को लगा कि वह दीवारों को बेधकर पूरी कॉलोनी में गूंजने लगेगा। उसने नंदू को हिलाया। उसकी हरकतों से सुधा की भी नींद उचट गई। उन दोनों ने नंदू को सोते में ही उठाकर बिठा दिया, लेकिन नंदू की आंखें बंद थीं और उसका घिघियाना बदस्तूर था। वह कुछ अस्पष्ट-सा बुदबुदा रही थी। घबराई हुई सुधा बाहर से अपनी दोनों बहनों और एकमात्र भाई छोटू उर्फ राजू को भी जगा लाई। तारा, जो सबसे छोटी थी और जिसने अभी कुछ दिनों पहले ही फ्रॉक छोड़कर सलवार-सूट पहनना शुरू किया था, नंदू का कोहराम देख इतना हदस गई कि रोने

लगी। मां, सुधा और छोटू, नंदू को जगाने में लग गए, जबकि पप्पू अपनी छोटी बहन को चुप कराने में। नंदू की नींद तोड़े नहीं टूट रही थी, उसके मुंह से अजब आवाज़ों की आवृत्ति बढ़ती जा रही थी। उमस भरी रात में उस परिवार के माथे पर पसीना पहले से था, लेकिन किसी को भी उसे पोंछने का उपाय नहीं सूझ रहा था।

हुवा..वा..वा...की ज़ोरदार चीख़ के साथ नंदू एक पल को पीछे हुई और उसने आसपास के सभी लोगों को जोर से झटका दिया। उसका बदन तेज़ी से हिला और वह ख़ुद खाट के पीछे दीवार से टकराई। उसके मुंह से आवाज़ें आनी बंद हो गईं। पूरा परिवार उसके चेहरे पर झुका। वह परिवार की सबसे सुंदर सदस्य थी, लेकिन इस वक़्त सबसे भयानक लग रही थी। ट्यूब लाइट की रोशनी में भी उसके शरीर के आसपास एक रहस्यमय क़िस्म का अंधेरा था। वह सत्रह साल की थी, लेकिन उसके चेहरे पर रातोरात जो झांइयां और दाग़ आ गए थे, उनसे वह सैंतालीस के नीचे नहीं लग रही थी।

पार्वतीबाई चीख़ी–'अरे राजू! जाके बाप को बुला। इसे कुछ हो गया है। ये दिन में बैठी चाल की तरफ गई थी...जल्दी जा, बाप को बुला। सुधा, जल्दी से दामू अण्णा का दरवाज़ा खटखटा, देख, अण्णा और वहिणी को धीरे से बताना। जल्दी।'

पार्वती के शब्दों में संकट में फंसे किसी सेनापति की होहराहट जैसा भाव था। हमेशा की तरह विजू सावंत रातपाली पर थे और संभवतः उनकी ड्यूटी कॉलोनी के मेन गेट पर लगी थी। मेन गेट पर तो फोन था, लेकिन कॉलोनी में सिर्फ़ ऑफ़िसर ग्रेड के लोगों के ही घर में कंपनी ने फोन कनेक्शन दिया था। उनके घर से मेन गेट चार सौ मीटर से ज़्यादा दूरी पर था और रास्ते में तीन जगहों की लाइट खराब थी, इसलिए अंधेरा भी काफ़ी रहता था। पार्वती को लगा कि छोटू वहां जाते-जाते कहीं रास्ते में ही डर न जाए। नंदू का चेहरा देखकर उसने यह डर सबकी क़िस्मत के हवाले कर दिया। उसकी समझ में नहीं आ रहा था कि आख़िर क्या हो रहा है! हो न हो, उसे यहां के भूतों ने पकड़ लिया है। पुराने लोग बताया करते हैं कि जब यहां कंपनी ने कॉलोनी नहीं बनाई थी, तब यहां पास के कांबा गांव वालों का श्मशान हुआ करता था। कांबा बदनाम गांव था, जो उल्हास नदी के पास बसा है। ऐसा कहा जाता है कि तीस-चालीस साल पहले यहां के लोग स्वाभाविक मौत कम मरते थे। वे शराब पीते समय या जुआ खेलते समय हुए किसी झगड़े के कारण आपस में मारकाट कर लेते थे और किसी को ख़बर होने से पहले ही लाशों को यहां दफ़ना-जला जाते थे। यह साल-छमासे में एक बार होने वाला असंगठित क़िस्म का अपराध था, लेकिन इनमें इतने लोग शामिल होते थे कि कभी गांव में कोई विद्रोह नहीं हुआ। एक परिवार का कोई बेटा किसी रात से ग़ायब हो जाता, हर जगह उसकी ढुंढौवल मचती, कभी-

कभार पुलिस में भी शिकायत होती, लेकिन उसका पता न चलता। घर वाले मान लेते कि वह अपने घाट पहुंच चुका है। रोआई-दुहाई मचती, पर रिवाजों में फ़र्क़ नहीं आया। कई बार तो किसी लाले ख़ां को किसी काले ख़ां को निपटाना होता, तो यही रस्म निभाता। उसे दोस्ती में शराब पिलाता और एक ही बार में हुमचकर सारी दुश्मनी निकाल लेता। उस ज़माने में पुलिस आज की तरह नहीं थी। अंदर के गांवों में क़तल-सतल हो जाए, तो माल पीटने भी नहीं आती थी। अब तो मरेली, छोकरों की हाथमस्ती पर भी पांच-सात हज़ार मार ले जाती है।

यहां कई बार कुत्ते किसी कटे हुए हाथ या उंगलियों के लिए एक-दूसरे की बोटी नोच लेने को उतारू हो जाते और झगड़ते-झगड़ते कई बार आबादी के इतना नज़दीक पहुंच जाते कि शरीर का वह अंग गांव वालों को मिल जाता। फिर पुलिस उस ज़मीन का निरीक्षण करती, कभी कोई लाश मिलती भी, लेकिन मामला अचरज में लोगों के आंखें फाड़ने और फिर सामूहिक क़यासों से उन्हें सिलने तक ही महदूद रह जाता।

पार्वती को इस वक़्त कंपनी वालों पर बहुत गुस्सा आया कि उन्हें इससे घटिया ज़मीन क्यों नहीं मिली! कॉलोनी में भूतों के क़िस्से बहुत थे, जो कांबा गांव की उन औरतों ने आयात किए थे, जो अफ़सरों के घरों में झाड़ू-पोंछा करने आतीं और छोटे कर्मचारियों की पत्नियों से हुलस-हुलसकर बतियाती थीं। हालांकि कॉलोनी में भूतों द्वारा पकड़े जाने की घटनाएं उसकी जानकारी में ज़्यादा नहीं थीं। जब वे लोग यहां नए-नए आए थे और तब उनके घर में सिर्फ़ नंदू पैदा हुई थी, तब ज़रूर उन्होंने एक यूपी वाले भैया के बारे में सुना था, जो यहां वॉचमैन था। एक रात उस पर न जाने कहां-कहां से इतने पत्थर बरसे कि हदसकर दूसरे ही दिन उसने नौकरी और कॉलोनी छोड़ दी। कहते हैं कि उसके कुछ दिनों बाद उसकी मौत भी हो गई थी। उसे तीन इमारत छोड़कर रहने वाली उस पहाड़ी औरत की भी याद आई, जिसके बारे में यह मशहूर था कि उस पर माता की सवारी आती है और वह भूतबाधा से ग्रस्त लड़कियों को झोंटा पकड़कर पीटती है। उसके पति प्लांट में सुपरवाइजर थे और विजू सावंत की उनसे अच्छी पहचान थी। कॉलोनी में वही एक परिवार था, जिसके साथ अच्छे संबंध होने के बावजूद जो उसके घर कभी नहीं आया।

नंदू अभी भी वैसी ही थी। पार्वती बार-बार उसे छूकर देखती। उसका शरीर ठंडा हो रहा था, लेकिन उसमें जान थी, क्योंकि वह सांसें ले रही थी और उसका पेट ऊपर-नीचे हो रहा था।

तभी दामू अण्णा और उनकी पत्नी पहुंचे। अण्णा की पत्नी ने नंदू को देखते ही सिर पकड़ लिया। दामू ने उस पर पानी के कुछ छींटे डाले, लेकिन नंदू टस से मस न हुई। वहिणी ने कहा, 'इसको ऊपर का है। हवा लग गई है। ये आसपास कहीं गई होगी!'

पार्वती ने कहा, दिन में बैठी चाल के पास गई थी। मैं हमेशा मना करती थी। ये भी वहां जाने से डरा करती थी, लेकिन आज कैसे चली गई...'

'जब तुझे पता था कि ये बैठी चाल के पास गई थी, तो तूने इसकी नज़र क्यों नहीं उतारी। घर में लेने से पहले ही नींबू-मिर्ची इसके सिर पर घुमानी चाहिए थी। सब ऐसा ही करते हैं।'

वहिणी ने नंदू के सिर के नीचे हाथ डाला और लगभग उसे घसीटते हुए उठाकर अपनी गोद में लिटा लिया। 'मेरे बच्चे तो जब भी रात या दोपहर को घर में घुसते हैं, तो मैं लाल मिर्ची उनके सिर से घुमा लेती हूं।'

पार्वती चुप रही। सारे लोग पलंग के आसपास घेरे में बैठ गए।

दामू बोला, 'अगर मज़बूत हुआ, तो भोत पैसे जाएंगे।'

'ज़रूरी नहीं कि छाया लगी हो, तबीयत भी ख़राब हो सकती है।' पार्वती ने शक ज़ाहिर किया।

'चल-चल! इसका चेहरा देखकर लगता है कि ऊपर का है। तबीयत और इसमें फ़र्क होता है रे। वो मारवाड़ी शर्मा के बेटे का मालूम है? उसके साथ भी ऐसा ही हुआ था।'

तभी विजू सावंत घर में पहुंचे। नंदू को देख वे सन्न रह गए। देर तक नंदू को उठाते रहे। पत्नी से तफ़्सील पूछी और इस बात पर उसे डांट भी सुनाई कि उसे बैठी चाल की ओर जाने क्यों दिया। दरअसल, पार्वती को भी नहीं पता था कि नंदू बैठी चाल की तरफ कब गई थी। शाम को क्लब में खेलने गई नंदू जब अंधेरा होने के बाद लौटी, तो पार्वती ने उससे देर से आने का कारण पूछा था।

बातचीत में पता चला कि वह लौटते हुए शॉर्टकट मारने के लिए बैठी चाल वाले रास्ते से आई थी। वह अकेली थी, क्योंकि उसके भाई-बहन उससे एक घंटा पहले ही घर लौट चुके थे।

विजू सावंत ने वहां खड़े सभी लोगों से जैसे चिरौरी की कि नंदू को क्या हुआ, इसकी जानकारी किसी को न हो, क्योंकि जवान होती लड़की का मामला है और शादी-ब्याह में ऐसी बातों से रुकावट आती है। साथ ही, यह भी कहा कि भोर होने तक तो इंतज़ार करना ही होगा, क्योंकि उससे पहले पहाड़ी आंटी किसी के यहां नहीं जाती। पार्वतीबाई को यह सोचकर बहुत दुख हुआ कि अब वह पहाड़ी बाई, जो अपने माथे पर हमेशा बड़ी गोल बिंदी लगाए रखती है, उसकी बेटी का भी झोंटा पकड़कर पीटेगी। अपने पति को यह बताते हुए उसकी रुलाई फूट गई।

वह बोली, 'नंदू बहुत अच्छी है। वह कभी उस रास्ते से नहीं आती थी। आज पहली बार आई और पहली बार में ही उसे पकड़ लिया।'

सुधा के मुंह से निकला, 'आई! वह पहली बार वहां से नहीं आई। वह रोज़ उधर को जाती है।'

वहां खड़े सभी लोगों के मुंह से निकला, 'क्यों?'

एक साथ इतनी ज़ुबानों से निकले 'क्यों' में अचरज भी था और गुस्सा भी, जिसे सुन सुधा सहम गई। उसके होंठ कांपने लगे और सुबकते हुए वह बोली, 'मुझे नहीं पता क्यों? मैंने उसे मना भी किया था, लेकिन वह मुझे बोली कि किसी को मत बोलना।'

सबके मुंह फटे के फटे रह गए। किससे सिलें, समझ नहीं आया। पार्वतीबाई ने उसे घूरकर देखा, जिसका एक मतलब चुप रहना होता है। वहिणी, सुधा को बार-बार कुरेदती रही, लेकिन उसने घुटनों में मुंह छिपाकर जो सुबकना शुरू किया, तो सुबह तक रोती रही। उसे रोते देख पूरी बच्चा पार्टी रोने लगी। गली भांय-भांय कर रही थी और उस घर से निकल रहीं मनहूस सिसकियां कॉलोनी के हर दरवाज़े पर आधी रात की मरदूद रूहों की तरह दस्तक दे रही थीं।

3

क्लब के पास ही ओपन हॉल था, जिसके एक ओर बड़ा पक्का स्टेज बना हुआ था। ज़मीन पर कहीं-कहीं घास थी और कहीं एकदम धूल ही धूल। स्टेज के पास पचास-साठ कुर्सियां लगी थीं, जिन पर पुरुष बैठे थे। उसकी दाईं ओर ज़मीन पर दरी बिछी हुई थी, जिस पर ज़्यादातर महिलाएं थीं। उन्होंने अपने बच्चों को साथ बिठा रखा था। जो बड़े लड़के थे, वे इन दोनों व्यवस्थाओं से बाहर थे। वे इन लोगों के तीनों ओर आधा घेरा बनाकर खड़े थे। पार्वती सावंत उन महिलाओं के साथ बैठी थी, जिनके साथ उसकी अच्छी बनती थी। उसने अपनी चारों बेटियों को अपने ठीक सामने बिठा रखा था, क्योंकि नंदू के बारे में पता चलने के बाद से वह बहुत सतर्क हो गई थी।

विजू सावंत को उस दिन गहरा झटका लगा था और वह अपनी उम्र से सौ-दो सौ साल ज़्यादा बूढ़े लगने लगे थे। वह एक हफ़्ता ड्यूटी पर भी नहीं गए और नंदू जब रात को सो जाती थी, उसके सिरहाने बैठ दुखी होते थे। विजू सावंत का दुख देखकर पार्वती को अपने कैलाशवासी पिता की याद आती थी। हालांकि उसे अचरज भी होता था कि इतना सबकुछ मालूम पड़ने के बाद भी विजू सावंत को गुस्सा क्यों नहीं आया। और दूसरी तरफ़ उसके पार्वती के कैलाशवासी पिता—जब उन्हें मालूम पड़ा था, तो दो दिन तक सिर्फ़ पार्वती को पीटा था और सप्ताह भर तक उसकी मां से बात नहीं की थी। वे लोग प्रभादेवी की एक चाल में रहते थे और पार्वती को अपने

घर से सातवें मकान में रहने वाले राजू नाम के लड़के से प्यार हो गया था। पाड़े में पानी भरने से लेकर सार्वजनिक संडास की लाइन में खड़े होने तक, वे अक्सर मिला करते थे और एक दिन पार्वती ने उसके साथ भाग जाने की सोची। वह ऐसा कुछ कर पाती, उसके पहले ही उसके पिता को उसके प्यार के बारे में पता चल गया और उन्होंने रापचिक तरीक़े से धोपट दिया।

पिता को ऐसा लगता था कि उसकी मां उसे शह देती है, इसलिए उन्होंने उसे भी मारा और सात दिनों तक बात नहीं की। पिता ने जल्द से जल्द उसकी शादी करा देने का विचार किया, लेकिन जाने कौन-सा फेर था कि दो साल तक शादी ही न हो पाई। शायद कुछ पड़ोसी थे, जो लड़के वालों को भड़का देते थे। शायद कुंडली में कोई ग्रह था, जो पार्वतीबाई के पिता की तरफ़ पीठ किए बैठा था। एक दिन पिता सबको ले अहमदनगर चले गए और वहां दस दिन से भी कम की तैयारी में विजू सावंत से उसकी शादी करा दी। उसके बाद पार्वती जब भी प्रभादेवी गई, राजू नाम के उस लड़के के बारे में पता करने की कोशिश करती रही। जब उसकी सबसे छोटी संतान उसके पेट में थी, तभी उसे पता चला कि माटुंगा के पास पटरी पार करते समय उस लड़के पर ट्रेन चढ़ गई। उस रात वह बहुत दुखी हुई और कुछ दिनों बाद जब उसे बेटा हुआ, तो उसे लगा कि वह पुराना प्रेमी अब उसकी गोद में आ गया है। वह उसे प्यार से राजू पुकारने लगी। विजू सावंत समेत घर के हर सदस्य ने उसे छोटू ही कहा और जब स्कूल में नाम लिखाने का समय आया, तो पार्वती की तमाम ज़िद कि उसका नाम राजू ही रखा जाए, विजू सावंत ने उसका नाम श्रीधर रख दिया। पार्वती कभी-कभार उसे श्रीनिवास कहकर पुकारती थी, जो विरोध और समर्पण का बड़ा अमूर्त तरीक़ा था।

पार्वती को अपने पिता का ग़ुस्सा याद आता और विजू सावंत का ठंडापन। बहुत पहले एक बार पार्वती के हाथ से विजू के कपड़ों पर चाय गिर गई थी। विजू काम के लिए निकलने ही वाले थे। फिर भी उन्होंने अपनी पत्नी पर ग़ुस्सा नहीं किया। ऐसे में तो उसकी जाति की किसी भी महिला को दो-चार हाथ मिल जाते, पर विजू कुछ नहीं बोले। कपड़े बदले और चले गए। उस शाम पार्वती ने ख़ुद को बड़ा क़िस्मत वाला समझा था।

उसी रात मुहब्बत के किसी नाज़ुक लम्हे में उसने पति से पूछ लिया कि क्या तुम्हें ग़ुस्सा नहीं आता? पति ने कहा–नहीं, सिर्फ़ रोना आता है। और उसके बाद विजू सावंत सन्नाटे की ऐसी नींद में चले गए कि सूर्यदेव के भेजे फ़रिश्तों के जगाने पर ही आंखें खोलीं।

कार्यक्रम शुरू होने में वक़्त था और श्रीधर अपनी बहनों के साथ बैठा हुआ था। श्री. पुं. जोशी, एमएससी के हाथों में माइक था और वह बार-बार कह रहे थे कि जिस

किसी को अपनी प्रतिभा दिखानी हो, वह तुरंत एक काग़ज़ पर अपना नाम और आइटम लिखकर स्टेज पर भेज दे। उनके पास कुछ नाम आ भी रहे थे, जिन्हें वह पढ़कर सुना नहीं रहे थे। पीछे लड़के किसी न किसी बात पर चिल्ला रहे थे। जो लड़के सामने की ओर खड़े थे, वे ज़्यादातर चुप थे, क्योंकि उनके पिता सामने ही कुर्सियों पर बैठे थे। उनमें से ज़्यादातर का ध्यान उस ओर था, जहां महिलाएं बैठी हुई थीं, जबकि कई लड़के, जिनकी बहनें अब जवान हो रही थीं, वहां खड़े-खड़े उनकी निगरानी भी कर रहे थे। इस ओर खड़े कई लड़कों और उस ओर बैठी लड़कियों में बीच-बीच में इशारों का आदान-प्रदान हो रहा था, लेकिन सब कुछ इतना सहज था कि अच्छे से अच्छे ख़ां को भी हवा न लगे। कोई उबासी लेते-लेते ही प्रतीकात्मक चुंबन फेंकता, तो कोई बरज़ोरी मासूम चेहरा बनाकर देखता रहता। उस तरफ़ लड़कियों के लिए ज़्यादा दिक़्क़त थी, क्योंकि उनकी मांएं वहीं बैठी हुई थीं। वे न रूमाल हिला पा रही थीं, न चोटी हिलाकर कुछ बता पा रही थीं।

मंच पर जोशी की जोश भरी अपील जारी थी। कभी वह मंच पर चढ़ते, तो कभी नीचे उतरकर पुरुषों की क़तार में बैठे जीएम साहब के पास कोई निर्देश लेने चले जाते। कॉलोनी में रहने वालों में जोशी की तनख़्वाह सबसे ज़्यादा थी। हालांकि उनके पास कोई ख़ास पद नहीं था। बड़े ओहदे वाले अफ़सर कॉलोनी में नहीं, पास ही कल्याण या उल्हासनगर में रहा करते थे।

जोशी की हिंदी, मराठी और अंग्रेज़ी पर अच्छी पकड़ थी। वह मराठी ब्राह्मण परिवार में पैदा हुए थे, सो नाजुक पुणेरी मराठी बोला करते थे। नागपुर में पले-बढ़े थे और उनके घर वालों की कुछ हिंदीभाषी परिवारों से गाढ़ी छनती थी, जिनमें एक मारवाड़ी और बाक़ी दो उत्तर भारतीय थे, इसलिए वे हिंदी भी अच्छी बोल लिया करते और बहुत रूमानी मौक़ों पर 'आज के लोकप्रिय शायरों' के शे'र सुनाया करते थे। उनमें वह अक्सर ग़लत 'ज़गहों' पर नुक़्ते लगाया करते थे। उनकी पढ़ाई मुंबई के पोद्दार कॉलेज में हुई थी, इसलिए उनकी अंग्रेज़ी भी अच्छी हो गई थी। क्रिकेट में उनकी कोई ख़ास दिलचस्पी नहीं थी, लेकिन जब भी उसकी बात चलती, वह बार-बार बताते कि दिलीप वेंगसरकर उनसे कुछ क्लास आगे था और संजय मांजरेकर कुछ क्लास पीछे।

उन्हें कॉलोनी में आए पांच-छह साल ही बीते थे और अपनी सुंदरता-वाक्चातुर्य के कारण कॉलोनी की आंटियों में काफी लोकप्रिय थे। वह ज़्यादातर महिलाओं को आंटी कहते। पहली बार तो महिलाओं को बुरा लगा था और जोशी की पत्नी को बार-बार यह कहना पड़ा था कि ये बहुत मज़ाक़िए हैं, सम्मान से आंटी कहते हैं—यहां तक कि मुझे भी कई बार आंटी ही कह देते हैं।

विजू सावंत, श्री. पुं. जोशी को पसंद करते थे और उनकी पत्नी भी। दोनों ही जोशी के यहां अकेले-अकेले जाने के कारण खोजते। विजू सावंत को जोशी से बात करना अच्छा लगता था। जोशी बात-बात में बात को अमेरिका और पाकिस्तान से जोड़ देते, शिरडी से शुरू हुई बात को वैष्णो देवी तक पहुंचा देते और महिलाओं की स्वतंत्रता की ख़ूब हिमायत करते। ज़रूरी नहीं कि विजू सावंत का सारी बातों से सरोकार हो ही, लेकिन वह उस क़िस्म के आदमी थे, जो ज्ञान से अभिभूत हो जाते हैं। जबकि पार्वतीबाई 'छोड़ो भाई साहब, छोड़ो भाई साहब' बोलकर जोशी के साथ वे सारे मज़ाक़ कर लेतीं, जो भाभियां देवरों के साथ करती हैं। दूर होने पर वह जोशी को ग़ौर से देखती थी और पास होने पर कनखियों से। इस वक़्त जोशी काफ़ी दूर थे और पार्वतीबाई उचक-उचककर उनकी हरकतें देख रही थी।

कार्यक्रम शुरू हुआ और हर साल की तरह सबसे पहले रामचंद्र तिड़के मंच पर आया और सुधीर फड़के की आवाज़ की नक़ल करते हुए 'अरे सौंसार सौंसार' गाने लगा। कार्यक्रम धीरे-धीरे रंग पकड़ने लगा। अचानक जोशी ने आवाज़ लगाई कि अब आपके सामने आएंगी नंदा सावंत, जो सुनाएंगी 'मैंने प्यार किया' का कबूतर जा... जा...जा।

लोग तालियां बजाने लगे, लेकिन नंदा सावंत अपनी जगह से उठी ही नहीं। पार्वती को काटो तो ख़ून नहीं। उसने नंदू की जांघ पर साड़ी का पल्लू रख दिया और उसके नीचे हाथ छुपाकर उसकी जांघ में चिकोटी काटी। पार्वती ने नहीं, उस चिकोटी ने पूछा, 'तूने अपना नाम कब दिया?'

नंदू ने नहीं, उसके चेहरे पर आए पसीने और आंख में भर आए पानी ने जवाब दिया, 'आई, मैंने नहीं भेजा नाम। मुझे नहीं पता किसने दिया!'

आई नहीं, आई की लाल आंखें बमकीं, 'ख़बरदार! जो वहां गई।'

इस बीच जोशी बार-बार नाम लेता रहा। उस ओर बैठे विजू सावंत, जिन्होंने किसी की शरारत का अंदाज़ा लगा लिया था, खड़े होकर कहा, 'नंदा की तबीयत ठीक नहीं है। वह नहीं गा पाएगी।' बोलकर वह बैठ गए, लेकिन देर तक ख़ुद को भरी मजलिस में खड़ा ही महसूस करते रहे। अजीब-सा चेहरा बनाते हुए जोशी ने अगला नाम पुकारा–बंडू जाधव।

और पता नहीं कहां से एक बुटका-सा लड़का दौड़ता हुआ मंच पर चढ़ा, जैसे रिंग में पहलवान चढ़ते हैं। पार्वती ने अपने बच्चों से इशारा किया कि तुरंत घर चलो। नंदू ने चिरौरी की–'आई, सुन तो लेने दे न...'

सुधा सबसे पहले उठकर खड़ी हो गई। पार्वतीबाई ने फिर साड़ी के पल्लू के नीचे से नंदू की जांघ में चिकोटी काटी। वे लोग उठकर मुड़े ही थे कि बंडू जाधव ने मंच से गाना शुरू किया–चल उड़ जा रे पंछी, के अब ये देश हुआ बेगाना....

नंदू ने उसे मुड़कर देखा कि उसे गाने को फाड़कर आती मां की आवाज़ सुनाई पड़ी कि सीधे-सीधे चल, नहीं तो ये..., नहीं तो वो...। वे घर में घुसे, तब तक देश बेगाना हो जाने के कारण पंछी को उड़ जाने की सलाह देता गाना उनके कानों में गूंज रहा था।

पार्वतीबाई घर में बुदबुदाते हुए घुसी। उसने नंदू को एक ओर बिठाया और हड़काया, 'तू उससे अब भी मिलती रहती है?'

नंदू की ज़ुबान पैदल हो गई थी।

'तूने अपना नाम कब दिया?'

'मैंने नहीं दिया।'

'तो क्या जोशी भाईसाहब के कान में कबूतर बोलकर गया...'

'मुझे नहीं पता।'

सुधा एक ओर को खड़ी लाल-पीली हो रही थी। उसने कहा, 'आई, कौन देगा नाम? वही मेल्या बंडू। नंदू को उस कालिये में जाने क्या दिख गया है?'

'तू चुप कर डुक्कर! तू क्या-क्या करती है, मैं भी बता दूंगी।' नंदू ने सुधा को आंख दिखाई।

पार्वतीबाई ने नंदू के चेहरे पर एक जमाते हुए कहा, 'तू अपना छेद देख कुत्ती! दूसरे का नहीं।'

नंदू को रोने का ख़ासा मौक़ा मिल गया, जिसे वह थोड़ी देर से रोके हुई थी।

आई ने सुधा को आंख दिखाई और धमकी दी, 'तू बीच में पटर-पटर मत कर। मैं तेरे गुण भी जानती हूं।'

सुधा बिफर गई। बोली, 'तू देखती रह, आई। ये कैसे तुम दोनों को चूतिया बनाकर यहां से निकलेगी। सुन, वो गा भी रहा था–चल उड़ जा रे पंछी...देख अगले संडे को कैसे तेरे घर से निकलता है पंछी...और तुम लोग बइठो भजन करते।'

पार्वतीबाई को वह झापड़ याद आ गया, जो इक्कीस साल पहले प्रभादेवी की एक चाल में उसके बाप ने उसे मारा था। वह कभी सुधा का चेहरा देखती, तो कभी नंदू का, जबकि वे दोनों अगले ही पल एक-दूसरे को चबा जाने वाली थीं।

4

विजू सावंत उस रात देर से घर लौटे। दामू अण्णा की औरत रात क़रीब साढ़े ग्यारह बजे उनके घर आई। आते ही उसने नंदू के हाल पूछे। पार्वती को उसका पूछना बुरा लगा, क्योंकि उसका मानना है, ये वहिणी ख़ाली तमाशा देखने में विश्वास करती है।

वहिणी उसे बता रही थी कि उनके लौट आने के बाद उस लड़के ने फलां-फलां गाना गाया और लोगों ने उसके गले की ख़ूब त..ीफ़ की। जोशी ने तो कहा कि ऐसा लगता है, जैसे ख़ुद मां सरस्वती बंडू के गले में बैठकर मर्दाना आवाज़ में गा रही हो। ये सब बताते हुए वह बार-बार नंदू का हाल पूछती रही।

पार्वती न बोलना चाहकर भी बोल पड़ी, 'तुझे नंदू की बहुत फ़िकर हो रही है?'

वहिणी ने बुरा-सा मुंह बनाते हुए कारण बताया, 'प्रोग्राम के बीच सावंत भाऊ ने कहा कि उसकी तबीयत खराब है, सो पूछ लिया। लगा, कहीं फिर वह रात वाली बात तो नहीं आ गई।'

पार्वतीबाई को लगा कि वह उसे ब्लैकमेल कर रही है। बात को संभालने के लिए उसे वापस कार्यक्रम की ओर मोड़ दिया, लेकिन वहिणी थी कि गा-बजाकर बंडू जाधव की ओर चली जाती।

पार्वती बंडू के परिवार के बारे में ज़्यादा जानती नहीं थी। उस कॉलोनी में मुश्किल से साठ परिवार रहते थे और सारे इतने सामाजिक थे कि एक-दूसरे को अच्छी तरह जानते थे।

वह देश की एक बड़ी कंपनी थी, जो एक पारसी ने स्थापित की थी और जो होटल चलाने से लेकर बिजली तक बना लेती है। यहां उसका बिजली सप्लाई करने का प्लांट लगा था। ज़्यादा तामझाम नहीं था। सिर्फ़ छह बड़ी मशीनें थीं और आसपास की दस-बारह छोटी कंपनियों में बिजली सप्लाई होती थी। उसके लिए कंपनी ने एक जीएम, चार-पांच इंजीनियर और बीस-पच्चीस असिस्टेंट बिठा रखे थे। इनके अलावा बाक़ी कर्मचारी थे। सबके रहने की व्यवस्था के लिए कॉलोनी बना दी थी, जिसमें छोटी-मोटी चीज़ें मिल जाया करती थीं। कोई बड़ी चीज़ चाहिए हो, तो कल्याण, उल्हासनगर या ठाणे जाना पड़ता था। यह जगह बंबई से कुछ सत्तर किलोमीटर दूर थी और दूरदराज़ के लोग इसे भी बंबई ही मानते थे। कर्मचारियों के रहने के लिए छह इमारतें बनी थीं। हर इमारत में आठ परिवार रहते थे, यानी एक मंज़िल पर दो परिवार। कॉलोनी के उस ओर चाल थी, जिसमें दस-बारह परिवार रहते थे। वहां रहने वाले ज़्यादातर लोग या तो सफ़ाई कर्मचारी थे या चतुर्थ श्रेणी के। उसके भी पीछे पुरानी चाल हुआ करती थी, जहां इमारत वाले लोग इमारत बनने से पहले रहा करते थे। वह जगह कम पड़ती थी, सो कंपनी ने नई बनाकर दी।

ये लोग बाहरी दुनिया से ज़्यादा कमा लेते थे और ज़िंदगी में कोई ख़ास संघर्ष भी नहीं था। ज़्यादातर लोगों की उम्र चालीस से पचास के बीच थी और सबके बच्चे बड़े हो रहे थे। टहलने के लिए पार्क था, बच्चों के खेलने के लिए बड़ा मैदान, खेल सिखाने के लिए हर रविवार सुबह कल्याण से कंपनी का ख़ास कोच आता, छोटा-सा क्लब,

था, जिसमें खाने-पीने और इंडोर गेम्स की सुविधाएं थीं, छोटा-सा थिएटर था, जहां कंपनी के ख़र्चे पर हर हफ़्ते कोई नई-पुरानी फ़िल्म दिखाई जाती, ढेर सारे पेड़ थे और हर घर के लिए बीस बाई बीस फ़ीट की एक सुरक्षित जगह थी, जिसमें वे चाहे तो लॉन बनाएं या खेती करें या मुर्दा गाड़ें। कई लोग काम भर की सब्ज़ियां उसी में उगा लिया करते। हरियाली पैदा करने के नाम पर भी एक विशेष अलाउंस दिया जाता था। कुल मिलाकर जहां बाहरी दुनिया में एक-एक नौकरी के लिए मारकाट मची हुई हो, आदमी आदमी को खा रहा हो, अंदर की दुनिया स्वर्ग की तरह थी।

हर साल उम्मीद के आसपास इन्क्रीमेंट हो जाता, शानदार दीवाली के लिए बोनस भी अच्छा मिल जाता। कभी पानी की समस्या न होती, कभी बिजली गुल न होती। वहां के बच्चे जब बाहर की दुनिया में जाते और रात को किसी के घर में बिजली गुल होने पर मोमबत्ती जलते हुए देखते, तो ताली बजाकर चिल्ला उठते–हैप्पी बर्थडे। उनकी दुनिया में मोमबत्ती तभी जलाई जाती थी, जब किसी का जन्मदिन हो।

फिर भी समस्याएं तो थीं।

सबके बच्चों की एक ही उम्र थी। सब उनके कैरियर को लकर चिंतित रहते। किसी को भी यह उम्मीद नहीं थी कि उनके बच्चे भी उनकी ही तरह क़िस्मतवाले होंगे, जो ऐसी नौकरी मिलेगी। ज़्यादातर लोग बाहर की दुनिया के संकटों से वाक़िफ़ थे, हालांकि इस बात से कोई फ़र्क़ नहीं पड़ता था। उनके बच्चे साथ में खेले थे, साथ में बड़े हुए थे, साथ-साथ परीक्षाएं दी थीं और कई तो साथ-साथ ही फेल भी हुए थे। वहां हर चेहरा पहचाना हुआ था। लोग एक-दूसरे के बारे में इतना जानते थे कि आंख बंद कर उनकी चड्ढियों का रंग भी बता देते।

तो ऐसे में पार्वतीबाई ने नीचे के फ्लोर पर रहने वाले दामू अण्णा की बीवी से जब यह कहा होगा कि वह बंडू जाधव के बाप का भी नाम नहीं जानती, तो उसे घोर अचंभा हुआ ही होगा। वहिणी ने उसे बताया कि वह कॉलोनी में झाड़ू लगाने वाले नाम्या जाधव का लड़का है, तो उसे याद आया कि यह वही नाम्या है, जिससे ग्यारह साल पहले विजू सावंत का झगड़ा हुआ था।

तब वे सब लोग चाल में रहते थे। वह राह चलते-चलते हुआ झगड़ा था। दोनों में इस पर विवाद हो गया था कि हेमा मालिनी सुंदर है या श्रीदेवी। विजू सावंत 'ओल्ड इज़ गोल्ड' के मानने वाले थे और उन्होंने हेमा मालिनी के पक्ष में तमाम तर्क दिए, लेकिन नाम्या का तर्कों से कोई लेना-देना नहीं था। उसे जो चीज़ पसंद थी, वह उसकी पूजा करता था और जो नापसंद, उसे गालियां देता था। उस वक़्त उसे हेमा मालिनी के नाम से उबकाई आई और उसने उसके अंगों की बुराई करते हुए जमकर गालियां

दीं। बस, विजू सावंत और नाम्या जाधव में ठन गई। गर्मागर्म बहस हुई, पर विजू सावंत गालियों का जवाब न दे पाए, हेमा मालिनी की ख़ूबसूरती साबित न कर पाए। पराजित घर लौटे और उदास बेचैनी में यहां-वहां टहलते रहे। फिर एक फ़ैसले की तरह सुनाया कि अब से नाम्या जाधव के साथ हमारे कोई रिश्ते नहीं। हालांकि उसके साथ परिवार में किसी के रिश्ते थे भी नहीं, क्योंकि नाम्या का परिवार ही वहां नहीं था। वह बहुत शराब पीता था, गालियां देना उसका प्यारा शौक़ था, सड़क पर दौड़ाकर मारना या बीवी का हाथ पकड़कर घसीटते हुए ले जाना या पतरे पर खड़े होकर घर में आग लगा देने की घोषणा करना उसकी मुख्य गतिविधियां। बीवी उसके पास ज़्यादा नहीं रही। बच्चों को लेकर नाम्या के बाप के पास मालेगांव चली गई थी। नाम्या ने कहा कि वह उसके बूढ़े मां-बाप की सेवा करती है, तो कॉलोनी वालों ने सेवा को इन्वर्टेड कॉमा में बांध दिया। उससे मिलने वह महीने में दो बार वहां जाता और हर बार उसे ले आने का मंसूबा घोषित करता, लेकिन कॉलोनी के कई विद्वानों का कहना था कि नाम्या की बीवी उसके बाप के साथ अटकी हुई है, जो उसे यहां आने नहीं देता। अभी दो साल पहले ही उसका बाप मरा है और उसकी बीवी अपने तीन बच्चों को, जिनमें बंडू सबसे बड़ा है और उसके बाद दो बेटियां हैं, लेकर यहां चली आई। नाम्या अब बहुत शांत हो गया है, उसकी तबीयत भी ठीक नहीं रहती, इसलिए वह बहुत ज़ोर-ज़ोर से गालियां नहीं दे पाता, सिर्फ़ गालियां बुदबुदाता है, सो, उसकी बीवी को उसके साथ रहने में कोई दिक़्क़त न हुई होगी।

लेकिन दो साल में पार्वती की नज़र कभी उस लड़के पर क्यों नहीं पड़ी? और उसे क्यों नहीं पता चल पाया कि उसकी बेटी उसके साथ फंस गई है?

क्योंकि वह लड़का कॉलोनी में देर शाम को ही आता है, क्योंकि वह उल्हासनगर में एक सिंधी की कपड़ों की दुकान में काम करता है। दोनों के बीच चक्कर डेढ़ साल से चल रहा है, लेकिन उसमें रफ़्तार अभी छह महीने से आई है, जब से तेरी बेटी नंदू कॉलेज जाने लगी है। उसकी दुकान तेरी बेटी के कॉलेज के पास ही है और दोपहर को वे दोनों वहीं कहीं मिला करते हैं।

वहिणी सर्वज्ञ हो गई थी–त्रिकालदर्शी। वह पूरी कॉलोनी में पार्वतीबाई की एकमात्र सच्ची दोस्त थी, जिससे वह कुछ छिपा नहीं सकती थी। छिपाने की कोशिश भी करे, तो जाने कहां से उसे पता चल जाता। उस समय टोकते हुए वहिणी कहती कि मुझसे मत छिपा पार्वती, मैं तो चलती सुंदरी के भी झांटें गिन सकती हूं।

पार्वती को सुधा ने सिर्फ़ इतना बताया था कि उसकी बड़ी बहन अब अच्छा काम नहीं कर रही और वह उस काले लड़के से बहुत मिलती है। उसे सिर्फ़ उसका नाम भर मालूम था–बंडू जाधव। उसने उसका कोई ख़त उसकी किताब में पढ़ लिया

था (*जिसमें लिखता हूं ख़ून से स्याही मत समझना और मैं तेरे प्यार में कल रात मचलकर भिगा, कर दे प्यार की बरसात, मेरी डम-डम डिगा* क़िस्म की लोकोक्तियां भरी पड़ी थीं) और एक-दो बार उन्हें बैठी चाल के पीछे वाले गड्ढे में एक-दूसरे से, लेटकर बातें करते, दौड़कर गाना गाते हुए देखा था।

पार्वती की चार लड़कियां थीं और उसके लिए यह ख़तरे की घंटी थी। उसे सबसे ज़्यादा ग़ुस्सा विजू सावंत पर आया। जिस बाप की चार-चार लड़कियां हों और दो जवान हो गई हों, उस बाप को किसी बात पर ग़ुस्सा नहीं आता, यह कैसी शर्मनाक बात है? उसने ख़ुद से ही पूछा और ग़ुस्सों की तमाम स्मृतियों को एकजुट करते हुए विजू सावंत का इंतज़ार करने लगी।

5

विजू सावंत उस रात देर से घर लौटे थे। इंतज़ार करती पार्वतीबाई देख रही थी कि डेढ़ बजने को हैं। वह उन तरीक़ों के बारे में सोच रही थी, जिन्हें विजू सावंत के शरीर में इंजेक्ट किया जाए, जिससे उनमें भयंकर ग़ुस्सा पैदा हो, जैसा बरसों पहले प्रभादेवी की एक चाल में उसके पिता में होता था। एक समर्थ पुरुष की तरह वह अपने परिवार को संभालें और बेटियों को बहकने से रोकें। एक पुण्यात्मा की तरह उनके हाथ पीले करें और बैकुंठ के दरवाज़े पर दस्तक दें। उन्नीस साल लंबे वैवाहिक जीवन में ऐसा कम बार हुआ है कि विजू सावंत ने अपना वक़्त बाहर काटना पसंद किया हो। भीतर बैठी पार्वतीबाई सोच भी नहीं सकती कि इस वक़्त विजू सावंत अपनी ही बिल्डिंग के नीचे सीढ़ियों पर बैठे घर के भीतर जाने की हिम्मत जुटा रहे थे। उनकी समझ में नहीं आ रहा था कि कैसे जवान बेटी को ऐसी-वैसी हरकतें करने से रोकें। उन्हें अचरज हो रहा था कि सहमी हुई गौरैया की तरह दिखने वाली बेटी में इतना साहस कहां से आ रहा है। वह जवान दिनों की उन लड़कियों के बारे में सोचने लगे, जिन्हें वह रास्ते के किनारे खड़े हो देखा करते, उनका नाम पूछ लेने की जुगत भिड़ाते और पाते कि एक दिन वे लड़कियां किन्हीं दूसरों के साथ बह गईं। जीवन के तमाम किरदारों की तुलना करते हुए वह सोच रहे थे कि अब उन्हें उठ जाना चाहिए। चार साल पहले भी वह इसी जगह पर देर रात तक बैठे थे, तब उनकी बीवी को लगा था कि वे कहीं बहुत दूर से दारू पीकर आए हैं। उस दिन विजू सावंत के पिताजी का देहांत हुआ था और उन्हें पहली बार आभास हुआ था कि पिता के साथ उन्होंने अच्छा बर्ताव कभी नहीं किया। उन दोनों के संबंध बहुत सामान्य या माइनस मार्किंग में थे और अक्सर एक-दूसरे पर हाथ उठा दिया करते थे। दोनों एक-दूसरे की निजी जागीर

थे और दोनों ने ही एक-दूसरे के अलावा ज़िंदगी में सिर्फ़ अपनी बीवियों पर हाथ उठाया था। विजू सावंत ने उस रात जमकर शराब पी थी और घर आकर बीवी के सामने देर तक रोए थे। जब उनके आंसू रुके, तब सुबह होने को थी और बीवी सो चुकी थी।

खटखटाते ही दरवाज़ा इतनी तेज़ी से खुला कि लगा, बीवी इंतज़ार कर रही थी। वह बैठे ही कि पार्वतीबाई ने बोली मारना शुरू कर दिया। वह बताना चाह रही थी कि वह नाकारा बाप हैं और बेटियों के जवान होने के बाद भी उन्हें किसी बात पर गुस्सा क्यों नहीं आता। विजू सावंत की आंखें मुंद रही थीं और उन्हें अब इस बात पर गुस्सा आ रहा था कि यह औरत कभी पानी भी नहीं पूछती। उन्होंने पार्वतीबाई को एक नशीली गाली दी और बिस्तर पर पड़ गए। उसके बाद पार्वतीबाई ने आसमान सिर पर उठा लिया, लेकिन विजू सावंत की आंख नहीं खुली, तो नहीं खुली। इससे पहले भी विजू सावंत पार्वतीबाई को गालियां दे चुके हैं और हर बार पार्वतीबाई ने इस तरह घर को हिलाया है कि विजू सावंत को घंटों नाक रगड़कर माफी मांगनी पड़ी है। इस समय विजू सावंत गहरी नींद में थे और पार्वतीबाई गहरे सोच में कि जवान और बे-राह होती बेटी को कैसे सही राह पर ले आए? लेकिन उससे पहले उसे पति को राह पर लाना होगा, जिसे इसकी गंभीरता का कोई अहसास ही नहीं है।

सुबह होने तक बहुत कुछ शांत हो चुका था और नंदू कॉलेज के लिए तैयार हो रही थी कि आई ने फ़रमान सुनाया कि वह आज के बाद कभी कॉलेज नहीं जाएगी। परीक्षा भी प्राइवेट ही देगी, घर से परीक्षा हॉल तक वह अपनी आई के साथ जाएगी, क्योंकि उसकी आई को अब किसी पर भरोसा नहीं रहा।

6

नंदा उर्फ नंदू सावंत दसवीं में दो बार फेल हुई थी और तीसरी बार भी उसके पास होने की उम्मीद नहीं थी। कॉलोनी के ज़्यादातर बच्चे दो किलोमीटर दूर एक स्कूल में जाते थे। दिक़्क़त के नाम पर सिर्फ़ यही थी कि कंपनी ने उनके बच्चों के लिए कोई विशेष स्कूल बनाकर नहीं दिया था। सौ बच्चों के लिए स्कूल बनाना कोई फ़ायदे का सौदा था भी नहीं। हां, इतना ज़रूर था कि स्कूल से शहर के चौराहे तक तय समयों पर कुछ बसें ज़रूर जाती थीं या फिर ऑटो रिक्शा करना पड़ता, जो उस ज़माने में कम से कम पचास रुपए ले लेता। नंदू एंड कंपनी की पढ़ाई उसी स्कूल के भरोसे थी, क्योंकि घर में विजू सावंत को इतनी दिलचस्पी नहीं थी कि वह उन्हें पास बिठाकर पढ़ाएं और न पार्वतीबाई को इतने अक्षर समझ में आते थे।

नंदा सावंत को पहली बार प्रेम का अहसास तब हुआ, जब वह सातवीं क्लास में पहुंची। उसकी ही क्लास का एक लड़का उसे देखता रहता था और एक दिन उसने सबसे नज़रें बचाकर उसे एक पत्र दिया जिसमें लिखा था–हम तुम्हें चाहते हैं ऐसे, मरने वाला कोई ज़िंदगी चाहता हो जैसे...

नंदू ने रेडियो पर यह गाना सुन रखा था, हालांकि उसका तात्विक मर्म उसकी पकड़ से साफ़ बाहर था। जब उसने कॉपी के बीच वाले पन्नों, जिनमें बाइंडिंग की पिन लगी होती है, में चार बार तह किए गए उस कागज के टुकड़े को खोला, तो उसके हाथ कांपे भी थे, लेकिन उसकी घबराहट को देखने वाला कोई नहीं था, क्योंकि जैसे ही काग़ज़ का टुकड़ा उछलकर आया था, उसने उस लड़के को पीछे मुस्कराते, लेकिन घबराए हुए देखा और अगले ही पल खड़ी हो गई। उस लड़के को लगा कि वह अभी टीचर से उसकी शिकायत करेगी, लेकिन नंदू ने टीचर के पास जाकर धीरे से कुछ कहा और बाहर चली गई। यह पेशाब करने जाने का लड़कियों का पूछने का तरीक़ा था। लड़के अपनी ही जगह से टीचर को कानी उंगली दिखा दिया करते थे और टीचर भुनभुनाने लगती थी।

उस लड़के का नाम श्रीकांत था और वह कॉलोनी में नहीं रहता था। उस दिन स्कूल से घर तक बस में वह लगातार 'हम तुम्हें चाहते हैं...' गुनगुनाती रही, फिर घर में नहाते वक़्त भी गाती रही और अगली सुबह जब वह बस में दुबारा बैठी, तब भी उसकी ज़ुबान पर वही गाना था। होमवर्क पूरा न करके आने पर जब टीचर ने गाल पर दो लफाड़े मारे, तब भी रोते हुए उसका मन उसी गाने की धुन दोहरा रहा था।

उसकी सहेलियों में उस ख़त की काफ़ी चर्चा थी, हालांकि किसी से उसकी ऐसी दोस्ती नहीं थी कि कोई उसे चिढ़ाए। वह अपनी कॉपी में उस गाने के जवाब में कई गाने लिखती रही, लेकिन कभी वह उन्हें चार तह में लपेट सिर से पीछे फेंक नहीं पाई। श्रीकांत नाम के उस लड़के से उसकी बात भी नहीं हुई और साल पूरा होने के बीच ही एक दिन उसे पता चला कि उसके बाप ने उसकी पढ़ाई छुड़ा दी है और राजस्थान भेज दिया है।

शाम को फ़ौजी भाइयों के लिए आने वाले ख़ास जयमाला कार्यक्रम को वह कई दिनों तक सिर्फ़ इसीलिए सुनती रही कि वह उस लड़के को एक प्यार भरा गीत भेजेगी, लेकिन उसके दिल में इतने गाने गूंजते थे कि वह कोई चुन ही नहीं पाई।

उसका पहला प्यार एक अदद गीत की तलाश में आधे रास्ते में ही दफ़न हो गया।

उसके बाद उसने एक कॉपी बना ली थी, जिसमें प्रेम से जुड़े कई गीतों के मुखड़े लिखे हुए थे। यही वे दिन थे, जब उसने कुछ गुनगुनाना भी शुरू किया था और कॉलोनी में होने वाले सालाना कार्यक्रम में उसने 'हम तुम्हें चाहते हैं ऐसे...' गीत गाया

था। खुद विजू सावंत ने उसकी आवाज़ की तारीफ़ की थी और सोचा था कि उसे किसी संगीत क्लासेस में डाला जाए, लेकिन पार्वतीबाई को यह पसंद नहीं आया।

पार्वतीबाई के ख़ानदान में गाना गाने की परंपरा थी और उसके दादा ने 1953 या 54 में किसी वक़्त डॉ. बाबासाहेब आंबेडकर के एक कार्यक्रम में गाना गाया था। उस पूरे दशक में महाराष्ट्र में तीस लाख से ज्यादा लोगों ने बौद्ध धर्म स्वीकार किया था, जिनमें पार्वतीबाई और विजू सांवत के दादा भी थे। उन लोगों को नवबौद्ध कहा गया। नवबौद्धों में कला के प्रति रुचि थी और उस समय उनमें से कई अच्छे संगीतकार निकले। दादा से गाने का संस्कार उनकी दो बेटियों में आया था, जबकि तीसरी बेटी यानी पार्वतीबाई की मां का उस कला से कोई लेना-देना नहीं था। उनके दादा की दोनों बेटियां यानी पार्वतीबाई की मौसियां गाने के बाद इतनी स्वच्छंद हो गईं कि उन्होंने अपने परिवार, अपनी ही पसंद से, घर से भागकर बसाए थे। पार्वतीबाई की मां का मानना था कि अगर पिताजी ने उन दोनों को संगीत की समझ नहीं दी होती, तो उनमें कभी इतनी हिम्मत न आती कि घर से भाग सकें। पार्वतीबाई ने अपनी मौसियों को देखा नहीं था, लेकिन उनकी मां ने इतनी बार उन दोनों की कहानी सुनाई थी कि उसके दिमाग़ में एक स्थायी विचार बस गया था कि जो लड़कियां गाती हैं, वे एक दिन घर से भाग जाती हैं।

इस तरह नंदू सावंत के पेशेवर गायक होने की संभावनाएं तभी खत्म हो गईं, जब उसके पिता ने उसकी आवाज़ की तारीफ़ कर दी। उसके बाद नंदू जब घर में भी गुनगुनाती, तो उसकी मां उसे ज़रूर टोकती कि ये भी मेरी मौसियों की तरह घर से भाग जाएगी। हालांकि नहाते वक़्त या बिल्कुल फ़ुरसत में पार्वतीबाई भी कुछ गा लिया करती थी, लेकिन वह 'तिची चाल तुरू-तुरू...' से ज़्यादा कुछ नहीं होता था।

नंदू सावंत को अपनी मां से इसी कारण चिढ़ हो गई थी कि उसे जो भी चीज़ पसंद आती, वह उस पर ज़रूर टोकती। सातवीं में आने के बाद नंदू सावंत के जीवन में काफ़ी बदलाव आए थे। इन्हीं दिनों उसे पहली बार रक्त आया था, जिससे वह बहुत घबरा गई थी। उसे लगा कि कोई बीमारी हो गई है। शाम को घर लौटने पर जब उसने मां को बताया, तो उसने उसे दो गालियां दीं और कहा, 'इसके साथ सब कुछ इतना जल्दी-जल्दी क्यों हो रहा है?'

उस रात नंदू को नींद नहीं आई। दूसरे दिन उसने स्कूल जाने से मना कर दिया। मां ने जो कुछ बताया, वह उसके पल्ले नहीं पड़ा और जब दामू अण्णा की पत्नी ने पूरे विस्तार से उसे बताया, तो उसमें इस आभास से इतनी घिन भर गई कि अब हर महीने उसे यह तकलीफ़ सहनी पड़ेगी। उसके बाद उसने अपना ध्यान पूरी तरह श्रीकांत नाम के उस लड़के की यादों पर लगा दिया और धीरे-धीरे रक्त की घिन से उबर गई।

दत्तू पाटील का लड़का बबल्या भी उसी क्लास में पढ़ता था और उसी बस से स्कूल आता-जाता था। उनमें अक्सर अपनी पढ़ाई और नई-पुरानी रिलीज़ हुई फ़िल्मों के बारे में बात होती। 'एक दूजे के लिए' को वक़्त गुज़र चुका था। इस फ़िल्म के गाने नंदू ने रेडियो पर सुन रखे थे और आई के मुंह से उसकी तारीफ़ भी। आई उस फ़िल्म को देख चुकी थी, जब वह दुबारा रिलीज़ हुई थी।

उन्हीं दिनों कॉलोनी में श्री. पुं. जोशी नाम के एक जवान अफ़सर का आगमन हुआ था। कॉलोनी की कई महिलाओं का उनके घर आना-जाना था। एक दिन जोशी और उनकी बीवी ने फ़िल्म देखने जाने का मन बनाया। तभी कुछ महिलाएं उनके घर पहुंचीं और यह तय हुआ कि उन दोनों के साथ और भी लोग चलेंगे। दामू अण्णा और उसकी बीवी, रामचंद्र तिड़के और उसकी बीवी, श्रीराम भालेकर का बेटा-बहू तैयार हो गए। पार्वतीबाई ने अपना और विजू सावंत का नाम भी दे दिया। जोशी ने दस टिकट करा लिये, लेकिन विजू सावंत की तबीयत ख़राब थी या मन, उन्होंने जाने से इनकार कर दिया। पार्वतीबाई ने आखिरी फ़िल्म सुधा के पैदा होने के बाद देखी थी और उस फ़िल्म का एक-एक डायलॉग उसे अच्छी तरह याद था। उस फ़िल्म से लौटने के बाद वह कई रात विजू सावंत को बाबू मोशाय ही पुकारती रही, जबकि बाबू मोशाय ने उसे फिल्म के दौरान झिड़का था कि ठीक से बैठो। वह बार-बार सावंत की जांघों पर हाथ रख देती।

उसके बाद विजू सावंत तो कई बार फ़िल्म देखने गए, लेकिन पार्वतीबाई का मुहूर्त नहीं बना। उसने कई बार अपने पति से गुज़ारिश भी की, कई बार ख़ुद ही टिकट की व्यवस्था भी की, लेकिन कभी विजू सावंत को नींद आ रही होती, तो कभी सिर दर्द कर रहा होता।

जब इस बार भी विजू सावंत की तबीयत बिगड़ने लगी, तो पार्वतीबाई ने कोई सोच-विचार नहीं किया। विजू सावंत को उनकी ख़राब तबीयत के साथ घर में ठीक होने के लिए रखकर वह श्री. पुं. जोशी और कंपनी के साथ फ़िल्म देखने चली गई और लौटकर आई, तो लंबे समय तक उसकी ख़ुमारी में रही। उसकी बेटियों ने उसकी चिरौरियां कीं कि हमें भी दिखा लाओ, लेकिन पार्वतीबाई राज़ी नहीं हुई। हर बार कहती कि इस फ़िल्म को शादी होने से पहले नहीं देखना चाहिए, क्योंकि इसे देखने के बाद शादी करने का ख़्याल भी नहीं आता, सिर्फ़ मरने का ख़्याल आता है। शादी के बाद औरत के सामने कोई रास्ता नहीं होता, सो तब इसे देखने में कोई बुराई नहीं।

उसकी इन बातों ने नंदू के दिल में उस फ़िल्म के बारे में कई सवाल भर दिए। किसी पत्रिका में उसके बारे में कुछ आता, तो वह ज़रूर पढ़ती। रेडियो पर जब भी

उसके गाने बजते, तो वह बिना कोई काम छोड़े सुनती। काम छोड़कर सुनने पर आई रेडियो बंद कर देती। नंदू सावंत को उस फ़िल्म के बारे में सोचते ही अजीब-सा कुछ होने लगता।

बबल्या के साथ बातों-बातों में ही उसने वह फ़िल्म देखने की इच्छा जताई थी और बबल्या ने वादा किया था। नंदू सावंत को प्रेम का दूसरा अनुभव बबल्या पाटील के सौजन्य से हुआ था। कई दिनों तक हिम्मत का कण-कण जोड़ते रहने के बाद एक दिन वे दोनों स्कूल के पास बस से उतरे तो सही, लेकिन स्कूल नहीं गए। किसी का ध्यान जाए, उससे पहले ही एक ऑटो में बैठे और फिल्म देखने पहुंच गए।

घर पहुंचने पर नंदू सावंत बुरी तरह डरी हुई थी। उसे डर था कि आई-बाबा उसे पीटेंगे, उसे डर था कि उसकी ही क्लास में पढ़ने वाली कॉलोनी की कोई लड़की यह जानने के लिए उसके घर न आ जाए कि वह स्कूल क्यों नहीं आई, लेकिन ऐसा कुछ नहीं हुआ। फिर भी नंदू उस रोज़ बहुत डरी हुई थी। सबसे बड़ा डर यह था कि अब उसे बच्चा हो जाएगा, क्योंकि बबल्या पाटील ने फिल्म के दौरान उसके होंठों पर पप्पी ले ली थी। बबल्या पाटील के हाथ कहां-कहां गए थे, उसे याद नहीं, क्योंकि पप्पी के बाद उसके होश उड़ गए थे और उसके बाद से वह उसी डर में घुली जा रही थी। वह चाहती थी कि बबल्या पाटील फ़िल्म ख़त्म होने के बाद उसे प्यार भरे कुछ शब्द कहे, लेकिन बबल्या की आंखें झुकी हुई थीं। सिनेमाघर से बाहर निकलने और घर पहुंचने तक दोनों में चुप्पी थी। उसे याद है कि बीच-बीच में बबल्या पाटील के होंठों पर मुस्कान आ जाती थी, लेकिन वह नंदू को नहीं देख रहा था। वह अभी तक सिनेमाघर के अंधेरे में ही था। दोनों के बीच अगले चार दिनों तक बातचीत नहीं हुई। जबकि नंदू सावंत को हर रोज़ लगता था कि आज उसकी पोल खुल जाएगी, रात में जब वह कराहेगी और उसका पेट फूलकर गुब्बारा हो जाएगा। उसके सपनों में बबल्या पाटील नहीं आता था, 'वासु' और 'सपना' तो बहुत बाद में आना शुरू हुए, उसकी आई ज़रूर डंडा लेकर उसके पेट पर मारती नज़र आती थी।

वे दो साल तक प्रेम करते रहे। बीच-बीच में जब भी मौक़ा मिलता, स्कूल की डांडी मारकर फ़िल्म देख आते। वे कॉलोनी में भी मिला करते और यह बात उनके घर वालों के सिवाय कॉलोनी में हर किसी को पता थी। जिस फ़ैमिली मेंबर को उनके प्रेम के बारे में सबसे पहले पता चला, वह थी उसकी छोटी बहन सुधा। वह नंदू जितनी ख़ूबसूरत नहीं थी, लेकिन दुनिया की समझ उसमें ज़्यादा थी। उसी ने पहली बार दोनों को क्लब के पीछे गले मिलते देखा था। उसने नंदू पर धौंस भी मारी थी, लेकिन नंदू ने उसे डरा-धमकाकर, मना-चुनाकर आई-बाबा तक बात पहुंचने से रोक दिया था।

यही वह समय था, जब नंदू ने पाया कि क्लब में उसके साथ कोई लड़की नहीं खेलती। जब वह टेबल टेनिस की टेबल पर पहुंचती, तो लड़कियां वहां से हट जातीं और उसे मजबूरन बहन के साथ खेलना पड़ता, जिसका सामना करने से वह जितना संभव हो, बचती थी। नंदू वैसे बोलती बहुत कम थी, लेकिन कॉलोनी की कई लड़कियां और औरतें उसे हद दर्जे की मुंहफट मानती थीं। सुधा ने ही बताया था कि कॉलोनी की कई मांओं ने अपनी बेटियों को हिदायत दे रखी थी कि नंदू जैसी लड़की के साथ नज़र आई, तो ख़बरदार। यह सुनने के बाद नंदू को बहुत दुख हुआ था और वह ख़ुद को शबाना आज़मी, स्मिता पाटील और दीप्ति नवल सरीखी कई भूमिकाओं में पाने लगी थी। बावजूद, उसने क्लब में खेलना बंद नहीं किया था और बाद में जब उसकी दोस्ती कॉलोनी के लड़कों के साथ हो गई, तो सभी लड़कियों को उससे बहुत रश्क हुआ था।

7

पार्वतीबाई को जब तक यह पता चलता कि उसकी बेटी बबला पाटील के साथ फंसी हुई है, तब तक बबल्या और नंदू के बीच प्रेम लगभग ख़त्म हो चला था। वह ौृण के साथ किस सीमा तक गई थी, इसका न तो उसे अंदाज़ा था और न बार-बार पूछने पर पता चला। पार्वतीबाई को कॉलोनी की सारी औरतें जानती थीं और ख़ास मौक़ों पर वे आपस में मिला भी करती थीं, लेकिन उसकी बातचीत कुछ गिनी-चुनी औरतों से ही होती थी। दामू अण्णा की बीवी उसकी आंख और कान थे। वहिणी को हालांकि इसके-उसके बारे में जानने की बड़ी दिलचस्पी थी, लेकिन कभी उसका ध्यान इस ओर नहीं गया था कि नंदू अब बड़ी हो गई है और उसके बारे में भी सूचनाएं रखनी चाहिए। एक दिन जब वहिणी उनके घर आई थी, नंदू आईने के सामने बैठ तैयार हो रही थी। थोड़ी देर बाद नंदू साड़ी पहनकर बाहर आई, तो वहिणी को ख़्याल आया कि यह बड़ी हो गई है।

नंदू काफ़ी ख़ुश नज़र आ रही थी और अभी-अभी रिलीज़ हुई 'दिल' का कोई गाना गा रही थी। उसके बाद वहिणी ने अपनी किसी बैठक में कॉलोनी की कुछ औरतों के सामने टेस्ट ड्राइव के रूप में एक बात उछाली—आजकल पार्वती सावंत की लड़की नंदू काफ़ी मेकअप करती है। बनती-इठलाती है, तो जवाब में एक ने झट से कहा था—फंसी हुई है दत्तू पाटील के लड़के बबल्या के साथ। उसके बाद वहिणी ने नंदू के बारे में पूरी जानकारी ली और क्लब जाकर जांच भी आई कि दोनों एक-दूसरे को कैसे चोर इशारे करते हैं।

जिस दिन वहिणी क्लब आई थी, उसी दिन नंदू को खटका हुआ था कि आज कुछ होगा, क्योंकि पूरी कॉलोनी में क्लब ही ऐसी जगह थी, जहां बड़े लोग नहीं दिखाई देते थे। कॉलोनी के दो या तीन लोगों को ही इनडोर गेम्स में दिलचस्पी थी और वे सुबह आकर संतुष्ट हो जाते। शाम को वहां सिर्फ़ बच्चे आया करते थे और जिस शाम वहां कोई बुज़ुर्ग दिख जाता, उसका क़रीबी बच्चा जासूसी के अंदेशे से सहम जाता।

उस वक़्त तक नंदू सावंत को अनुभवों और कुछ सहेलियों से पता चल गया था कि मुंह की पप्पी लेने से बच्चा नहीं पैदा होता और लड़के की निगाह से पता चल जाता है कि वह आपके शरीर का कौन-सा हिस्सा देख लेने को लालायित है। हर वक़्त सिर नीचा किए रखने वाला बबल्या पाटील उसे हद दर्जे का बेवक़ूफ़ लगने लगा, क्योंकि उसने कभी खुलकर 'आई लव यू नंदू' तक नहीं कहा था। बस, मौक़ा पाते ही पप्पी ले लेता और चिपक जाता। फिर इमरान ख़ान और संजय दत्त की बात करता।

उस रात वह घर पहुंची, तो आई आगबबूला थी। नंदू के सामने आते ही उसने दो झापड़ मारे और घर को हमेशा की तरह सिर पर उठा लिया। नंदू ने हथियार डालते हुए मान लिया कि उसके साथ सिर्फ़ दो बार फिल्म देखने गई थी और उसने सिर्फ़ तीन बार पप्पी ली है।

नंदू ने कहा—इससे ज़्यादा कुछ नहीं हुआ।

आई को विश्वास हुआ कि नहीं, नहीं पता, लेकिन उसकी धमकियां डराने के क़ाबिल थीं। कई दिनों तक आई और वहिणी ने नंदू पर नज़र रखी, लेकिन उन्हें ऐसा कोई सबूत नहीं मिला कि वे नंदू को ठीक कर सकें।

इसके कई दिनों बाद जब एक रात को नंदू पर जाने कौन-सा प्रेत सवार हो गया था, जो सारी रात वह हुवा...हुवा...कर रही थी और अगली सुबह पहाड़िन ने उसे ठीक किया था, वहिणी ने छाती ठोंककर कहा था—मैंने पहले ही कहा था कि इस लड़की पर कोई फेर है, ये किसी और के बस में है, तो तुम लोग माने ही नहीं थे।

सुधा को यक़ीन नहीं होता था कि चार-पांच साल से नंदू उस लड़के के साथ भटक रही है और एक दिन में ही वह उससे मिलना बंद कर देगी। उसने भी कई ज़रियों से मालूम करना चाहा, पर नंदू को हर ओर से क्लीन चिट मिलती थी। सावंत परिवार की जान में जान आई कि लड़की इज़्ज़त डुबोने से पहले ही राह पर आ गई। कुछ महीनों की सख़्ती के बाद लगा, चीज़ें दुरुस्त हो गईं।

कुछ ही दिनों बाद इसी बबल्या पाटील को उसके बाप दत्तू ने जब सरेआम नंगा करके बेल्ट से दे दनादन मारा था, तो बीच-बचाव करने गए विजू सावंत को अपनी भलमनसाहत में यह ख़्याल भी नहीं रहा कि यह वही लड़का है, जिसे पीटने के बारे

में उन्होंने भी किसी दिन सोचा था। घर लौटने के बाद उन्हें पता चला कि उस लड़के की पिटाई पर उनकी बड़ी बेटी आंसू बहा रही है, तो उनका सन्न रह जाना लाज़िमी ही था।

तब उन्हें खुद से शर्मिंदगी हुई थी कि वह क्यों उसे बचाने गए।

वैसे, यह बात कभी पता नहीं चल पाई कि दत्तू ने अपने जवान हो गए बेटे को बेदर्दी से क्यों पीटा था। कोई कहता कि उसके बाप को यह पता चल गया था, वह कॉलोनी की लड़कियों पर लाइन मारता घूमता है; किसी की कहानी थी कि उसने बाप की जेब से पैसे चुराए हैं; तो कोई कहता कि उसके बैग से कोई वीडियो कैसेट पकड़ मिली थी, जिस पर बाप बमका था।

विजू सावंत एक बाप की तरह सोच रहे थे। पार्वतीबाई मां की तरह सोच रही थी। नंदू सावंत संतान थी, जिसने अभी सोचने जैसा महती काम शुरू नहीं किया था; वह सिर्फ़ कर रही थी। सुधा सिर्फ़ देख रही थी। बाक़ी बच्चे आंखें बंद किए अपनी-अपनी उम्र के साथ खेल रहे थे। इन सारे बच्चों को कल बड़ा होना था—सोचने के लिए। इनमें से चार को कल मां की तरह सोचना था और एक को बाप-भाई की तरह। उन्हें पता हो या न हो, पर उन्हें क्या, किस तरह सोचना है, यह सदियों से तय था।

8

फ़िलहाल नंदू का कॉलेज जाना नहीं हो पा रहा था और बंडू जाधव नाम का वह लड़का, जो पंछी को अपने साथ उड़ा ले जाने की खुली धमकी दे रहा था, बतर्ज़ यार जलने वालों को जलाएंगे, प्यार में जिएंगे, मर जाएंगे..., उसका भी कुछ अता-पता नहीं था। यह माना जा रहा था कि पार्वतीबाई ने पहाड़ी आंटी से कुछ हवा करवाकर उसे ग़ायब करवा दिया है। ख़बरें लोहे के पर्दे के पीछे छुपी होती हैं। उसे खोज लाने वाली ख़बरनवीसी सुधा में थी और उसी ने किसी पल ग़ुस्से में घोषणा की थी कि एक संडे को नंदू उस लड़के के साथ भागने का प्रोग्राम बना रही है। ऐसे में पार्वती सावंत को उसी जगह की याद आई, जिसकी याद बरसों पहले उसके पिता को आई थी, ऐसे ही सजातीय संकट में फंसने के बाद। वह अपनी बेटी को ले मायके और ससुराल की पुश्तैनी जगह नगर चली गई। वह चेक कर रही थी कि उसके पिता की तरह उसकी भी क़िस्मत अच्छी हो। वहां कॉलोनी में सिर्फ़ विजू सावंत ही बचे थे।

ऐसा तो था नहीं कि नगर में विजू सावंत जैसे लड़कों की खान हो कि कोई भी पार्वतीबाई अपने प्रेमी की याद में तड़पते, मां-बाप की उंगली थाम वहां आए और फिर सारी ज़िंदगी शान से गुज़ारे। पार्वतीबाई अब उस उम्र और स्थिति में पहुंच गई थी,

जिसमें किसी भी महिला को लगने लगता है कि शादी के पहले किया गया प्यार बेवक़ूफ़ी होता है। अपनी बेवक़ूफ़ी पर शर्मसार होने की ज़रूरत नहीं थी, क्योंकि अब उसे उस लड़के का चेहरा भी याद नहीं।

उसने वहां कई लोगों के कान में बात डाली कि उसकी बेटी अब जवान हो गई है, पर लोग थे कि मानने को तैयार ही नहीं। यानी कोई लड़का नहीं मिल पाया। एक दिन विजू सावंत की चिट्ठी आई, जिससे पार्वती को यह लगा कि उन्हें गुस्सा आने लगा है, तो वह बहुत ख़ुश हुई और लौटने की तैयारी करने लगी। विजू सावंत को उस पर गुस्सा आ रहा था, क्योंकि उसके जाने के बाद से वह अपने लिए खाना बना-बनाकर थक जाते; चाय का बर्तन जल-जलकर काला हो जाता, जिसे छुड़ाने में उनकी ख़ासी वाट लग जाती; जब दूध गर्म करने की याद आती, तब तक वह फट चुका होता; किचन के थल्ले पर चिकनाई उनसे रगड़ी न जाती; नहाते समय अपनी चड्ढी धोना तो उन्हें याद रहता, पर गंजी हमेशा बाहर रह जाती, जिसे बिना धोए दुबारा पहनने पर बू के मारे बुरा हाल हो जाता; पीठ में भयंकर खुजली होती और उनका हाथ न पहुंचता, तो उस बेबसी में उन्हें सिवाय गालियों के और कुछ न सूझता। चिट्ठी में उन्होंने इन सारी बातों का इशारा देते हुए असली कारण यह बताया था कि पार्वती की ज़िद के आगे सारे बच्चों की पढ़ाई के वान्दे लग रहे हैं।

एक विशालकाय, पुंसत्वपूर्ण गुस्से की कामना में पार्वतीबाई बच्चों को पढ़ाने के लिए वापस लौटी। जब विजू सावंत ने दरवाज़ा खोला, उस समय वह तौलिया बांधे, फ़र्श साफ़ करने वाला ब्रश लिये खड़े थे। उससे पहले वह टॉयलेट की लादी साफ़ कर रहे थे, जिस पर जमा चिकनाई के कारण वह कुछ मिनटों पहले ही धड़ाम हुए थे। ब्रश के लादी पर घिसने से जो आवाज़ आ रही थी, वह विजू सावंत के मुंह से निकली आवाज़ की तरह जान पड़ती थी।

उन सबका लौट कर आना था कि पंछी को उड़ जाना था।

9

वह रविवार नहीं था जब घर में कोहराम मच गया। नंदू का पता नहीं था। पार्वतीबाई बार-बार कह रही थी कि अभी तो घर में ही थी; मैं उसे यहीं छोड़कर नीचे दामू अण्णा के यहां गई थी। सुधा, पप्पू, तारा और राजू स्कूल गए थे। विजू सावंत गेट पर नौकरी दे रहे थे। पार्वतीबाई घर में बैठे-बैठे बोर हो रही थी। उसने सोचा कि ज़रा नीचे हो आया जाए और जब ऊपर लौटी, तो सांस रुक गई। उसने सपने में भी नहीं सोचा था कि उसकी बेटी में इतनी हिम्मत होगी। वैसे, उसे यह मानने में कि उसकी बेटी घर

से भाग गई है, दो घंटे से ज़्यादा वक़्त लग गया। दामू अण्णा के लड़के को बोल उसने गेट से विजू सावंत को बुलवा लिया। घर में कोहराम तो था, लेकिन उसकी आवाज़ नहीं थी। मातम बेज़ुबान जानवर की तरह घिघिया रहा था। उसने नीचे वहिणी तक को ख़बर नहीं होने दी। पहले उसने घर का कोना-कोना छान मारा, फिर बालकनी में खड़े होकर नीचे देखती रही। उसे बार-बार लगता कि नंदू यहीं कहीं पास ही गई होगी। वह दुआ करती कि वह ख़्याल सही साबित हो। फिर नीचे उतरी और तीसरी इमारत में किराने की टेंपरेरी दुकान तक हो आई; पर नंदू कहीं नहीं थी।

उसका मन किया कि वह हरामी बंडू जाधव के घर जाए, जाकर उसके पियक्कड़ बाप को उसी के अंदाज़ में दर्जनों गालियां दे, ससुर के साथ फंसी रहने वाली उसकी बीवी की झांटें नोंच आए, पर ऐसा करती, तो पूरी कॉलोनी को ख़बर हो जाती और अभी तक तो वह ख़ुद नहीं मान पाई है, या जान पाई है कि उसकी बेटी कहां गई है, तो फिर वह ऐसा क्यों करे?

जब विजू सावंत आए, तो उसकी रुलाई फूट रही थी। वह पहले कमरे में उसी चटाई पर बैठे रो रही थी, जिसे वह हाल में मायके से ले आई थी। विजू सावंत बहलाने की कोशिश कर रहे थे। बार-बार कहते–फलां के यहां देख आओ, शायद वहां गई हो, कहीं क्लब तो नहीं चली गई। पार्वतीबाई रोए जा रही थी और बीच-बीच में अपने पति की बेवक़ूफ़ी पर ग़ुस्सा हो रही थी। वह उसे समझाना चाह रही थी कि यहां-वहां देखने जाने पर हवा फैल जाएगी कि नंदू सावंत आख़िर भाग ही गई।

उसकी बेटी ने जितनी मुहब्बत नहीं की थी, उससे कहीं ज्यादा क़िस्से उसके नाम से जुड़ चुके थे। एक बार बस में बैठते समय उसने ध्यान दिया था, कैसे कॉलोनी के कुछ लड़के, जो पीछे बैठे थे, नंदू सावंत को ऊपर से नीचे देख रहे थे और इस बात पर आश्चर्य कर रहे थे कि बंडू जैसे भुच्च भुजंग लंगूर के हाथ यह अंगूर कहां से लग गया। उनकी बातें इतनी अश्लील थीं कि ख़ुद पार्वतीबाई जैसी खाई-खेली मां की पलकें भी झुक जातीं। उन्हें इस बात की न तो चिंता थी और न शर्म कि जिस लड़की के बारे में वे ये सारी बातें कर रहे हैं, वह अपनी मां के साथ आगे वाली सीट पर ही बैठी है और दोनों सुन भी रही हैं।

उसे पूरा विश्वास था कि उसकी बेटी ने अभी तक बंडू जाधव के साथ ऐसा कुछ भी नहीं किया कि उसे शर्मिंदा होना पड़े। वैसे, उस विश्वास में दरारें हज़ार थीं। नंदू के बारे में उसने जितना जाना था, दूसरों के मुंह से सुनकर ही जाना था। मां-बेटी में कभी इतना संवाद नहीं हो पाता था कि एक-दूसरे को जान सकें। सो, पार्वतीबाई को यह बिल्कुल नहीं पता था कि उसकी बेटी में कितनी हिम्मत थी। उसे यह भी नहीं पता था कि उसकी कोर्स की किताबें कौन-सी हैं और फालतू क़िस्म के नॉवेल कौन-

से। ख़ाकी रंग का कवर चढ़ा देने से हर किताब कोर्स की ही लगती। उसे यह भी नहीं पता चल पाया था कि उसकी बेटी को सिनेमा उससे भी ज़्यादा पसंद है और हर शुक्रवार को वह नई फिल्म देखा करती थी। इससे बड़ी बात कि उसे यह भी नहीं मालूम कि सिनेमा वह किसके साथ देखा करती थी।

पार्वतीबाई अपने आपको कोस रही थी। वहिणी को भी। वह कहती है कि उसे पूरी कॉलोनी की ख़बर रहती है, तो क्या उसे नंदू के भाग जाने के प्रोग्राम का भी पता था? सुधा ने एक बार कहा था कि उसका पंछी उड़ने वाला है, तो उसने बात को ही उड़ा दिया था। रात को उसने जब यह बात विजू सावंत को बताई थी, तो विजू ने बिल्कुल राजश्री की फ़िल्मों के बाप की तरह कहा था–पारो, सब संस्कार के खेल होते हैं। तुमने या मैंने अपने बच्चों को ऐसे संस्कार नहीं दिए हैं, कि वे अपने मां-बाप की खिल्ली उड़ाते हुए घर से भाग जाएं।

वैसे, विजू सावंत से अगर यह कहा जाए कि आधे घंटे के बाद भूकंप आने वाला है और चच्चा, अपनी जान बचाकर निकल लो, तो वह कहेंगे–मैंने अपने भगवान की मन से पूजा की होगी, तो भूकंप का बाप भी मेरा कुछ नहीं बिगाड़ पाएगा। और मैं जानता हूं कि मैंने उसकी सेवा मन से की है।

पार्वतीबाई, जो हर बात पर अपनी बुद्धि का पत्थर गिरा देती थी और उसके हज़ार टुकड़े करके किरचों से फर्श खोद डालती थी, उस रात अपने पति से यह पूछना भूल गई थी कि फिर इतना इश्क़ क्यों कर रही है? उसे यह सवाल आज सूझ रहा है, जब कथित तौर पर नंदू घर से भाग गई है।

विजू सावंत उसे समझाना चाह रहे थे कि अगर इसमें लोगों से पूछा नहीं जाएगा या पुलिस में रिपोर्ट नहीं की जाएगी, तो बेटी के मिलने का सवाल ही नहीं। या तो बदनामी से डरा जाए या बेटी को पाया जाए?

दोनों में से समझदारी की बात कौन कर रहा था दोनों ही नहीं समझ पा रहे थे। थोड़ी देर में बच्चे भी स्कूल से आ गए और उन्हें फ़र्श पर बिखरे पड़े, हवा में उड़ते हुए और दीवारों पर चिपके हुए तमाम आंसुओं को देखकर यह अंदाज़ा हो गया कि कुछ गड़बड़ हो गई है और वे चाहे लाख हल्ला मचाएं, रोज़ की तरह स्कूल से आने के बाद उन्हें आज खाना मिलने वाला नहीं। जिसे जो कोना अच्छा लगा, उसमें खड़ा हो गया और मां-बाप को परेशान होता देखता रहा।

सावंत आंटी का दरवाज़ा इस तरह बंद हो गया था कि हनुमान खींचकर पहाड़ भी दे मारें, तो असर न पड़े। वैसे, उस दरवाज़े पर कोई दस्तक नहीं हुई थी, जो इस तरह का बयान दिया जा सके, पर बच्चों को घर से निकलने नहीं मिल रहा था और मां-बाप तय नहीं कर पा रहे थे, कहां जाया जाए?

बाहर से घर रोज़ जैसा ही लग रहा था। बालकनी में सावंत आंटी की ब्रा और अंकलजी का पाजामा हमेशा की तरह साथ सूख रहा था; दीवार पर कुछ काई जमी थी, जिसके बीच बीस पैरों वाला एक जंतु हमेशा की तरह धीमा ही चल रहा था; दीवारों की पपड़ियां निकली हुई थीं और वहां इतना खुरदरापन था कि लगता था, आबादी रहती है; एंटीना का तार आलस में आहिस्ता-आहिस्ता ही झूल रहा था; गमलों में कुछ पौधे लगे थे, जिन्हें पानी देने की ज़िम्मेदारी घर की सबसे बड़ी बेटी के पास थी। इस मातम का कोई निशान नहीं था कि अब उन्हें पानी कौन देगा।

पर भीतर बदला हुआ था। तीनों बच्चे देर तक खाना पाने का इंतज़ार करते सो चुके थे। कुछ घंटों में हज़ारों साल का बुढ़ापा अपने ऊपर ढोल चुके मां-बाप के साथ एक बेटी बैठी थी, जिसे कल को बड़ी बहन की तरह जवान होना था, हालांकि जिसके पीछे अभी से कई सब्र वाले लड़के लग चुके थे और मिडिल क्लास क़ायदे से जिसे अभी यह पता नहीं होना चाहिए था कि ये इश्क़ कहते किसे हैं, लेकिन फिर भी रेडियो या टीवी पर इश्क़ के गाने सुनकर जिसके चेहरे पर हल्की-सी शर्म आ जाती थी और मन में यह एहसास कुलांचे भरने लगता था कि प्यार होने पर लगता कैसा है, जो ये लोग इत्ते गाने गाते हैं।

मां-बाप बूढ़े हो चुके थे और उतनी ही देर में एक छोटी बच्ची जवान हो चुकी थी।

उसे समझ में आ रहा था कि लड़की घर से जब भाग जाती है, तो मां-बाप उन घोड़ों में तब्दील हो जाते हैं, जिन्होंने मौत के इंतजार में चारों घुटने मोड़ लिये हों।

चार घंटे हो चुके थे और अगर नंदू सावंत अगर मज़ाक़ में भी कहीं छुपी होती, तो अब तक बोर होकर लौट भी आती।

वह नहीं आई, यानी अब वह कभी नहीं आने वाली। आएगी भी, तो जाने के लिए ही।

तो किया क्या जाए? किससे पूछा जाए?

हजारों साल बूढ़ी एक स्त्री सोच रही थी कि बरसों पहले अगर वह घर से भागी होती, तो क्या उसके मां-बाप भी इतना ही असहाय महसूस कर रहे होते? सारे मां-बाप एक जैसे नहीं होते, पर असहाय लोगों का डीएनए तो एक-सा ही होता होगा।

10

शाम के आठ बज रहे थे। बंडू का बाप नाम्या जाधव लगातार खांस रहा था। उसकी मां पर जैसे पार्वती की बात का कोई असर ही नहीं पड़ा और वह आलथी-पालथी

मारे पलंग पर किसी पुरुष के कपड़ों पर गर्म लोहा फिराए जा रही थी। रोज़ सात बजे आ जाने वाला उसका बेटा अभी तक घर नहीं आया था और इस बात पर फ़िक्र करने की कोई ज़रूरत नहीं थी, क्योंकि वह हफ़्ते में चार दिन लेट ही आता था। वह कभी आता, तो उसके मुंह से बाप की तरह बू आ रही होती। उस मां को अपने बेटे के बड़े हो जाने की सूचना आठ आने के तीन मिलने वाले सरकारी निरोध के उस पैकेट ने दी थी, जिससे वह अपरिचित नहीं थी। एक दोपहर कपड़ा धोने के लिए जब उसने बेटे की पैंट की जेबें टटोलीं, तो वह पूंजी मिली थी। उसे भी सुनने में आता था कि कॉलोनी में उसके बेटे और पार्वती सावंत की बेटी के बारे में कुछ कहा जाता है, पर चिंता की कोई ज़रूरत नहीं थी।

पार्वती सावंत आज दरवाजे पर खड़ी थी और उसे देखकर कहीं से नहीं लगता था कि वह झगड़ा करने आई है। उसे अजीब भी नहीं लगा। जिस औरत की चार बेटियां हों, वह तो पहली के ही कांड पर धराशायी हो जाए, यह तो हिम्मत के साथ खड़ी है और बिना आपा खोए बात कर रही है।

पार्वती सावंत जानना चाहती थी कि बंडू कहां है। ख़ुद उसकी मां को नहीं पता, तो क्या बताती। फिर भी बताया कि वह कई बार लेट आता है। पार्वतीबाई ने ज़ोर देकर पूछा, तो उसे चिढ़ हो आई। नाम्या जाधव बार-बार खांसकर अपने होने का एहसास कराता।

पार्वती यह कहना चाहती थी कि बंडू उसकी बेटी को लेकर कहीं भाग गया है, जबकि बंडू की मां ज़ोर दे रही थी कि उसका बेटा ऐसा नहीं है। पार्वतीबाई को आश्चर्य हो रहा था अपने आप पर। वह झगड़ना चाहती थी, लेकिन उसकी ज़ुबान पर जैसे नंदू बड़ा भारी वजन रखकर चली गई। अप्रत्याशित रूप से बहुत शांत बातचीत में यह निकलकर आया कि दोनों परिवार आज की रात इंतज़ार कर लें। विजू सावंत इतने चुप थे कि उनकी मौजूदगी का एहसास ही नहीं था। उन्हें गुस्सा नहीं आ रहा था, हर बार की तरह सिर्फ़ रोना आ रहा था, लेकिन वह खुलकर रो नहीं सकते थे।

दोनों घर आ गए और अनिश्चय में उलझे रहे। पार्वती सावंत की बीच-बीच में इच्छा होती कि वह अपनी बालकनी से कूद जाए। वह दो बार बालकनी में गई भी, पर एक बार कपड़े उठा लाई और दूसरी बार नीचे झांक कर लौट आई।

विजू सावंत ने कहा–आज रात अगर कुछ पता नहीं चला, तो कल रिपोर्ट लिखानी होगी। रिपोर्ट लिखाने में ज्यादा देर हुई तो पुलिस केस भी बिगाड़ सकती है।

पार्वतीबाई पुलिस का नाम सुनकर ही कांप जाती थी, पर उसने कहा कुछ नहीं। उसने अपने देवता से प्रार्थना की। भीतर के कमरे में जो मंदिर बना रखा था, उसमें थोड़ी देर बैठ रोती रही।

वह रात बहुत बड़ी लगी। कहते हैं कि ब्रह्मा की रातें बहुत बड़ी होती हैं। ब्रह्मा की भी कोई बेटी भाग गई थी क्या, सावंत आंटी को नहीं पता।

अगली सुबह छह बजे उन्होंने बंडू जाधव का दरवाज़ा खटखटाया। नाम्या की पत्नी ने दरवाज़ा खोला और उसके अनसोए चेहरे ने बता दिया कि बंडू रात भर घर नहीं आया था।

पार्वतीबाई घर से ही अपनी आवाज़ में मर्दानगी नत्थी करके लाई थी–'अब मुझे पूरा विश्वास हो गया है कि तेरा लड़का ही मेरी बेटी को ले गया है। सच-सच बता दे कि वह कहां गया है, वरना मैं अभी चौकी जा रही हूं। मेरी बेटी की उम्र अभी अठारह नहीं हुई है। तेरे बेटे को अगर अंदर नहीं कराया, तो देख, पेशाब से पैदा हुई होंगी मैं।'

नाम्या की पत्नी ने पूरी रात पुलिस के डर से गुज़ारी थी। वह मानती थी कि उसकी भी कोई इज़्ज़त है। उसने दोनों को अंदर बुलाया और ठंडा करने की कोशिश की। विजू सावंत बिल्कुल चुप नहीं थे। बीच-बीच में वह 'हां, बिल्कुल, भैंचो; हां, बिल्कुल मात्चो...' का मंत्र पढ़ने लगते।

नाम्या की पत्नी ने सीन के हिसाब से कहा–'भाई साहब, आपकी बेटी मेरी बेटी की तरह थी। मुझे अब भी विश्वास नहीं हो रहा है कि बंड्या ऐसा करेगा, पर...पर...आप गुस्से में हैं, मुझे पता है...आपकी जगह बंड्या के पापा भी होते, तो वह पक्का और गालियां देते, लेकिन जैसा आपका नाम है, आपके मुंह से गालियां अच्छी नहीं लग रहीं। आप दोनों सब्र रखिए, कुछ न कुछ हो जाएगा। भगवान है, उस पर विश्वास करो।'

यह ऐसी गेंद थी कि विजू सावंत बल्ला फेंककर बैकफुट पर खड़े हो गए।

नाम्या की पत्नी फिर बोली–'पुलिस में जाएंगे, आपकी बेटी की भी बदनामी होगी और हमारी भी। बंड्या पर केस हो जाएगा, उसे सरकारी नौकरी कभी नहीं मिल पाएगी। जो होना था, वह तो हो ही गया। पुलिस ढूंढ़ने के नाम पर दस-पांच हज़ार भी ले लेगी और बंडू के बाप को भी अंदर कर देगी...'

इस तरह के कई द्विपक्षीय संवादों के बाद बंडू की मां ने सांताक्रूज में रहने वाली बहन को फ़ोन करने की बात कही, जिसे सुन पार्वती को उम्मीद दिखी। वह तुरंत उठ खड़ी हुई।

'चलो अभी गेट पर। उसके यहां फोन है क्या? अभी चलकर फोन करो और पता करो।' यह बोलते हुए पार्वती सावंत के होंठ कांप रहे थे।

वे अपने-अपने देवताओं के आगे मनौतियां रखतीं; मन ही मन और कभी खुल्लम-खुल्ला एक-दूसरे के बच्चों को कोसतीं; फिर एक-दूसरे को बुरा-भला कहतीं; फिर बहनों की तरह एक-दूसरे का दुख हल्का करती गेट की ओर चलीं। नाम्या जाधव

पीछे देर तक खांसता रहा और पार्वती सावंत को, कभी उसकी बेटी को और कभी विजू सावंत को खांसने से बचे समय में गालियां देता रहा। इनमें से कुछ गालियां उसकी बीवी के लिए भी होंगी।

विजू सावंत अब तक चुप थे। उन्हें लग रहा था कि सांताक्रूज में उनकी बेटी पक्का होगी और अब उसे पाना मुश्किल नहीं। उन्हें ऐसा लगा भी कि उन्होंने उसे पा लिया है और थोड़ी देर के लिए चिंतामुक्त भी हो गए, पर ऐसी मिथ्याओं की उम्र ज़्यादा नहीं होती। कुछ ही पलों बाद उन्हें फिर लगा कि उन्हें रो देना चाहिए। कई बार वे अपनी बीवी से पूछते कि क्या उन्हें सो जाना चाहिए, क्या उन्हें भूख लगी है और उन्हें खाना खा लेना चाहिए, क्या वह आज ज्यादा मोटे लग रहे हैं, क्या यह कपड़ा उन पर सूट कर रहा है और क्या वह उनसे अब भी प्यार करती है? उनकी बीवी जो जवाब देती, हां या ना में, अच्छे या बुरे में; उसे सहर्ष मान लेते।

इस समय वह कहीं यह न पूछ बैठें कि क्या उन्हें रो देना चाहिए?

11

वह लगभग रो ही पड़े थे, जब नाम्या जाधव की पत्नी ने कहा कि हां, वे दोनों वहीं पहुंचे हैं।

उसने केअर ऑफ नंबर पर फोन किया था और आग्रह किया था कि चिमरे साहब के घर से उषा को बुला दीजिए, मैं मालेगांव से बोल रही हूं।

जब उषा लाइन पर आई और उसने अपनी बहन की आवाज़ पहचानी, तो कुछ घबरा-सी गई, फिर लंबी सांसें लेते हुए बताया कि कल रात को दो बजे तेरा बेटा किसी लड़की के साथ यहां आया है और तब से मेरी जान ऊपर-नीचे हो रही है। वह बोल रहा है कि उसकी दोस्त है, पर मुझे लगता है कि किसी को भगाकर लाया है। देख, उसे यहां से बुला ले, वरना हमारी इज़्ज़त की वाट लग जाएगी।

ये बातें उसने एक ही सांस में नहीं बोलीं। वह अटक रही थी। वह इस तरह बोल रही थी कि कोई सुन न पाए। वह डर रही थी कि लड़की का बाप या भाई पुलिस के साथ तलवार लेकर आता होगा और उन दोनों को बाद में चीरेगा, पहले उसी पर हल्ला बोलेगा।

नाम्या की पत्नी ने यह तय किया कि उन्हें कहीं जाने मत देना। लड़की के मां-बाप के साथ हम आ रहे हैं।

उसकी बहन यह कहना नहीं भूली कि देख, जो हो गया, सो हो गया। उनको बोलो, पुलिस वगैरह के चक्कर में मत पड़ना...आदि-आदि।

किसी को भी भान नहीं था कि मामला इतनी जल्दी सुलझ जाएगा।

पार्वतीबाई को ख़ुशी थी कि उसकी बेटी घर आ गई। विजू सावंत को ख़ुशी थी कि उन्होंने बहुत ठंडे दिमाग से काम लिया और बिना किसी शोर-शराबे के घर की बात घर में ही रह गई। नाम्या जाधव की पत्नी को भी ख़ुशी थी कि इतना बड़ा कांड कर देने के बाद भी उसके बेटे को लपट तक नहीं लगी। घर के बच्चे ख़ुश थे कि बहन लौट आई। सुधा भी खुश थी कि उसके मां-बाप का टेंशन ख़त्म हो गया।

जो बात कुछ देर पहले तक इतनी बड़ी लग रही थी, वह अब ख़त्म हो गई है। जो नाटकीय लग रहा था, वह इतना सीधा हो गया और जो सीधे-सीधे था, वह नाटकीय तरीके से ख़त्म हो गया।

सांताक्रूज पहुंचते ही विजू सावंत ने बंडू सावंत को अपना बेटा मान लिया और उसे देर तक समझाते रहे–अपनी और उसके परिवार की इज़्ज़त के बारे में। उनके दिल में एक बार भी यह विचार नहीं आया कि इस लड़के को यहीं पटककर तोड़ना चाहिए, जैसा कि वह थोड़ी देर पहले तक सोचने की कोशिश कर रहे थे।

पार्वतीबाई नंदू से लिपटकर रोने लगी, जैसे मां-बेटी का मिलन बरसों बाद हो रहा हो। उसको भी यह ख़्याल नहीं आया कि इसके फुदकते हुए भो...में अंगार डाल देना चाहिए, जैसा कि वह थोड़ी देर पहले तक सोच रही थी।

उषा और उसके पति ने एके हंगल वाले अंदाज़ में राहत की सांस ली और उन सबके चले जाने के बाद कहा कि सज्जन लोग थे, जो आसानी से मान गए, वरना आजकल ऐसे मामलों में कौन सब्र से काम लेता है!

लड़का-लड़की दोनों को डेढ़ दिन में अपने अपराध का एहसास हो गया। उन्होंने अपने और एक-दूसरे के मां-बाप के पैर पड़कर, सनातन तरीक़े से अपने अपराध के बदले माफ़ी पाई और अपने-अपने घर को लौट गए।

12

नंदू सावंत जब से आई है, गुमसुम रहने लगी है। पार्वतीबाई का कई बार मन हुआ कि वह पहाड़िन को बुलाकर उसे दिखा दे, पर हर बार डर जाती। पहाड़िन के बारे में कहा जाता है कि उसे सब कुछ मालूम पड़ जाता है।

वह गुमसुम अपने प्यार के अंत के बारे में सोच रही थी। कितना घटिया अंत हुआ है–किसी फ्लॉप पिक्चर की तरह।

वह सोच रही थी कि बंडू बबल्या से भी बेवक़ूफ़ निकला। उसे ले भी गया, तो मौसी के यहां, जहां उसके मां-बाप सूंघते-सूंघते पहुंच गए।

बबल्या सिर्फ़ बातें करता था; सिर्फ़ फ़िल्मों की, क्रिकेट की और कभी-कभी उसके गाल-होंठ चूम लेता था। नंदू को उसके साथ डर लगता था। उस पर कभी विश्वास नहीं हो पाया था कि वह उसके साथ लंबे समय तक रह पाएगा।

उस रात जब आई ने नंदू को झापड़ मारा था, तभी उसने तय कर लिया था कि जल्द ही वह बबल्या से बात करेगी और बिल्कुल दूर जाकर अपनी दुनिया बसाएगी। उसके कई दिनों बाद बबल्या के बाप दत्तू पाटील ने उसे नंगा कर पीटा था, तो बात दरअसल यही थी। उसे पता चल गया था कि बबल्या नंदू को भगाकर नासिक ले जाने वाला है।

बबल्या बेवक़ूफ़ था, पर उसका बाप नहीं। नंदू बबल्या को चिट्ठी लिखा करती थी, जो कभी सहेलियों के मार्फ़त, तो कभी बबल्या के दोस्तों के मार्फ़त उस तक पहुंचतीं। लौटकर भी इसी रास्ते आतीं। उसने अपने दिल की सारी बातें बबल्या को ख़त में लिखीं। उसने बताया कि आई कितना गुस्सा है, बाबा को कितना बुरा लगा है। घर में सब उसे अजीब निगाहों से देखने लगे हैं और किस तरह अब यहां रहना उसका दम घोंटता है। खुद का ही ख़त उसे शब्दशः याद नहीं है और न ही तनाव, अवसाद, असफलता और दुख के इस मिले-जुले मौक़े पर वह उसे याद करना चाहती है, पर यह इम्प्रेशन ज़रूर है कि उसने बबल्या से हज़ार मिन्नतें की थीं कि वह किसी तरह उसे इस नर्क से निकाल ले जाए। उसके मां-बाप वैसे तो अच्छे हैं, लेकिन तैयब अली से भी बड़े प्यार के दुश्मन हैं।

पर उसे भगाकर ले जाने के बजाय बबल्या पिट गया। इतनी बुरी तरह पिटा कि अपने प्रेमी में सतत एक हीरो की तलाश करने वाली नंदू को उससे नफ़रत हो गई। जो बबल्या उसके ख़तों को अपने बाप तक से संभालकर नहीं रख पाया, जो अपने बाप से इस तरह पिटकर भी उसके साथ ही रहा, वह उसे क्या संभाल पाएगा, क़िस्म के सवाल ने उसके प्रेम को परनाले में बहा दिया। बबल्या के सारे शेर, जो उसने 'प्रेमी-प्रेमिका की शायरी' नामक किताब से निकालकर लिखे थे, उसके सारे गाने, जो उसने चालीस पैसे में मिलने वाले फिल्मी गीतों के परचे से नक़ल करके लिखे थे और उसकी टूटी-फूटी ग़लत स्पेलिंग वाली हैंड राइटिंग, ये सब परनाले में बहे प्रेम में शामिल थीं। भौतिक क़िस्म के सारे सबूत मिट चुके थे। उसके होंठों पर से बबल्या के होंठों के निशान मिट चुके थे, उसके शरीर पर उसकी फिंगर प्रिंट्स नहीं थीं, उसकी पीठ पर उसके घुंघराले बालों का कोई टुकड़ा भी नहीं था, जो कोई फोरेंसिक लैब क्राइम फाइल खोल सके। अब ख़ुद नंदू भी यह साबित नहीं कर सकती कि कभी वह उससे प्रेम करती थी।

उस रोज़ जब दत्तू पाटील ने बबल्या को गिरा-गिराकर फोड़ा था, तो नंदू रोई थी; वह रोई थी, क्योंकि उसका प्रेम अब ख़त्म हो गया था; वह रोई थी कि बबल्या ने सरेआम अपने बदन को ही नंगा नहीं होने दिया, उसके प्यार को भी नंगा कर दिया। उसे अपने आप से घृणा हो आई थी कि उसने प्रेम जैसी पवित्र चीज़ के लिए उस नालायक़ को चुना था, जो पलटकर अपने बाप को चार हाथ भी नहीं लगा सकता; जिसके पास ऐसे मौक़ों के लिए एक अदद पिस्तौल तक नहीं थी, जो वह अपने बाप के कनपट्टे पर लगा देता और उसकी मां को गाली देते हुए यह न कह देता कि साले, तेरे सामने लेकर भागूंगा उसे; जो ऐसे मौक़े पर दुनिया को चुनौती देते हुए एक अदद गाना तक नहीं गा सकता था–अपने प्रेम और उसके लिए की जाने वाली बग़ावत का उद्घोष करते हुए, ऐसा प्रेमी घंटा काम का!

जब उसने देखा कि दत्तू पाटील का एक हाथ उसके बाप को ही लग गया, तो वह पारिवारिक क़िस्म के अपराध-बोध से भर गई। उसे अपने बाबा के भोलेपन पर भी रोना आया। जब बाबा घर में घुसे, तब वह तकिए में मुंह ढांपकर रोई, क्योंकि वह पिटे हुए बाप का मुंह भी नहीं देखना चाहती थी। उस दिन उसका रोना मोनालिसा की मुस्कान बन गया था, जिसका सारे लोगों ने अपनी-अपनी सुविधा के अनुसार आकलन किया।

उसके बाद वह कई दिनों तक चुप रही। चुप रहना उसका अमोघ अस्त्र था और उसके व्यक्तित्व को और रहस्यमयी बना देता था।

पर भीतर ही भीतर आवारा क़िस्म का एक दुख, बड़े फूहड़ तरीक़े से, बतर्ज़ मेहंदी हसन गा रहा था– *जो किसी के काम न आ सका, वो एक मुश्त-ए-गुबार हूं...।*

यह उसके प्रेम का ग़ुबार था, जो एक झटके में फूटकर वातावरण में विलीन हो गया।

उसके प्रेम के ग़र्दो-गुबार ने आज भी वातावरण का प्रदूषण बढ़ा दिया था।

वह पलंग पर लेटी थी। डेढ़ दिन की परेशानी और तनावों के बाद भी आसपास सो रहे लोगों को बुरे सपने तंग नहीं कर रहे थे। उनके खर्राटे ही चुग़ली कर रहे थे उनके सुकून की।

वह बंडू जाधव के बारे में सोच रही थी। आज वह उसे दुनिया का सबसे बदसूरत इनसान लगा–काला, भुजंग। वह पछताने की रात थी। क्या देखकर वह उसके साथ भागी थी? ठीक है, उसके चेहरे पर वही मर्दानगी थी, जो रजनीकांत के चेहरे पर होती है। पर क्या इसी भर से कोई सुपरमर्द बन जाता है? यह अच्छा हुआ कि डेढ़ दिन में वह उसके साथ ऐसा कुछ नहीं कर पाया, जिस पर अतिरिक्त रूप से पछताया जाए, पर उसके कारण जो बदनामी हुई वह?

उसने एक बार भी आई-बाबा के सामने यह नहीं कहा कि वह उससे शादी करना चाहता है। आई-बाबा भला उससे क्यों पूछने लगे कि बेटा, बताओ भला, तुम क्यों ले भागे थे हमारी फूल जैसी बिटिया को? बाबा ने पता नहीं क्यों उसे पीटा नहीं? जिस समय उसे आभास हुआ कि दरवाज़े पर आई-बाबा आ चुके हैं और अब उसे लौटना होगा, तब से उसके दिमाग़ में आ रहा था कि इस बंडू के बच्चे को झंडू बाम बना देना चाहिए।

थोड़ी देर पहले तक वह बेहद डरी हुई थी। आई ने वहां कुछ नहीं कहा, तो लगा कि घर चलकर धोएगी। वह पूरी लोकल ख़ुद को पिटने के लिए तैयार करती आई; पर मां थी कि जीवन का सारा प्यार आज ही उड़ेल देने को आकुल थी। वह बिना बोले उसे माफ़ कर रही थी कि बेटा, ऐसा हो जाता है, कि कभी-कभी कोई लड़का बहुत अच्छा लगने लगता है, लेकिन दिल की बातों को दिल में रहने दिया जाए, तो जीवन भर की पूंजी बन जाती हैं। ज़रा-सा ज़ाहिर कर दिया कि सज़ा बन जाती हैं।

उसने यह भी कहा कि ख़ुद को देख, फिर बंडू को देख; कौन बोलेगा कि जोड़ी है?

यह भी कि ऐसा कुछ भी करने से पहले अपने घर वालों के बारे में सोच लेना। सब मर जाएंगे। बेटा, सिर उठाकर जीते आए हैं, कुछ ऐसा कर कि सबका सिर ऊंचा बना रहे, झुके नहीं।

यह भी, उसे इतने साल में आज पहली बार पता चला कि उसके पिता हार्ट के पेशेंट हैं। उन्हें इतना सदमा लग सकता है कि बचें ही नहीं। और यह भी कि जब से उसके बारे में सुना, उनकी छाती में दर्द होने लगा है। पता नहीं, सच था या मां की बनाई एक और कहानी...

नंदू सावंत की छाती में भी दर्द था। तभी ऊं-ऊं की आवाज़ आई। बग़ल में सोया राजू नींद में कुनमुना रहा था। उसे अच्छा लगा, चलो, किसी को तो बुरा सपना आ रहा है।

13

कॉलोनी की सारी लड़कियों में जवानी अचानक आई थी। वैसे ही, सारे लड़कों में मर्दानगी भी अचानक आ गई थी। क़रीब साठ परिवारों वाली उस कॉलोनी में हर घर में क़रीब चार बच्चे थे। सब दस से बीस साल के बीच। सो, औसत हुआ सोलह-सत्रह साल के आसपास। यानी कॉलोनी युवा या किशोर थी, पर एक नाज़ुक उम्र में थी। इसी उम्र में जवानी और मर्दानी, दोनों आते हैं। नंदू सावंत पूरी कॉलोनी की चर्चा

का केंद्र थी। नंदू की पुरानी सहेलियों की क़द्र अचानक बढ़ गई थी, हालांकि उसकी पक्की से पक्की सहेली, जैसा दावा कई करती थीं, भी अपने परिवार या बुज़ुर्गों के सामने इस बात से मुकर जातीं कि उन्होंने कभी नंदू से बात की है। बाद में वे नंदू के बारे में ऐसी गोपनीय सूचनाएं देतीं, मानो नंदू ख़ुद उन्हें बताकर यह सब कर रही हो। ऐसे लोगों के मिलने-जुलने का केंद्र क्लब था। वहां जो लोग जमा होते थे, वे अपने-अपने मां-बाप के लिए अभी भी बच्चे थे, लेकिन उनके साथ के लड़के-लड़कियां उन्हें बच्चा नहीं मानते थे। लड़के लड़कियों में माधुरी और श्रीदेवी देखा करते थे और लड़कियां लड़कों में आमिर ख़ान, अनिल कपूर।

लड़कियां बात करते समय अपनी सहेलियों का चेहरा नहीं देखती थीं। वे सिर झटककर बालों को ऐसे गिराती थीं, जैसे कोई फ़िक्र गिरा दी हो, उनकी निगाहें उस ओर खेलते लड़कों पर होती थीं कि कौन-सा लड़का उन्हें कितनी देर तक और किस अंदाज़ में देख रहा है, वे फ़र्श पर ऐसे ही ज़िंदगी ख़राब करते काग़ज़ के टुकड़ों को उठा लेतीं कि जाने कौन-सी पुड़िया में कौन-सा दिल पड़ा तड़प रहा हो। उधर, लड़के भी अभी-अभी पकड़ में आई मर्दानगी को जताने का कोई मौक़ा न छोड़ते। वे सायास लड़कियों पर ऐसे कमेंट मारते, जिनसे वे मुस्कुरा उठें। इशारों की यह द्विपक्षीय वार्ता थी, जो पूरे शांतिपूर्ण सह-अस्तित्व के साथ चल रही थी। उन सबके बीच जाने कितने बंडू जाधव थे, जाने कितनी नंदू सावंत। पर सबमें वैसी डेरिंग नहीं होती। हीरो-हीरोइन के साथ एक्स्ट्राज़ की भी प्रेम-कथाएं चला करती हैं, लेकिन उन्हें ज़्यादा फुटेज़ नहीं मिलता। उनमें से हर कोई ख़ुद के अलावा, बाक़ी सबको एक्स्ट्रा मानता था!

विजू सावंत की बग़ल वाली बिल्डिंग में दीनानाथ कांबले का मकान था। दोनों के पीछे वाली बालकनी आमने-सामने थीं। विजू की तरह कांबले के भी चार लड़कियां और एक लड़का था, फ़र्क सिर्फ़ इतना था कि सावंत का बेटा सबसे छोटा था और कांबले का बेटा सबसे बड़ा। वह कॉलोनी की क्रिकेट टीम का कैप्टन था, पर सावंत के परिवार को उस परिवार के साथ कोई ख़तरा नहीं था।

अभी-अभी सावंत का परिवार जिस संकट से गुज़रा था, उसकी कहानी सुनने वाले किसी भी परिवार से ख़तरा महसूस कर सकते हैं, पर ऐसा ख़तरा उन्हें ही लग सकता है, जो सारे इतिहास से वाक़िफ़ न हों। कांबले का बड़ा लड़का था हेमंत, जिसे बचपन से अब तक सावंत की बेटियां राखी बांधती आई हैं।

जब एक दिन उसने सावंत आंटी से यह कहा–आंटी, आपने मेर्को क्यों नहीं बताया? नंदू मेरी बहन है। मैं बर्बाद करके रख देता उस लड़के को; तो सावंत आंटी भीतर तक कांप गई। बर्बादी की कल्पना करके नहीं, इस बात से कि यह बात कांबले के घर तक कैसे पहुंच गई। वह काफ़ी देर तक चुप रही।

हेमंत गुस्से में था। उसे बहुत सारी बातों का गुस्सा था। एक तो यह कि आंटी और अंकल उसे अपना बेटा और अपनी बेटियों का भाई नहीं मानते; वे उसे इतना भी नहीं मानते कि यह बात बताई जा सके और भाई का फ़र्ज़ निभाने का मौक़ा दिया जा सके; वे उसे अपने परिवार का नहीं मानते। उसने आंटी की जानकारी में और इज़ाफ़ा किया, यह कहते हुए कि जब से पापा को पता चला है, वह भी ख़ासे नाराज़ हैं कि एक ही परिवार होते हुए भी इतनी बड़ी बात इन लोगों ने छुपाकर रखी।

सावंत आंटी एकदम सन्नाटे में थी। दीन-दुनिया के बारे में उसका ज्ञान तब और बढ़ा, जब हेमंत ने कहा–'मुझे तो कल क्लब में पता चला। वहां तो मेरा झगड़ा होते-होते बचा। कोई मेरी बहन के बारे में ऐसी बातें बोले और मैं उसका मुंह न फोड़ दूं। नंदू आज तक जितनी बार सड़क पर चली, उसने कभी सिर नहीं उठाया और उसके बारे में लोग ऐसी बात कर रहे थे। फिर मैंने थोड़ा और पता किया, तो बिरला गेट पर पता चला कि उससे ग़लती तो हो गई है। लोग पहले भी ऐसा कुछ कहते थे, पर मैं यक़ीन नहीं कर पाया। वैसे भी, मेरा दिमाग़ इन बातों में लगता नहीं। मुझे तो अपने बैट और बुक्स के साथ ही मज़ा आता है।'

उसने यह बात ऐसे कही, जैसे वह क्रिकेट बैट और बॉल के साथ नहीं, बैट और बुक्स के साथ खेलता था।

आंटी को झटके पर झटके लग रहे थे। इश्क़ छिपाए नहीं छिप पाया। पानी में हगे गए की तरह ऊपर आ गया। हेमंत नंदू का हमउम्र था और वादा ले गया था कि अगली बार ऐसा कुछ हो, तो उसे ज़रूर बताया जाए, ताकि वह भाई का फ़र्ज़ निभा सके। उस भाई की कुल जमा आठ बहनें हो गई थीं दो इमारतों में; और कोई भी समझ सकता है कि ऐसे दौर में, जब पूरी कॉलोनी पर जवानी दिल काट-काट चढ़ आई हो, उस भाई के कंधों पर पचास अठे चार सौ किलो गोश्त का वज़न आन उमड़ा था।

आंटी के चेहरे पर चिंता के ग़ैर-मानसूनी बादल थे, जो हेमंत के जाने के बाद और गहरा गए। दो महीना होने को आया और बात फैल गई। बहुत तेज़ी से तो नहीं फैली, पर फिर भी फैली। निकली तो हाल ही में होगी, क्योंकि पहले फैलती, तो अब तक ख़त्म भी हो चुकी होती।

कांबले और सावंत का परिवार एक ही था, ऐसा वे दोनों परिवार कहते थे, पर दोनों के घर अलग-अलग थे, कमाई अलग-अलग थी, ख़र्चे अलग-अलग थे, चिंताएं अलग-अलग थीं, कभी-कभार जश्न साथ-साथ मन जाते, वरना वे भी अलग-अलग थे। दोनों परिवार अक्सर पर्वों पर साथ आते, राखी बंधन और दीवाली पर तो ख़ासकर। होली कॉलोनी में धमाकेदार होती थी। जमकर खेली जाती थी और धमाका इस तरह होता कि शाम तक किसी न किसी का सिर फूटने की ख़बर आ जाती। विजू सावंत

को होली बिल्कुल पसंद नहीं, पर पार्वती सावंत ने तो ख़ुद को बचपन से इस क़दर रंगों को समर्पित कर रखा था कि कोई चित्रकार भी क्या खाकर करता। कॉलोनी में दीनानाथ कांबले देवर कहलाते थे और पार्वतीबाई भाभी। रंग तो केवल ये दोनों खेलते थे। कांबले साहब सबके चाचा थे और कॉलोनी के कुछ समझदार इसे वैसी ही साज़िश मानते थे, जैसा किसी ज़माने में पंडित जवाहरलाल नेहरू ने की थी। वे जगत्-चाचा थे और ज़माने भर की मांओं को भाभी बनाकर रखते थे।

दोनों परिवारों में कभी तो बहुत गाढ़ी छनती थी, तो कभी एकदम सन्नाटा। जब विजू सावंत पार्वती को तानते थे कि आजकल अपने देवर के साथ ज़्यादा ही हंसती हो, तो दोनों परिवारों में चुप्पी छा जाती। यह विजू सावंत का मज़ाक़ करने का अपना तरीक़ा था, जो मज़ाक़ जैसा असर नहीं छोड़ता था। यह चुप्पी इतनी ख़तरनाक होती कि बच्चों तक का दोनों घरों में आना-जाना मुश्किल। शांति कई दिनों बाद अचानक बहाल होती, जब कांबले की पत्नी, सक्खू, सावंत के घर आती और यूं ही बातचीत के बहाने एक कटोरी शक्कर ले जाती। मजे की बात यह थी कि शक्कर किचन की मालकिन पार्वती सावंत से नहीं मांगी जाती थी। वह अपनी कटोरी विजू सावंत के हाथों में पकड़ाती और ख़ुद विजू किचन तक जाकर उसके लिए शक्कर निकालते। इस पर पार्वतीबाई उन्हें तानती और विजू हंसने लगते। उसके बाद अपनी शक्कर वापस लेने पार्वतीबाई कांबले चाचा के घर जाती और उन्हीं के हाथ से शक्कर ले आती। शक्कर मांगने से रिश्तों की मिठास बन जाती और तब तक चलती, जब तक कटोरी की शक्कर। कहा भी जाता था कि उन चारों के बीच तिर्यक संबंध था।

वैसे, इन बातों का बच्चों पर ख़ास असर न पड़ता, क्योंकि वे क्लब में या रास्ते में एक-दूसरे से मिल ही लेते थे। नंदू सावंत की हेमंत के साथ पटती थी। दोनों एक ही क्लास में थे, एक ही उम्र के। दोनों का जन्मदिन एक हफ़्ते के अंतराल से आता था और दोनों ही नहीं मनाया करते थे। सुधा और हेमंत में अक्सर किसी न किसी बात को लेकर झगड़ा होता और उनकी शिकायतें इतनी बार सुनी जा चुकी होतीं कि कान से मवाद आ जाए।

पार्वतीबाई पिछले दिनों जिस तनाव से गुज़री थी, उसे घर तक ही रखना चाहती थी। इसीलिए वह कांबले परिवार तक पहुंच गया। उसे लग रहा था कि अगर उसने बता दिया होता, तो शायद हेमंत और कांबले कुछ मदद कर सकते। पर उसे ज़्यादा चिंता इस बात की थी कि अब बात घर की नहीं रही, बाज़ार तक पहुंच गई है।

हेमंत का आना उसे अच्छा नहीं लगा था, पर उसका जाना उसे अच्छा लगा। उसे और अच्छा लगेगा, जब वह अगली बार आएगा। उसे लगा कि उसमें कितनी समझ है; जोश भी है, ग़ुस्सा भी, मुंहबोली बहन की इज़्ज़त की फ़िक्र भी; वह उसके

लिए लड़ सकता है। विजू हमेशा शांत रहे। मुसीबत जितनी गहरी होती है, विजू उतने शांत हो जाते हैं। पार्वतीबाई को बार-बार अपने पिता याद आ जाते। सिर्फ़ दो बेटियां थीं और उनमें कितना ग़ुस्सा था। पूरी चाल उनके नाम से घबराती थी। उसे अपने एक मामा की भी याद आ गई, जिसके आठ बेटियां थीं और जिसने एक बार चाल के एक घर में ही आग लगा दी थी। चाल के एक और आदमी की याद आ गई, जिसे सब अण्णा कहते थे। जब उसकी बेटी ग्यारह साल की हुई, तो उसने एक पानवाले को उठाकर पटक दिया, उसकी टपरी उजाड़ दी और अगले दिन से कॉलर ऊपर कर घूमा। उतना दूर क्यों जाते हैं? अभी उसी दिन दत्तू पाटील जिसकी छाती पर चढ़कर धनाधन धोपट रहा था, वह लड़का कौन था, मालूम? वह उसकी बेटी के पीछे-पीछे कॉलोनी में चला आया था। दो-तीन बार ऐसा हुआ। दत्तू को पता चला। गांड़ फोड़कर रख दी उसकी। लड़की के बाप का ग़ुस्से वाला होना बहुत ज़रूरी है। चार-चार लड़कियां हों, तो आग लगाऊ ग़ुस्सा होना चाहिए। अड़ोस-पड़ोस में ख़ौफ़ बना रहता है; वट्ट से जीता है।

उसने विजू सावंत से पूरे घर के सामने कहा कि हेमंत बहादुर है। और नंदू की ओर इशारा करके कहा–'इस घर की इज़्ज़त उसके हाथ भी है। कोई भाई बर्दाश्त नहीं कर पाएगा कि उसकी बहन कुछ ग़लत करे।'

नंदू सिर झुकाए सुनती रही। आई के पास हेमंत की बहादुरी का कोई क़िस्सा नहीं था, सो बात निकली, पर बहुत दूर तक नहीं गई। विजू सावंत बहादुरी को बेवक़ूफ़ी समझते थे और अपनी पत्नी को अपनी सुविधा के अनुसार बेवक़ूफ़।

14

पिछले दिनों नंदू सावंत में काफ़ी सुधार पाया गया था। उसकी नज़रें पहले भी नीची रहती थीं, पर इन दिनों तो ज़मीन खोद देती हैं। उसकी गरदन में एक भारी वज़न बांध दिया गया था, ऊपर ही नहीं होती। कुछ लोगों की नज़र में, नज़र का यह भयंकर झुकाव अपराध-बोध था, तो कुछ की नज़र में असफलता-बोध।

जो भी हो, डिंपा की मां पूरी कॉलोनी में घूम-घूमकर नंदू सावंत में आए सुधारों की चर्चा किया करती थी।

डिंपा की मां कौन है?

आप डिंपा की मां को नहीं जानते, धत्! मैंने बताया ही नहीं, तो कैसे जानेंगे?

डिंपा के तीन नाम हैं। पहला तो आप जान गए, दूसरा नाम है अशोक और तीसरा नाम है डेविड। इस नाम को डिंपा सरनेम की जगह इस्तेमाल करता है। उसके पिता

के दो नाम हैं। राधेश्याम और डेविड। दूसरे नाम को सरनेम की तरह इस्तेमाल करने की गंदी आदत अपने बेटे को इन्हीं ने लगाई है। डिंपा की मां के तो चार नाम हैं–पहला नाम तो सब जानते हैं 'डिंपा की मां', दूसरा नाम हेमा, तीसरे नाम का अंदाज़ा हो गया होगा आपको–डेविड *(वैसे उसके लिए दूसरा नाम इतना कम इस्तेमाल होता है कि बेचारी उसी को याद नहीं)* और चौथा नाम है–डार्लिंग। यह नाम सिर्फ़ उनके मिस्टर लिया करते हैं। शाम होने के बाद उन्हें यही नाम अच्छा लगता है। एक बार उसने ग़ुस्से में टीवी बंद करवा दी थी। संजीव कुमार शर्मिला टैगोर को बार-बार डार्लिंग बोले जा रहा था और राधेश्याम डेविड को कोई फ़र्क़ ही नहीं पड़ रहा था। बेचारी गुस्से में ख़ूब कुनमुनाई। टीवी का नसीब अच्छा और उस घर का बजट ख़राब था, सो उसे फोड़ा नहीं गया।

वैसे, डिंपा की मां अपनी क़िस्मत पर रोती रहती है। ज़िंदगी ने इतने संघर्ष नहीं दिए, जो उसका रंग काला हो जाए, वह तो बचपन से ही ऐसी है। जितना काला उसका चेहरा है, उससे ज़्यादा काले उसके बाल हैं। और इस कालिमा में उसकी आंखें इतनी सफ़ेद लगती थीं, मानो चिल्ला-चिल्लाकर कुछ बोलना चाहती हों। संस्कृत के किसी विद्वान ने उसे देख लिया होता, तो उसका पांचवां नाम 'चिल्लाक्षी' रख देता। कॉलोनी भर में डिंपा की मां की कुछ चीज़ें बहुत मशहूर थीं–एक तो उसके भारी-भरकम नितंब, जो चलते समय बहुत नैसर्गिक तरीक़े से अप एंड डाउन होते थे और यह अफ़वाह फैलाते थे कि उसका पति उसे पीछे से करता है। दूसरा उसका रंग; अगर मांओं को अपनी बेटियों पर नाराज़गी निकालनी होती, तो डिंपा की मां का नाम सर्वश्रेष्ठ उपमा के रूप में लिया जाता था। तीसरा–अपने पति के साथ उसका बहुरंगी संबंध। अगर किसी को रात बारह बजे सड़क पर दो आत्माएं एक-दूसरे की बांहों में बांहें डाले, बाबा आदम और बब्बी ईव के अपराधों के पथ पर चलते दिखते, तो भूतों की तमाम ख़बरों के बाद भी मान लिया जाता कि डेविड दंपती आज 'नाइटवॉक' कर रहा है। थिएटर में दिखाई जाने वाली साप्ताहिक फ़िल्मों के सबसे करुण दृश्यों पर अगर किसी को रोने की आवाज़ सुनाई दे जाए, तो समझ लिया जाता था कि मिस्टर एंड मिसेज डेविड आज बहुत इमोशनल हैं और घर जाकर घंटों प्यार करेंगे। सालाना जलसा तब तक ख़त्म घोषित न होता, जब तक डिंपा की मां और राधेश्याम डेविड साथ-साथ ठुमके न लगा लें। और महीने की किसी रात जब सारी कॉलोनी में किसी महिला की दारुण चीख़ें गूंजतीं, रात भर सिसकियां सुनाई देतीं, तो बाक़सम वह भूत न होता, डिंपा की मां रो रही होती। वह जितना धीमे हंसती, उतना ही चिल्लाकर रोती थी।

पर अगले दिन वह गौरवान्वित होती। दोनों का प्यार इतना मशहूर था, फिर भी वह अपने पति से पिटती थी। उसके रूप का गुणगान हर ओर होता था, फिर भी उसका

पति उस पर शक करता था। और वह अपनी क़िस्मत पर हज़ारहा रोने के बाद भी इस बात पर ख़ुश होती, रोते-रोते ही लोगों को बताया करती कि सत्रह साल का बेटा होने के बाद भी मिस्टर डेविड उस पर शक करते हैं।

डिंपा की मां की कॉलोनी के हर घर में पहुंच थी। वह बड़े से बड़े अफ़सर के घर नाइट गाउन में जा सकती थी। किसी के छेड़ने पर बात मज़हब की हो जाती कि हमारे में तो ऐसा अलाउड है जी। वह आजकल नंदू का पीआर कर रही थी और इसमें नंदू का कोई नुक़सान नहीं था। उसकी तारीफ़ों से सबसे ज़्यादा ख़ुश पार्वती होती थी।

एक समझदार पड़ोसी की तरह संकट की घड़ी में वह पड़ोसी-धर्म निभाने चली आई थी। उसने बात-बात में कहा था कि नंदू को उसके साथ उसके घर आने दिया जाए। पहली बार तो पार्वती को अच्छा नहीं लगा था, पर 'पहले इस्तेमाल करो, फिर विश्वास करो' की तर्ज़ पर इमेज की इतनी बढ़िया धुलाई देख उसने मान लिया। नंदू हर शाम एक घंटा डिंपा की मां के यहां जाने लगी थी। पार्वतीबाई ने समय का ध्यान दिया था कि तब डिंपा घर में नहीं होता था; वह उसके ट्यूशन का वक़्त होता था।

उस समय गले में सांप डालकर कॉलोनी के बच्चों को डराने वाली कमला नागमोड़े पार्क में बैठी रहती और पार्वतीबाई से ज़िद करती कि नंदू को उसके साथ बैठने दे, लेकिन सांप देखकर पार्वती को चक्कर आने लगते। एक दिन उसने उसके बाप बंडू सावत्या नागमोड़े से शिकायत कर दी और कमला का पार्क में बैठना ही बंद करवा दिया।

डिंपा की मां, नंदू को बाइबल पढ़ाया करती। कहती, इससे दिल साफ़ हो जाता है। कुछ दिनों बाद नंदू अपने घर से लाई गीता पढ़कर उसे सुनाने लगी। कुछ दिनों बाद नंदू गाने लगी। कुछ दिनों बाद साप्ताहिक 'लोकप्रभा' के अंकों में छपने वाले महिलाओं से संबंधित लेखों का अनुवाद सुनाने लगी। कुछ दिनों तक वह बुद्ध की कथाएं सुनाती रही, तो कुछ दिन उसने भीमराव अंबेडकर के जीवन पर प्रकाश डाला। डिंपा की मां उसे जशुआ ट्री के बारे में बताती, तो नंदू नवबौद्धों के कला-प्रेम के बारे में। नंदू की प्रतिभा का असर ऐसा पड़ा कि डिंपा की मां ने पूरी कॉलोनी को यह बताया कि नंदू की मां की बंदिशों ने उसे बदनाम कर रखा है, वरना लड़की हीरा है और किसी भी शानदार अंगूठी में फिट हो सकती है।

बहरहाल, ख़बरों के प्रति हर वक़्त सचेत रहने वाली उस कॉलोनी में इस अच्छी ख़बर का असर पड़ा और नंदू से संबंधित ख़बरों में यह संशोधन कर लिया गया कि लड़की तो बहुत अच्छी है, पर पिछले दिनों काले बंड्या के साथ भाग गई थी।

15

इतना वक़्त गुज़र चुका था कि जब पता चला, नंदू फिर भाग गई है, तो लोगों को विश्वास ही नहीं हुआ। फिर भाग गई? पर किसके साथ? यह न पूछो सा'ब! क्यों? क्योंकि अभी तक पता नहीं चल पाया है कि वह किसके साथ भागी है।

और इस बार तो सावंत ने पुलिस में रिपोर्ट भी करा दी है। पुराने अनुभव के आधार पर दो घंटे का इंतज़ार भी नहीं किया। जैसे ही बात कन्फर्म हुई, विजू सावंत तुरंत पुलिस के पास पहुंचे। पार्वतीबाई चाहती थी कि वह अपने साथ दीनानाथ कांबले को भी लेते जाएं, लेकिन उनके घर में ताला लगा था। उन्होंने श्री.पुं. जोशी को साथ लिया। उनकी लियाक़त पर उन्हें भरोसा था। वह अच्छी तरह बोलते थे और उनकी नम्रता असर छोड़ती थी, जैसे कड़ाही में लौकी पानी छोड़ती है।

: डिंपा की मां द्वारा किया गया सारा सु-प्रचार पानी में गया, धार्मिक किताबों के सारे पाठ बेकार गए; मां-बाप क्यों पैदा कर देते हैं ऐसे बच्चे जिन्हें संभाल नहीं सकते; पहली बार से सबक़ नहीं लिया, तो बेटी ने बता दिया; जवान हो गई थी, उसकी भी कुछ उम्मीदें रही होंगी। जब मां-बाप सही उम्र में शादी नहीं करेंगे, तो करेगी अपने मन की : क़िस्म की बातों को रोकने का माद्दा किसी में नहीं था।

: उम्र कोई ज़्यादा तो नहीं थी कि तमन्ना पूरी होने का इंतज़ार ही न कर सके। उन्नीस की ही तो थी।

: एक बार भागकर उसने बता भी तो दिया था कि उसकी शादी कर देनी चाहिए। जब लड़की के पैर खुल जाएं, तभी समझ लेना चाहिए कि शादी कर दो, भले उन्नीस की उमर हो या नब्बे की। क्योंकि उसके बाद उस पर कंट्रोल मुश्किल हो जाता है। लड़कियों को बड़े-बड़े अच्छे ख़ां नहीं संभाल पाए, विजू सावंत तो है भी मेल्या भाभड़ा क़िस्म का।

जैसे पूरी दुनिया इंतज़ार कर रही थी कि नंदू सावंत फिर भागे। पिछली बार तो देर से ख़बर लगी थी, पर इस बार तो ब्रेकिंग स्टोरी हाथ लगी है। टीवी चैनलों की तरह हर ज़ुबान पर 'एक्सक्लूसिव' का लेबल लगा था, जबकि जानता हर कोई था। नंदू सावंत की प्रतिभा पर सबको विश्वास था।

पार्वतीबाई को जितने भगवानों के नाम जल्दी-जल्दी में याद हो सके, उसने ले डाले। डिंपा की मां को बुलाकर गॉड से भी बात कर ली। मुसलमान आंटी के जरिए ख़ुदा को भी संदेसा भिजवा दिया, पर उस रूट की सभी लाइनें व्यस्त थीं। उसे जिस शख़्स का नाम याद नहीं आया, वह था हेमंत। दीनानाथ कांबले का बेटा, क्रिकेट टीम का कप्तान, नंदू और उसकी बहनों का मुंहबोला और अपनी बहनों का सगा भाई। बहादुर हेमंत, जो तमन्ना जता गया था ऐसे मौक़े पर किसी काम आ सकने की।

दरवाज़े पर खड़ा था। उसे देख पार्वतीबाई के कंठ में कांटे उग आए। गले की दीवारों पर ख़राशों से पपड़ियां उधड़ गईं।

उसे अभी-अभी बिरला गेट पर पता चला था। वह सीधा भागकर आ रहा है। उसकी मछलियां फड़क रही थीं। आंखों में ख़ून उतर आया था। राखी के बंधन को निभाने का मौक़ा उसे मिल गया था। वह दौड़ पड़ा–एलान करते हुए कि जब तक नंदू को सही-सलामत घर नहीं ले आता, ख़ुद भी घर नहीं लौटेगा। हालांकि उसके घर में ताला लगा था।

थोड़ी-थोड़ी देर में कोई न कोई आता और दिलासा दे जाता। यह बात ऐसी नहीं थी कि इतनी फैलाई जाए, पर उन्हीं दिनों संचार क्रांति शुरू हुई थी। उसका लाभ लेने का उत्साह सभी में था। वैसे, गणेशजी ने तब तक दूध नहीं पिया था और बाबरी को ढहने में कुछ ही दिन थे।

जब विजू सावंत पुलिस चौकी से लौटे, तो और ज़्यादा तनाव में थे। उन्हें कुछ गालियां पड़ी थीं और उनकी बेटी के अंगों के बारे में ऐसी टिप्पणियां, जिनका प्रूफ भी वह नहीं पढ़ सकते थे।

कॉलोनी में शाम बड़ी बेचैनी के साथ गहराई थी। सड़क पर रोशनी के लट्टू लटक रहे थे, लेकिन अंधेरा बहुत ज़्यादा था। दो साए किसी दिशा में बढ़े थे, जो कि अंधेरे में घुलनशील थे।

सावंत आंटी की ज़िंदगी में साए ही साए आ रहे थे। वह हर देह से घबरा रही थी। बात-बात पर चिल्ला रही थी। यह दूसरा अटैक था। पहला वह मजबूती से झेल गई थी। दूसरे ने कमर तोड़कर रख दी। इस बार तो उसे अपने पिता भी याद नहीं आ रहे थे, जिन्होंने भागने की योजना बनाती अपनी जवान हो रही बेटी को करारा थप्पड़ दिया था। उसे इस वक़्त सिर्फ़ नंदू का चेहरा दिख रहा था। उसमें इतनी हिम्मत नहीं थी कि वह उस दरवाज़े तक हो आए और उस बाई की झांटों में मट्ठा उड़ेल आए, जिसके जने के साथ नंदू भागी थी। सवाल हिम्मत का नहीं था, दरअसल, उसे पता भी तो नहीं था, किसके?

रात के नौ बजे थे। दीनानाथ कांबले का पूरा परिवार उसके कमरे में बैठा था। वे अभी-अभी ठाणे से लौटे थे। वे बहुत दुखी थे कि ठीक उस वक़्त वे लोग यहां क्यों नहीं थे? दीनानाथ कांबले के चेहरे पर तनाव तब और बढ़ गया, जब उन्हें पता चला कि उनका भाभड़ा और निरा चिम्हड़ी बेटा ऐसा चूतिया-बसंत टाइप का एलान करके गया है। ये सारे विशेषण वह अपने बेटे के लिए इस्तेमाल करते थे, जो कि निगाह में सिर्फ़ एक मौक़ा ढूंढ़ रहा था–एक अदद अपराध करने का। अब अगर किसी पर वार वग़ैरह करके आ गया, तो समझ लो, जमालो लुट गई सरे बाज़ार!

काफ़ी रात गए जब वह ख़ुद को सुपुर्दे-नींद करने की कोशिश में थे, तो उन्होंने अपनी पत्नी, जो उस वक़्त शायद विजू सावंत के बारे में सोच रही थी, से पूछा कि हेमंत कहां गया होगा? पत्नी देर तक सोचती रही, वह इंतज़ार में उसका चेहरा देखते रहे, पत्नी ने सिर्फ़ इतना कहा–भगवान जाने! तो कांबले चाचा ने दुबारा नहीं पूछा; दीवार के कोनों में टंगे जालों को देखते हुए मन ही मन सवाल दोहराते रहे।

सुबह उन्होंने यही बात नाश्ता करते समय कही, तो उनकी सबसे बड़ी बेटी जो हेमंत के बाद पैदा हुई थी, और जिसकी उम्र सुधा के बराबर हो रही थी और जिसके बारे में उन्हें उसी दिन से चिंता हो गई थी, जिस दिन पहली बार उन्होंने नंदू सावंत के भागने की ख़बर सुनी थी, ने कहा–बाबा! दादा गएला है ढूंढ़ने, तो देखना खोजकेइच लाएंगा।

यह सब तो बाद में हुआ था, इस वक़्त वह पार्वतीबाई को सांत्वना दे रहे हैं।

विजू सावंत हर बार की तरह रोना चाह रहे हैं, लेकिन हर बार की तरह आंसू दग़ाबाज़ निकले। क्या वह इतना रो चुके हैं कि आंसू ही नहीं बचे? क्या उनकी रगों में ख़ून की जगह आंसू बहता है, जो अब सूखकर हवा में उड़ गया है? *(यह अस्सी के दशक की शुरुआत में अमिताभ की मां बनती आई निरुपा राय की ज़ुबान पर टांके गए जनाब जावेद अख़्तर के डायलॉग की तरह है। एकदम। बोले तो फुलटू।)*

16

जाने कैसा समय आया है, जब त्रासदियों पर सरेआम हंसा जाता है। कुछ मिमिक्री कलाकारों ने हंसी को एक बेशर्म उत्सव बना दिया है। खाड़ी में बम फटता है, तो मुंबई में हंसी फूटती है कि फुन्नन मियां डर के मारे घर से ही नहीं निकलते; बाबरी गिर जाती है, तो लोग फिर हंसते हैं कि गुंबद पर चढ़े एक आदमी की गिरने से टांग टूट गई और वह लंगड़ाता उसका दोष भी बाबर पर डालता है; लातूर की धरती कांप जाती है, तो यह कल्पना करके ठहाके लगते हैं कि जब ज़मीन कांपी थी, तो उससे तुलसी हिजड़े के नक़ली स्तन कैसे सटाक से नीचे गिर गए थे।

उसी तरह पार्वतीबाई रो रही थी, तो कई लोग हंस रहे थे।

पूरे सात दिन बाद जब कांड की असलियत का पता चला, तो हंस रहे लोग भी चौंक गए और मुंह-फाड़े कोपचे में खड़े देखते रहे।

वह रविवार था, जब एक ठोला विजू सावंत के घर आया। उसने बताया कि एक लड़का और एक लड़की मिले हैं। चौकी चलकर देख लो। उसने दीनानाथ कांबले का पता पूछा और उन्हें भी चौकी में दर्शन देने का न्योता दिया।

वे सब साथ में चौकी की ओर दौड़े। यह हवा भी कॉलोनी में बड़ी तेज़ी से फैली कि नंदू मिल गई है, लेकिन अभी तक साफ़ नहीं हो पाया है कि वह भागी किसके साथ थी।

चौकी में एक बेंच पर नंदू सावंत बैठी हुई थी। बाल बिखरे हुए थे। चप्पल टूटी हुई थी। सात दिनों में आंखों के नीचे कालेपन की फ़सल उग गई थी। आंखें सूजी हुई थीं। वह रो रही थी। लग रहा था, वह हज़ारों साल से रो रही है और पृथ्वी पर जितनी भी गंगाएं हैं, वे इन आंखों से ही निकली हैं। एक लेडीज़ हवलदार ने उसे चार हाथ रखकर दिए थे। बाएं गाल पर लाल निशान थे।

विजू सावंत ने अपनी बेटी को देखा, तो चाहकर भी रोना रोक नहीं पाए। पार्वतीबाई ने उसके बालों में हाथ फिराया। वे एक शब्द भी नहीं कह पाए। नंदू को जिस तरह बेंच के पास कोने में, ज़मीन पर उकड़ू बिठाया गया था, उसका जो अतवार था, उसे देख पार्वतीबाई को उन वेश्याओं की याद आ गई, जिन्हें प्रभादेवी में रहने के दौरान वह पुलिस द्वारा पकड़ी गई देखती थी।

नंदू रो रही थी। विजू रुलाई रोक रहे थे और पार्वतीबाई ख़ुद को कठोर कर रही थी।

दूसरी तरफ़ ज़मीन पर एक लड़का उकड़ूं बैठा था। पहली नज़र में कोई उसे पहचान नहीं सकता। पुलिस ने बहुत सेंका है। गाल फट गया है। भवों के किनारों से ख़ून आ रहा है। होंठ उधड़ गए हैं। कपड़े फाड़ दिए गए हैं। वह बैठा हुआ था, इसलिए उसकी टांगों की हालत का पता नहीं चल पाया, लेकिन उसमें भी दर्द हो रहा होगा, ऐसा माना जा सकता है। किसी ने बहुत बेरहमी से उसके बालों को काटा था, जगह-जगह से लच्छे निकले थे, तो कहीं उसका गंजा सिर दिख जाता। उसकी जीन्स पूरी तरह बंद नहीं थी, उसे बैठे-बैठे ही वह ऊपर खींचता। दिखता था कि पुलिस ने पैंट उतारकर उसके पिछवाड़े डंडे मारे हैं।

जब मोटे पुलिस वाले ने कहा कि यह लड़की इस लड़के के साथ भागी थी और ये दोनों सात दिन तक दूर नहीं, सिर्फ़ चार किलोमीटर पास एक लॉज में रह रहे थे, तो न सावंत परिवार को भरोसा हुआ, न ही कांबले परिवार को।

हेमंत को नंदू बचपन से राखी बांधती आई है और एक दिन उसी के साथ घर छोड़कर भाग जाएगी, इस पर भला कौन भरोसा कर सकता था! लेकिन जो आंखों के सामने है, उसे मानिए। ज़्यादा टें-टें मत कीजिए, दोनों क़बूल भी कर चुके हैं।

मोटे पुलिस वाले ने फिर कहा–ज़्यादा नहीं, सिर्फ़ छह हाथ मारे हैं इसे। सब कुछ बता दिया। यह तो एलान करके निकला था कि बहन को घर लेकर ही लौटेगा। इसका लौटने का प्लान भी था, लेकिन गोद में बच्चा लेकर। आप लोग मां-बाप हैं। बच्चों से राखी बंधवाते हैं, तो उन्हें उस रिश्ते का मतलब भी समझाइए...

उसने ये बातें उतनी शराफ़त और सिधाई से नहीं बोली थीं, जितनी यहां लिखी गई हैं। उसमें हर दूसरे शब्द के साथ गाली थी, दो बार खीझकर हेमंत कांबले की गर्दन पर पड़े क़रारे हाथों की आवाज़ थी, हेमंत के दर्द की बिलबिलाहट थी, नंदू सावंत की सिसकियां थीं, मां-बाप की एक साथ हैरत से फटी और शर्मिंदगी में झुकी आंखें थीं, कमरे के दूसरी तरफ़ पिटते किसी दूसरे आदमी की चीख़ें थीं, चौकी का आतंक था, हथेली पर सूखा तंबाकू पीटते हवलदार की तल्लीनता थी, ग़र्क़ होती एक दुनिया थी, चमकती हुई बिजली थी, नवंबर के महीने में तूफ़ान के साथ बारिश का डरावना आभास था, फटती हुई धरती थी, विस्फोट से ज़र्रा-ज़र्रा होता आसमान था, करोड़ों लोगों की भीड़ थी और अरबों आंसू थे...

केस नहीं होने दिया गया। दुनियादार मां-बाप मामले को और आगे नहीं बढ़ाना चाहते थे। बेटी मिल गई थी। बेटे ने गुनाह क़बूल कर लिया था। पछतावे का मन बना चुका था। बाप से रो-रोकर उसने पुलिस से ख़ुद को निकाल लेने की याचना की थी। मोटे पुलिस वाले ने हेमंत को और प्यार करने की मंशा ज़ाहिर की थी।

अगर केस किया जाता, तो दो ज़िंदगियां खराब होतीं, दो परिवार बिखर जाते, दो दुनिया उजड़ जातीं।

बात तोड़-पानी पर आकर रुकी। सात दिन में पुलिस ने बेटी को ढूंढ़ निकाला। उसे इनाम चाहिए था। बेटी किसी सदमे में बेहोश हुई जा रही थी। उसे इलाज चाहिए था। बेटा हदसा हुआ था। उसे रिहाई चाहिए थी। मां-बाप धरती में गड़े जा रहे थे। उन्हें धन चाहिए था कि वे बच्चों को वापस घर ला सकें। पार्वतीबाई वहीं रुकी। दोनों पुरुष घर गए और नंदू सावंत उस घर में लौट आई, जहां से जाने क्यों, उसे भाग जाने का मन बार-बार करता था।

हेमंत राव कांबले अभी दो-तीन घंटे थाने में और रहेंगे। ऐसा मोटे पुलिसवाले का मन है। दीनानाथ कांबले कुछ नहीं कर सकते। वह चाहते हैं कि बेटे को ज़्यादा पीटा न जाए, इसके लिए वह मांगे गए बीस हज़ार से दो ज़्यादा ले आए हैं। उन्होंने बहुत कम शब्दों में विजू सावंत को भी इशारा दे दिया है कि वह भी हेमंत को छोड़ देने की सिफारिश कर दें; ऐसा करने पर वह विजू सावंत के हिस्से के दस हज़ार भी ख़ुद ही भर देंगे।

विजू सावंत उस इशारे को अपलक देखते रह गए।

दीनानाथ कांबले सिर झुकाए स्कूटर पर किक मार रहे हैं। स्कूटर हरामज़ादा है। भैंचो...

अंदर मोटा पुलिस वाला हेमंत को तबीयत से फोड़ रहा था। दीनानाथ कांबले उसकी चीख़ नहीं सुन सकते। सो, वह बाहर निकल गए। मोटे ने फ़िल्मी अंदाज़ में

अपनी शर्ट निकाल दी है। उसकी बनियान पसीने से भीगी हुई है। वह बहुत बुरी तरह मार रहा है। ग़ुस्से में है। क्या वह ख़ुद भी, किसी लड़की का बाप है?

17

नंदू सावंत पर वापस चुप्पी का दौर आ गया है। उसने चुप्पी का एक क़िला बना लिया है, जिसके भीतर वह अपनी मर्ज़ी से रह सकती है, घूम सकती है, ख़ुद से बात कर सकती है और जब दिल चाहे, चुपचाप ही रो सकती है। इस क़िले की बाहरी दीवार (जिसे बाक़ी लोग चेहरा कहते हैं) पत्थर की बनी है, जिस पर पानी कोई बूंद, बूटा नहीं उगा सकती।

चार लड़कियों का वज़न किसी भी अच्छे-ख़ासे खेलते-कूदते आदमी को दोहरा कर सकता है; विजू सावंत तो पहले से ही शांत थे। अब उनकी कमर दोहरी हो गई थी; वह उम्र से ठीक एक हज़ार साल ज़्यादा लगने लगे थे; सावंत आंटी में भी कोई जवानी नहीं आ गई थी। जिस चेहरे को वह पॉण्ड्स पाउडर से मला करती थी, उस पर गठरी में बांधकर रखे गए कपड़े की तरह सिलवटें आ गई थीं। विजू सावंत घर से निकलते, तो चेहरे पर अजीब-सा भय रहता था, जैसे पानी को हवा छू दे, तो वहां भांवरें रहने लगती हैं। उनकी निगाहें ज़मीन को खन रही होतीं। लोगों ने हमदर्दी जतानी शुरू की। फिर हमदर्दियों के बहाने (पीठ-पीछे ही) थोड़ा-सा चुहल करने लगे। उन्हें देखते ही लोग गंभीर हो जाते। उनका काम गेट की चौकीदारी करना था। लोग कहते कि बेचारा घर की चौकीदारी तो कर नहीं पाया...

उनके आंखों की कोर कुलभूषण खरबंदा की तरह हमेशा गीली रहने लगीं। वह जल्द से जल्द नंदू का ब्याह करना चाहते थे। पत्नी के कहने पर वह एक बार फिर नगर जाना चाहते थे। परिचितों के बताने पर वह सातारा जाना चाहते थे। कुछ लोग, जो पहले उन्हें रिश्ते बताया करते थे, अब चुप रहने लगे हैं; वह उनकी चुप्पी के भीतर तक जाना चाहते थे। कुछ लोग बुज़ुर्गों-विधुरों के अजीब रिश्ते दिया करते थे; वह उन दरवाज़ों पर भी जाना चाहते थे। वह घर में ही बंद रहना चाहते थे। दरअसल, वह अपनी मां की गोद में जाना चाहते थे। वह सो नहीं पाते; सोते, तो डरकर उठ जाते; फिर कमरे में चहलक़दमी करने लगते; फिर सोते हुए बच्चों के सिरहाने बैठ उनके माथे पर हाथ फिराते; उस समय उन्हें लगा कि उनके सीने में एक गहरा कुआं बन गया है, जिसमें बार-बार बाल्टियों के टकराने और पानी के छलक जाने की आवाज़ आती है। बरसों बाद, जब वह परेल के केईएम अस्पताल के जनरल वार्ड में ग्लूकोज़ की बोतल में इंजेक्शन से दवा भरती नर्स को देख रहे थे, उन्हें लगा कि वह उसी

कुएं में गिर रहे हैं, एक बाल्टी में तब्दील हो गए हैं, लेकिन वहां इतना अंधेरा है कि पानी का एहसास ही नहीं होता, तो उन्हें ये सारी रातें एक साथ याद आई थीं; उस समय उन्हें लगा था कि उस कुएं में उनसे पहले ही नंदू सावंत कूदी थी...और उस एहसास के बाद उन्होंने कभी आंख नहीं झपकाई। वह लगातार कुएं में उभरे नंदू सावंत के चेहरे को देखते रहे। इंजेक्शन लगाकर बिना उनकी ओर देखे नर्स चली गई; और साढ़े चार घंटे बाद राउंड पर आए डॉक्टर ने उनकी खुली आंखें देखीं, तो उनके न रहने की घोषणा की। वह ऐसी मौत थी, जिसके बारे में साढ़े चार घंटे तक किसी को पता न चला। डॉक्टर को एक पल के लिए उनकी छाती का वह कुआं दिखा था, लेकिन जैसे ही जांचने के लिए उसने विजू सावंत की क़मीज़ हटाई, वह ग़ायब हो चुका था।

विजू सावंत को मरने से पहले यह बताने का मौक़ा भी नहीं मिल पाया कि वह उस पल से ठीक सत्रह साल चार महीने पहले ही मर चुके थे; जब वह इस पल में बैठे हुए थे।

पार्वतीबाई को लगता कि जो कुछ करना है, अब उसे ही करना है। सारा बोझ अब उसके कंधों पर आन पड़ा है।

नंदू कुछ मज़बूत पड़ी थी। पार्वतीबाई ने पूरी उम्र इतना किसी को न पीटा होगा। गुस्सा इस बार रह-रहकर निकलता। वह कुछ घंटों बाद उसके पास जाती, और कुछ सुनाते हुए चार लप्पड़ मार आती। हक़ीक़त में उसने बेटी को उतना नहीं पीटा, जितना अपनी कल्पनाओं में। उसे जैसे भी, जिस वक़्त भी ख़्याल आता, वह अपनी कल्पना में नंदू को थप्पड़-लात-घूंसे जमाती रहती। पर सच बात तो यह है कि अब उसे अपनी बेटी से डर लगने लगा था। वह किसी भी वक़्त कुछ भी कर सकती है। उसके सामने तीन और बहनें हैं। उसने कभी नहीं सोचा कि उसके करने का बाक़ियों पर क्या असर पड़ेगा। सुधा सत्रह की हो गई है। फरवरी में अठारह की हो जाएगी। वह क्या सोचती होगी? उसे तो अपनी बहन से नफ़रत हो गई होगी। पप्पू पन्द्रह की और तारा चौदह की। ये भी तो अब बच्ची नहीं रहीं। सबको रक्त आने लगा है। दुनिया-जहान का मतलब भी समझने लगी हैं। नंदू हाथ से निकल गई, लेकिन इन तीनों पर ध्यान देना होगा। घर का माहौल ऐसा ही रहा, तो इन्हें भी बिगड़ते देर नहीं लगेगी।

नंदू सावंत क्यों बिगड़ी, इसका जवाब नंदू सावंत के पास भी नहीं था। चुप्पी के क़िले में बैठी वह बार-बार सुना करती कि वह बिगड़ गई है, लेकिन वह ख़ुद इसे नहीं मानती थी। वह बचपन से प्यार चाहती थी। सबसे बड़ी थी; उसे प्यार भी मिला। वह अपने बाबा के लिए सब कुछ थी। एक वक़्त था कि जिस खिलौने पर नंदू सावंत की निगाह पड़ जाती, वह खिलौना उसकी गोद में होता। बां करके रोती, तो बाबा पूरा

घर सिर पर ले लेते। आई उसे चोरी से चिकोटी काटकर अपना गुस्सा ज़ाहिर करती, लेकिन यह कोई ऐसा कारण नहीं था कि नंदू को आई से हज़ार जन्मों की दुश्मनी हो जाए। नंदू की तो किसी से भी दुश्मनी नहीं थी। उल्टे वह घर में सबसे प्यार करती थी। उसका सपना था कि उसका पति बहुत पैसे वाला होगा, ख़ानदानी पैसे वाला नहीं, अपनी मेहनत से लाखों कमाने वाला। वह उससे पैसे लेगी और अपने भाई-बहनों को वे सारी चीज़ें दिलाएगी, जो उन्हें पसंद होंगी।

सुधा पास में बैठी थी और बार-बार उससे पूछ रही थी कि आख़िर वह हेमंत के साथ क्यों गई? वह हम लोगों से राखी बंधवाता था।

नंदू फफक रही थी। मैंने तो नहीं बोला था कि मेरे से राखी बंधवाओ। न ही उसने आकर अपना हाथ बढ़ाया था। मेरी आई और उसके बाबा ने कहा कि बांध दो, तो मैंने बांध दिया। बाद में तुम लोगों ने भी बांध दिया। जब से मैं सोचने-समझने लायक़ हुई हूं, मैंने हेमंत को कभी भाई नहीं समझा, न ही उसने मुझे बहन। जब हम दोनों की निगाह में ही उस रिश्ते का कोई मतलब नहीं था, जो हम पर थोप दिया गया था, हमारे मां-बाप के असुरक्षा-बोध के कारण, तो फिर हम क्यों उस रिश्ते को पालते? हममें प्यार हो गया था और हम एक ही कोख से नहीं आए थे। जब शादी के बाद पति-पत्नी अपने रिश्ते तोड़कर तलाक़ ले सकते हैं, तो मुंहबोले भाई-बहन प्यार हो जाने पर अपना रिश्ता तोड़कर नया रिश्ता क्यों नहीं बना सकते?

यह क्रांतिकारी वक्तव्य नंदू सावंत ने नहीं दिया था। वह गा सकती थी, प्रेम कर सकती थी, घंटों बैठ कल्पनाओं में कभी इसके साथ, तो कभी उसके साथ हो सकती थी, आंख चुराकर किसी पुरुष के हिप्स पर नज़र डाल सकती थी, घर से भाग सकती थी, लेकिन इस तरह का क्रांतिकारी वक्तव्य नहीं दे सकती थी। वक्तव्यों और तर्कों से उसका कोई लेना-देना नहीं। वह सिर्फ़ दिल की बात सुनती है और उसका दिल इस समय यही बातें कह रहा था, दिल ही दिल में। वह क़िले से बाहर किसी को नहीं पहचान पा रही, तो किसी को सफ़ाई देने का तुक भी नहीं।

दीनानाथ कांबले जब घर में आए, तो सन्नाटा छा गया। दो दिन हो गए थे। दोनों घरों में बातचीत बंद है। रास्ते में कहीं दिख गए, तो देखना तक नहीं। बच्चों तक को यह ताक़ीद कर दी गई है कि उस घर का कोई भी मिले, तो बात तक मत करना। राखी-साखी ख़त्म। नाते-रिश्ते ख़त्म। कांबले चाचा और सावंत आंटी के बीच जिस छुपे रिश्ते की चर्चा पूरी कॉलोनी में चलती थी, वह रिश्ता ख़त्म। विजू सावंत और सखू कांबले के बीच जिन छुपे संबंधों की बात चलती थी, वे संबंध ख़त्म। सब-कुछ ख़त्म। तो बचा क्या है, जो ये दीनानाथ कांबले अपना गोटे जैसा मुंह उठाकर यहां आया है?

विजू सावंत को दुर्लभ क़िस्म का ग़ुस्सा आ रहा था।

दीनानाथ कांबले एक विचार के साथ आए थे और इतिहास गवाह है कि जो भी व्यक्ति विचार के साथ आया हो, उसे मौत से भी डर नहीं लगता। सुकरात को लें, भगत सिंह को या मार्टिन लूथर किंग जूनियर को। सबको उनके विचार ने साहस दिया। दीनानाथ कांबले के विचार को सुन लीजिए, उसका सम्मान कीजिए और उन्हें शहीद हो जाने दीजिए, ऐसा ही होता है, इस दृश्य में भी ऐसा ही हुआ।

तुच्छ क़िस्म की भूमिका के साथ, सारे बच्चों को घर के दूसरे कमरे में भेजकर, हॉल में सिर्फ़ सावंत अंकल और आंटी को बिठाकर, जब उन्होंने नंदू और हेमंत की शादी का विचार रखा, तो अंकल के बदन में बिजली लहराने लगी। ग़ुस्से में मानो उन्होंने अपने सारे कपड़े फाड़ डाले, पास बैठी पार्वतीबाई के भी सारे कपड़े फाड़ डाले, दीनानाथ कांबले के भी सारे कपड़े फाड़ डाले, वह वहीं बैठे-बैठे कांबले के घर में घुस गए और उनके बीवी-बच्चों के भी सारे कपड़े फाड़ डाले, उन्हें रास्ते में जो-जो मिला, उन्होंने उसके भी कपड़े फाड़ डाले। उन्होंने पूरी दुनिया को नंगा कर दिया और अपने ग़ुस्से का गगनभेदी एलान किया।

'साले, तू मेरी वाइफ को चोदे, तेरा बेटा मेरी बेटी को चोदे...मुझको हिजड़ा समझकर रखा है...आस्तीन के सांप...बेटे को इतना नहीं सिखा सकता कि भाई-बहन का रिश्ता क्या होता है?...कैसे उसे बनाकर रखा जाता है? उसकी गांड़ में भोसड़े की आग इतनी ही लगी थी तो उसके अपने घर में बहनों की कमी थी क्या? अपनी मां को क्यों नहीं लिटा लिया उसने? और तू साला, यहां आकर अपनी बुद्धि दिखा रहा है? सड़क खोदकर गाड़ दूंगा मैं अपनी लड़कियों को, लेकिन तेरे लड़के के साथ नहीं जाने दूंगा। चुप हूं...चुप हूं...चुप हूं...तो जिसे देखो, वही कुछ बोले जा रहा है। पहले अपनी बेटियों को यहां ला, मैं उनकी गांड़ फोड़ूंगा और बाज़ार में बिठाऊंगा...उसके बाद अपनी बेटी की शादी तेरे बेटे से करवाऊंगा...'

'सावंत! तू बहुत बोल रहा है...'

'मुझसे कह रहा है...' विजू सावंत उछलकर किचन की ओर गए और कुछ ही सेकंडों में सब्ज़ी काटने वाला चाक़ू लहराते हुए लौटे। सरासर दो वार किए। दीनानाथ कांबले अपनी जगह से उछले, पीछे दरवाज़े से जा टकराए। किसी तरह दरवाज़ा खोला और भागे। विजू सावंत की ज़ुबान पर हैरत में डाल देने वाली गालियां थीं। वे गालियां किसी आकाशवाणी के साथ दूर चॉल में अपनी खोली में बैठ खांस-खांस कर मौत का आवाहन करते नंबरी गालीबाज़ नाम्या जाधव के कानों में पहुंची, तो उसने इसे निर्णायक पराजय मानी और शर्मिंदा होकर प्राण छोड़ दिए। मिनटों में ही इमारत के नीचे पूरी कॉलोनी जमा हो गई। कांबले ग्राउंड फ्लोर के अपने मकान में

घुस गए और उसे भीतर से बंद कर लिया। चाक़ू लहराते सावंत उसके पीछे दौड़े। उन्होंने गालियों का भीमकाय पार्सल उसके दरवाज़े पर दे मारा। दरवाज़ा टूट-फूट गया। गालियां उसमें घुस गईं, पर सावंत नहीं घुस पाए। कांबले का पूरा परिवार गालियों से लहूलुहान घर में दुबका रहा। इमारत कांप रही थी। गालियां बरस रही थीं। कई बरसों से रोने की इच्छा अपने भीतर जमा किए भटकते सावंत को अपना रुदन क्रोध में बदला हुआ दिखाई दिया। बरसों बाद, किसी सन्नाटे में वह इस दिन की गालियां याद कर रहे थे, तो उन्हें लग रहा था, उस समय वह क्रोधित नहीं हो रहे थे, बल्कि अपनी तरह से रो रहे थे।

आसपास खड़े लोग सोच रहे थे कि हमेशा चुप रहने वाले आदमी के पास गालियों का इतना भयंकर भंडार कहां से आ गया था? पुराने अपनी जानकारियों को अपडेट कर रहे थे, नए बच्चे इस बुज़ुर्ग से नई गालियां सीख रहे थे। उसके बाद कॉलोनी में कई दिनों तक लोगों ने अपनी-अपनी उम्र के समूह में विजू सावंत द्वारा दी गई गालियों को सिर-माथे लगाकर सम्मान दिया और गौरव से उन्हें दोहराया। उनमें से आठ-दस प्रकार की नई गालियां आज भी जीवित हैं और बाक़ायदा उनका पाठ होता है। बौद्धिक संपदा का क़ानून ठीक से लागू नहीं, वरना सावंत को उसकी रॉयल्टी करोड़ों में मिलती।

जिस समय पूरी कॉलोनी कांप रही थी, कांबले का पूरा परिवार टूटे दरवाज़ों और छेदों से भरी दीवारों के पीछे छिपा बैठा था और विजू सावंत सब्ज़ी काटने वाला चाक़ू सड़क पर लहराते गालियां बक रहे थे; दरवाज़े के पास सावंत आंटी उन्हें स्तब्ध, ख़ौफ़ज़दा आंखों से देख रही थी, लेकिन उसके होंठ के बाएं किनारे पर एक शिशु-मुस्कान अटकी हुई थी, यह देखकर कि यह विजू सावंत का ग़ुस्सा था।

18

नंदू सावंत हेमंत के साथ कैसे भागी थी, इसको लेकर कई तरह के बयान मिलते हैं, लेकिन जिस एक बयान को सबसे ज़्यादा चर्चा मिली, वह था डिंपा की मां का बताया तरीक़ा।

सावंत के घर वाले घर को बंद कर कहीं गए होंगे। नंदू सावंत अंदर क़ैद थी। बालकनी तो खुली हुई थी। उसने साड़ी बांधकर लटकाई और नीचे उतर गई। हेमंत नीचे खड़ा था। दोपहर के वक़्त कॉलोनी में वैसा ही सन्नाटा होता है, जैसा मारकेस की 'ट्यूज़डे सीस्टा' जैसी कहानियों में; लेकिन कोलोंबिया के सीस्टा और कल्याण के सीस्टा में थोड़ा तो फ़र्क़ होगा ही। नंदू के नीचे उतरते ही उन्हें कहीं से आहट मिली

होगी, तो दोनों झट हेमंत के घर में घुस गए। हेमंत के घरवाले ठाणे गए हुए थे। थोड़ी देर बाद हेमंत बाहर निकला होगा और बालकनी में ऊपर चढ़कर साड़ी खोलकर वापस नीचे कूद गया होगा। दो ही मंज़िल तो हैं। पचीस-तीस फ़ीट और क्या! *(यहां कुछ लोगों को हाज़मोला तलाश करना पड़ा।)* नंदू काफ़ी देर उसके घर में रही, जबकि हेमंत बाहर से ताला लगाकर सड़कों पर भटकता रहा। बिरला गेट तक हो आया। जब हल्ला मचा कि नंदू सावंत भाग गई है, तो बंदा लौटकर आया और सांवत आंटी से वादा करके गया कि लौटूंगा, तो बहना को लेकर ही। काफ़ी देर तक यहां-वहां भटकता रहा, जैसे नंदू को खोज रहा हो और जैसे ही अंधेरा हुआ, दोनों घर से निकले और बैठी चाल के पीछे वाले रास्ते से निकल लिए, पतली गली से।

किसी कहानी में नंदू के पर भी निकल आए थे और किसी में उस पर बैठी चाल वाला भूत सवार था। वहिणी ने इन्हीं दिनों उस रात की बात लोगों को चिकन लॉलीपॉप की तरह सुनाई, जब अचानक नंदू सावंत हुआं-हुआं करती हुई हबुआने लगी थी। भूतों से डरने वाली उस कॉलोनी में बैठी चाल को लेकर और आतंक व्याप्त हो गया। लोग अपने बच्चों को वह क़िस्सा सुना-सुनाकर बैठी चाल के खतरों से आगाह करने लगे।

नंदू सावंत-हेमंत कांबले कांड ने और कुछ किया न हो, लोगों को घबराने के कई मौक़े दिए। लोग इस कांड के बारे में जितना बात करते, उनमें उतना ही अविश्वास बढ़ता जाता। पहले तो वे चटख़ारे लेते और जैसे ही आभास होता, अपनी बच्चियों और बच्चों को ढूंढ़ने लगते। कहीं ऐसा तो नहीं कि जिस आदमी से हम बात कर रहे हैं, उसी के बेटे के साथ अपनी बेटी का चक्कर चल रहा हो। मुंहबोले रिश्तों को कनखियों से देखा जाने लगा। जो लड़कियां मुहल्ले के लड़कों को राखी बांधती थीं, रास्ता बदलने लगीं। जिनके घरों में जवान होती बेटियां थीं, वे लड़कों को दरवाज़े तक ही सीमित रखते। बहुत हो गया, तो चौखट के दो-तीन फीट अंदर तक ही लेते। हर लड़का शक और हर लड़की निगाहों की क़ैद में आ गई थी।

दूसरों के जले से सीख लेना परंपरागत विचार है, जो बाइबल-पंचतंत्र से लेकर क्रिकेट की कमेंट्री तक में बार-बार बताया जाता है।

सावंत के घर में जिस दिन से डिंपा की मां आई, उसके बाद से कॉलोनी वालों को गहन सूचनाएं मिलने लगीं। वह मां-बेटी की मिज़ाजपुर्सी करने आई थी। बेटी से ज़्यादा बातें नहीं कर पाई। सिर्फ़ दस मिनट के लिए ही दोनों अंदर वाले कमरे में बैठी थीं। वह अपने साथ दिल को साफ़ करने वाली 'बाइबल' की एक कॉपी लेती आई थी। उसने वह नंदू को भेंट कर दी। दिमाग़ को ठंडा रखने वाला एक सफेद गुलाब ले आई थी, जिसे उसने पार्वतीबाई को सौंप दिया। कुछ भले लगने वाले शब्द ले आई

थी, जिसे उसने सुधा और दूसरे बच्चों को दिया। एक चुप्पी लेकर आई थी, जिसे उसने विजू सावंत को टुकड़ों-टुकड़ों में दिया। उसने पाप, उससे बचने और बार-बार दिमाग़ पर हावी होने वाले शैतान से बच निकलने के लिए आराधना पर ज़ोर दिया; इससे पूरे घर में चंगाई क़िस्म के एक गुण का वास हो जाता है।

जब वह घर से गई, तो थोड़ी ही देर में रामचंद्र तिड़के की पत्नी, वहिणी, श्री पुं. जोशी की पत्नी आदि डेरेबाज़ों को एक रहस्य का पता चला। नंदू पूरे एक महीने के पेट से है। वह डिंपा की मां से जानना चाहती थी कि इससे कैसे छुटकारा पाया जाए। डिंपा की मां ने उसे फटाफट कुछ उपाय बताए।

पहले यह बात कॉलोनी में फैली और शाम होते-होते वहिणी के ज़रिए सावंत आंटी के कानों में पड़ी। उसका मन हुआ कि बालकनी से कूद जाया जाए, पर यह कोई समाधान नहीं होता। वहिणी ने उसे जीवन में लड़ने का फंडा बताया। वह भीतर नंदू के पास गई।

नंदू अपना गाल सहलाने लगी। पांचों उंगलियां छप गई थीं। उसके शरीर में ख़ून कम हो गया था और जो बचा-खुचा था, वह गाल के उस हिस्से में फैल गया। बाक़ी पूरा शरीर ख़ून की कमी से सफ़ेद हो गया। उसकी आंखों में पानी आ गया। उसने थोड़ी देर पहले ही पानी पिया था और शरीर में उसकी कोई कमी नहीं थी।

उसने कोई जवाब नहीं दिया। एकाध और पड़ता, अगर पीछे से वहिणी ने आकर आई को रोका न होता। नंदू चुप थी।

पार्वतीबाई वहीं बैठे-बैठे सुबकने लगी। वहिणी को कई उपायों के बारे में पता था।

पूरी कॉलोनी में खुसुर-फुसुर चल रही थी, लेकिन फिर भी पार्वतीबाई ने वहिणी से वादा लिया कि जब तक कोई और बड़ा कांड नहीं होता, यह बात उन दोनों के बीच तक ही रहनी चाहिए। हो सके, तो वहिणी अगर लोगों से यह बोल दे कि ऐसा नहीं है, तो लोगों को विश्वास हो जाएगा।

आई की आंखों में निरीहता थी। वहिणी सिर झुकाकर बैठी थी। यह सोचती हुई कि वादा किया जाए या नहीं। नंदू की आंखें छत पर टिकी हुई थीं; छत अभी फट जाएगी। उसमें सुराख़ होने ही वाला है।

19

तमाम कोशिशें की गईं, लेकिन नंदू का पेट साफ़ नहीं हुआ। उसमें जो कचरा भरा था, वैसा ही रहा। वहिणी ने काफ़ी सक्रियता दिखाई। डिंपा की मां को बुलाकर समझाया।

कुछ ही देर में नंदू का पांव भारी होने की ख़बर अफ़वाह साबित कर दी गई। यह औरतों का सूचना-तंत्र था, जिसकी मज़बूती के आगे आरएसएस का सूचना-तंत्र पानी भर सकता है। सबने विश्वास तो नहीं किया, पर जैसे मीडिया लोगों को यह मनवा देता है कि फलां बड़ा अच्छा अभिनेता है और कल का सुपरस्टार वही होगा, लोगों ने भी मान लिया।

यह तीसरा या चौथा दिन था। अचानक सावंत परिवार अलीबाग़ के लिए रवाना हो गया। आसपास के लोगों को सिर्फ़ इतना पता चला कि किसी बहुत क़रीबी का निधन हो गया है। आधे घंटे में कॉलोनी में यह ख़बर फैली कि विजू सावंत, परिवार के साथ, कॉलोनी छोड़कर चला गया है। उसने कल ही अपना इस्तीफ़ा लिखा है। आकर हिसाब करेगा। परिवार को अलीबाग़ में सेटल करेगा।

एक हफ़्ते में विजू सावंत का परिवार लौट आया। उसमें सब थे, कुशल से थे, सिर्फ़ नंदू सावंत नहीं थी। उसका ब्याह हो गया था।

लोग अचरज में रह गए।

हो गया?

हां भई, हो गया।

अरे वाह! अच्छी बात है।

तो मिठाई कहां है?

मुझसे क्या मांगते हो? सावंत आंटी से मांगो।

हा-हा-हा!

एक काम करो, जाकर कांबले चाचा का दरवाज़ा ठोको और उनसे डबल मांगो। अगर भगवान मेहरबान रहा, तो चाचा को भी आंटी जल्द ही मिल जाएगी।

ही-ही-ही-ही-ही...!

विजू सावंत के इस्तीफ़े वाली बात निराधार निकली। कॉलोनी साली अफ़वाहों का कमाठीपुरा बन गई है। जिसे देखो, सावंत आंटी के परिवार के बारे में कुछ भी बोल देता है।

विजू सावंत का सिर अभी भी नीचा ही रहता था, जिसका दोष लोगों ने उनकी उम्र और बीमारियों को दिया।

लोग जानना चाहते थे, किससे की शादी? उन्होंने शादी का पूरा एलबम दिखा दिया। कुछ ख़ास क़िस्म के लोगों को घर पर चाय के लिए बुलाया, सोनी के वीएचएस प्लेयर पर, जिसे उन्होंने कलर टीवी के साथ कंपनी की क़िस्तों वाली योजना के अंतर्गत ख़रीदा था, नंदू की शादी का वीडियो दिखाया। नंदू उसमें किसी बीमार फ़ाख़्ता की तरह लग रही थी। लड़का ख़ूबसूरत था। अनाथ था। ऐसी शादियों के लिए मां-बाप

अनाथों को तलाश लेते हैं। नगरपालिका में क्लर्क था। थोड़ा गुस्सैल था, पर पहली ही नज़र में नंदू से प्यार करने लगा था। उसने दो साल पहले किसी शादी में नंदू को देखा था और तब से अपनी बुआ से ज़िद करता था कि उसकी शादी उसी से कराओ। अचानक एक दिन फ़ोन पर बात हुई और ख़ुद लड़के ने ऑफ़र दिया कि दो-तीन दिन में ही सारा इंतज़ाम करके शादी कर लेते हैं।

चलो, इतनी दंद-फंद के बाद नंदू अपने घर को विदा हुई। किसी ने सोचा भी न था कि कल्याण से कुछ किलोमीटर की दूरी पर बसी इस कॉलोनी में किसी सुपरस्टार का दर्जा रखने वाली नंदू, जिसके जीवन के पल-पल के बारे में वहां के लोगों को ख़बर रहती थी, जिन्होंने बचपन से लेकर बड़े होने तक उसके हर प्रेम के क़िस्से सुने, जिनसे उन्होंने एक-दूसरे को सबक़ लेने को कहा, जिसके साथ प्यार करने के लिए कॉलोनी का हर लड़का उत्साहित रहा, जिसकी सुंदरता पर अस्सी-अस्सी साल के दद्दू भी रीझ गए, उस नंदू की शादी ऐसी होगी कि किसी को ख़बर तक न हो पाएगी।

चलो, जो हुआ, अच्छा हुआ।

अच्छा हुआ, जो दूर ब्याही गई। वरना यहां तो जाने शादी हो भी पाती या नहीं।

क्यों नहीं हो पाती?

बाबा! कितनी फेमस थी। कोई करता क्या?

देख! मैं तो मानता हूं कि जिसने चोंच दी है, वह दाना भी देगा।

सही है। दाने-दाने पर लिखा है खाने वाले का नाम...

हां यार! भंवरे ने खिलाया फूल, फूल को ले गया राजकुंअर....

ही-ही-ही-ही... !

20

नंदू की शादी होने के बाद जीवन में शांति आ गई थी। दुनिया अपनी रफ्तार से चल रही थी। भारी उथलपुथल के बाद शांति आई हो, तो उसमें भयंकर अवसाद मिला होता है। शुरू में पार्वतीबाई को यही एहसास हुआ। उस परिवार की जीवनशैली में बहुत बदलाव आ गया था। जो परिवार बाहर सबसे ज़्यादा हंसता था, अब चुप रहने लगा था। सालाना जलसों में जो सबसे ज़्यादा नाचता था, घर में बंद रहने लगा है। पार्वतीबाई सिर्फ़ उतनी ही देर को घर से निकलती, जितनी देर में सब्ज़ी, राशन वग़ैरह लाया जा सकता है। विजू सावंत जितनी देर काम पर रहते, उतनी देर ही घर से बाहर

रहते। वरना लेटकर टीवी देखते, बैठकर सन्नाटा बुनते या झुककर कुछ सोचते रहते। पिछले दो-तीन साल उनकी आंखों के आगे से गुज़र-गुज़र जाते। जीवन में जो कभी नहीं करना चाहते थे, वह इन्हीं बरसों में किया। एक लड़की का गला घोंट दिया था, अलीबाग़ जाकर एक लड़के के दिल में छुरा घोंप आए थे, जिन लड़कियों को उन्होंने बचपन से लाड़ किया था, उनके कपड़े फाड़ दिए थे। जिस पत्नी को शिद्दत से प्यार किया था, उसके जिस्म को तार-तार कर दिया था।

सत्रह साल चार महीने बाद परेल के अस्पताल में खुली आंखों के साथ, जब उन्होंने अपने हिस्से की आख़िरी सांस ली, तब तक उन्हें यह समझ में नहीं आया कि उन बरसों में जो कुछ किया था, वह कितना सही था! पुलिस उन्हें पकड़कर क्यों नहीं ले गई कि उन्होंने एक साथ इतनी हत्याएं कर दीं? क्या भगवान के पास भी पुलिस का डिपार्टमेंट होता है? क्या सारे आरोपों को उन्हें अपराध मानकर क़बूल कर लेना चाहिए? क्या अपने हिस्से के सारे अपराध उन्होंने कर लिये? उस समय आसमान में चांद चमक रहा था। अस्पताल के गलियारे से लगे नीम के पत्तों से छनकर चांदनी उन पर गिर रही थी। उसी नीम की पत्तियों को देखते हुए उन्होंने आख़िरी सांस ली और सारे सवालों का जवाब पाने के लिए देह से निकलकर रवाना हो गए। पलंग पर पड़ी उनकी देह, उन्हें पहले नीम की डाल पकड़ लटकते देखती रही। वह कुछ देर में ही आंखों से ओझल हो गए। उनकी देह नीम के पास बेड नंबर 216 पर उनका इंतज़ार करती रही, फिर साढ़े ग्यारह घंटे बाद आग में शामिल हो गई।

लेकिन ऐसा होने के बहुत साल पहले तक वह इस तनाव में रहे। एक बेटी ने उन्हें इतना निरीह बना दिया था। घर में अभी तीन बेटियां और हैं। ये जाने कितनी बार, कितने लड़कों के साथ भागेंगी; फिर जाने कितनी बार वह अलीबाग़ जाएंगे और जाने कितने लड़कों के दिल में छुरा घोंपेंगे। यही नहीं, एक लड़का भी है; यह जाने किस लड़की को लेकर भागेगा; जाने बाप के किस जगह घूंसा मारेगा? लड़की के बाप को तो फिर भी ज़माने भर की हमदर्दी मिल जाती है, लड़के का बाप होना तो ज़्यादा दुख भरा होता है।

दीनानाथ कांबले का तो तबादला हो गया न यहां से। कहते हैं कि प्रमोशन पर गया है, पर बीस साल की नौकरी की इज़्ज़त बचाने के लिए ऐसा प्रचार किया गया है। उसे तो बहुत डांट पड़ी थी। कुछ लोगों का कहना था कि उसके बारे में श्री.पुं. जोशी ने जीएम से बहुत ख़तरनाक शिकायत की थी। बड़े लोगों को कॉलोनी में होने वाली ऐसी फुटकर घटनाओं से कोई लेना-देना नहीं था, लेकिन यह तो ऐसी घटना थी, जिसकी गूंज यहां की वादियों में सदियों बाद भी सुनाई देती रहेगी। हज़ारों साल बाद जब पुरातत्ववेत्ता इन जगहों की खुदाई करेंगे, तो उन्हें कई अवशेष मिलेंगे, पत्थरों

पर वासु और सपना की तरह नंदू और फलां, नंदू और बलां, नंदू और टलां लिखा मिलेगा। वे सोचेंगे, नंदू, क्लियोपेट्रा से भी महान कोई राजकुमारी थी। उन्हें सरकारी काग़ज़ों में उसके प्रेम के आख्यान लिखे मिलेंगे। उसके प्रेम के सामाजिक परिणामों के अवशेष मिलेंगे। यहां के लोग तो ऐसा ही मानते हैं, आप मानें या न मानें।

पार्वतीबाई पर नंदू की शादी और उसके पहले किए गए संघर्षों का बुरा असर पड़ा था, इसलिए वह चुप-चुप और अपने आप में रहने लगी थीं। कुछ लोग कहते थे कि दीनानाथ कांबले के चले जाने से उस पर ऐसा असर पड़ा है।

नंदू को अपनी आई से इस बारे में शिकायत रहती थी। वह बाबा से कभी-कभार ही बात करती थी। बाबा अपनी बेटी से घंटों बात करना चाहते थे, लेकिन कभी कर नहीं पाए। जब उनका दिमाग़ सामान्य अवस्था में था और वे दुनिया से थके नहीं थे, तब उनकी बेटी बोल नहीं पाती थी। और जब बोलने लगी, तो उन्हें लगा कि बेटी से ज़्यादा बात करने पर बाप के नाम पर कीचड़ पड़ने लगता है। बाद में नंदू विवादास्पद व्यक्तित्व बन गई और विजू सावंत स्वभावानुसार विवाद से चार हाथ दूर ही रहते हैं। एक बार नंदू ने बाबा से कहा था कि आई को हमसे ज्यादा प्यारे कांबले चाचा के बच्चे लगते हैं।

बाबा ने उसे प्यार से झिड़क दिया था, पर उन्हें ख़ुद को ऐसा कोई वाक़या याद नहीं आता था, जिससे नंदू की इस शिकायत को सही पाया जा सके। उन्होंने इशारों में नंदू को समझाना चाहा था कि प्यार-व्यार के चक्कर में पड़ने से कुछ नहीं मिलता, पर नंदू सावंत मन ही मन मैडोना की आवाज़ में गाने लगती—पापा, डोंट प्रीच, आएम इन ट्रबल डीप!

आठ महीने बाद अस्पताल के एक कमरे में पालने में झूलते लड़के पर झुका नंदू का पति अशोक पवार उसे टिर-टिर कर रहा था, विजू सावंत उसका चेहरा देख रहे थे और नंदू की डीप ट्रबल का एहसास करना चाहते थे। पवार के चेहरे पर उतनी ही मासूमियत थी, जितनी उस नवजात शिशु के। यह तय करना मुश्किल हो रहा था कि उस वक़्त कौन पैदा हुआ; मां, पिता या बच्चा; या उसके नाना और नानी दुबारा पैदा हुए हैं। पार्वतीबाई उसके साथ लगी बच्चे से खेल रही थी। कभी वह उसे मां की तरह बताती, तो कभी पापा की तरह। नंदू सावंत की आंखों के नीचे कालापन बरक़रार था, जिसे वह डिलीवरी के बाद की कमज़ोरी बता रही थी। वह किसी को नहीं देख रही थी। ऐसा करते हुए वह ख़ुद को देख रही थी। उस समय वह मन ही मन 'हम तुम्हें चाहते हैं ऐसे...' की धुन गुनगुना रही थी, जो गाना सातवीं क्लास में श्रीकांत नाम के एक लड़के ने उसे काग़ज़ पर लिखकर दिया था; और जिससे नंदू सावंत को पहली बार प्रेम जैसा कोई एहसास हुआ था।

21

विजय क्रिकेट खेलने वाला उस कॉलोनी का नहीं था, पर वहां बहुत लोकप्रिय था। वह बिरला गेट की क्रिकेट टीम का कैप्टन था। कॉलोनी में हर रविवार सौ-सौ रुपए का मैच लगता, जिसे अक्सर विजय की टीम जीतती। विजय बहुत अच्छा खेलता था या बहुत सुंदर था या दोनों ही बातें थीं। क्रिकेट का खेल लड़कियों में इतना लोकप्रिय हुआ, तो वह विजय के कारण; और बाद के दिनों में राहुल द्रविड़ या अजय जडेजा के कारण। छोटे-से मैदान के एक ओर रखी कुर्सियां ख़ासकर लड़कियों के लिए होती थीं। कॉलोनी की बेदाग़ लड़कियां भी वहां बैठी दिख जाती थीं। अपनी कॉलोनी की टीम के लिए हर कोई चिल्लाता था, पर जब विजय आउट हो जाता था, तो लड़कियों का चेहरा टेंपरेरी पिच की तरह सड़ जाता था।

विजय के बारे में लोगों की राय थी कि वह अच्छा लड़का है, लेकिन उसकी दोस्ती ख़राब है। बिरला गेट रहने वाले लड़कों को मोटे तौर पर अच्छा नहीं माना जाता था, क्योंकि वे बात-बात पर तलवारें खींच लाते, ग़िरेबां पकड़ लेते और घर से दुर्गा सप्तशती का पाठ करके निकले हों, तो एकाध को घोंप भी दिया करते।

विजू सावंत को क्रिकेट अच्छा लगता था और वह सुनील गावसकर और सर गैरी सोबर्स के बाद किसी के फ़ैन थे, तो वह विजय था। यह आकर्षण उसके नाम को लेकर भी था। विजय नाम उन्हें बहुत पसंद था। उन्होंने कई बार अपना नाम विजय कर देना चाहा था, पर स्कूल के सर्टिफिकेट के नाम को बदलने का तरीक़ा उन्हें नहीं पता था। उन्होंने शादी के बाद अपनी पत्नी से भी कहा था कि वह उन्हें विजय ही बुलाया करे, पर पत्नियां इतनी आलसी होती हैं कि पति का नाम नहीं ले पातीं। वे उसका शॉर्ट-फ़ार्म कर देती हैं और पार्वतीबाई को विजू अपने आप में ही इतना बड़ा शॉर्ट-फॉर्म लगता था कि वह उसे और छोटा नहीं कर पाई। सो, जब भी प्यार-व्यार जैसी कोई बात चलती, तो उसके मुंह से यही नाम निकल पाता। ज़रूरत के हिसाब से, कभी-कभार, किसी पुष्पित-सुगंधित अस्त्र की तरह विजय नाम छोड़ा जाता था।

विजू सावंत को विजय नाम का यह लड़का बिरला गेट पर मिला था, जहां एक बार वह सब्ज़ी ले रहे थे। वह लड़का वहां सब्ज़ियों की दुकान लगाता था और विजू सावंत उस मुलाक़ात के बाद उसी से सब्ज़ियां लेने लगे। वह जब कॉलोनी में मैच खेलने आता, तो विजू सावंत से ज़रूर मिलता। विजू उसे अच्छी बैटिंग के लिए कोई न कोई टिप ज़रूर देते और मज़े की बात थी, अगर विजय क्रिकेट खेलने वाला अच्छे रन बना ले, तो बिंदास उसका क्रेडिट सावंत अंकल को दे देता।

विजू सावंत ख़ुद क्रिकेटर बनना चाहते थे, बिना बल्ला ढंग से हाथ में उठाए। वह अमिताभ बच्चन की तरह एक्टर भी बनना चाहते थे, बिना मरीन ड्राइव के फुटपाथ पर रात बिताए। वह किशोर कुमार जैसा गाना भी चाहते थे, लेकिन कभी हारमोनियम नहीं बजा पाए। जब वह पेटी के 'की' दबाते, तो हवा मारना भूल जाते और जब हवा मारने लगते, तो 'की' दबाना भूल जाते। एक साथ दो काम उनसे कभी नहीं सधे। इस तरह देखा जाए, तो विजू सावंत बहुत-कुछ बनना चाहते थे, पर नहीं बन पाए। कभी सपने में भी नहीं सोचा था कि चौकीदार बनेंगे, पर पारसी क्रांतिकारी का पुण्य था।

कुछ ऐसा ही पुण्य कभी विजय क्रिकेट खेलने वाले ने भी किया होगा।

विजय के बारे में उनकी हेमंत से कई बार बात होती थी। वह उसे घर बुलाना चाहते थे, लेकिन उन्हीं दिनों नंदू का उत्पात बढ़ गया था और घर में किसी भी लड़के के आने पर सावंत आंटी बोंबाबोंब कर सकती थी। उसे घर में बुलाने के पीछे अंकल का एक मक़सद यह भी था कि पार्वती भी उसे देख लेगी और हो सका, तो नंदू को उसके साथ ब्याह दिया जाएगा।

दोनों की आपस की बातचीत में एक बार ऐसा कुछ नंदू को सुनाई पड़ गया। उसने कुछ नहीं कहा, पर थोड़ी देर में सुधा ने आकर आई-बाबा से कहा, 'वह कहती है कि अगर उसे भाजी वाले के साथ बांधने की सोची, तो वह गले में बांधकर लटक जाएगी। लिख के जाएगी कि आई-बाबा के कारण उसने जान दी है।'

आई-बाबा मुस्कराने लगे।

सुधा धमकी में इत्र लगाकर आई थी।

पर नंदू को फ़िक्र की ज़रूरत वैसे भी नहीं थी। आई बीच में थी। उसकी नज़रें विजू सावंत के उस विचार को सुनकर हर बार चमक जातीं, लेकिन एक दिन उसने आसमान खोद देने की तर्ज़ पर गर्जना की–'तुमको कुछ समझता भी है या नहीं? वह साला भाजी वाला महार है। उससे करूंगी मैं अपनी बेटी की शादी?'

'तो तू कौन-सी भरामन की जनी है?'

'न भी तो क्या? महार सो महार सही, लेकिन भाजीवाले के घर नहीं जाएगी बेटी।'

'अरे, लेकिन....'

'बस! बहुत हो गया। आगे से सोचना भी मत उसके बारे में। और तुम भी उससे मत मिलना। कभी मिलते देख लिया तो देख लेना...'

यह सावंत आंटी का गुस्सा था, विजू सावंत पर उसका असर पड़ा। आंटी थी ही ऐसी कि अंकल पर असर ज़रूर पड़ता था। आंटी जब कुरुक्षेत्र में अपने विराट

दर्शन देतीं, तो विजू दंडवत् हो जाते थे। शायद इसीलिए कॉलोनी वाले भी उस घर को सावंत आंटी का घर कहते थे।

विजू सावंत ने उस लड़के के बारे में घर में बात करना ही बंद कर दिया। वह उससे मिलना और उसे बेमोल टिप्स देना तो बंद नहीं कर सकते थे। पहली बार उन्हें किसी क्रिकेटर को इतने क़रीब से देखने का मौक़ा मिला था।

इधर, सावंत अंकल ने विजय से मिलना कम किया, उधर उसकी विजय के साथ पहली बार खुलकर बातचीत हुई।

22

सुधा के बारे में घर वालों को बहुत ज्यादा फ़िक्र की ज़रूरत नहीं थी। वह अपने लिए समर्थ थी। भले नंदू की तरह सुंदर नहीं थी, लेकिन देने वाले ने उसे दिमाग़ बहुत अच्छा दिया था। वह नंदू से एक क्लास पीछे थी और दूसरी बेंच पर बैठती थी। सुधा जब बड़ी हो रही थी, तो उसके भी पीछे से काग़ज़ का एक टुकड़ा उछलकर आया था, पर सुधा ने पीछे घूमकर नहीं देखा। वह देर तक काग़ज़ को घूरती रही। फिर बोर्ड की ओर देखने लगी थी। उसके दिमाग़ में कोई गाना भी नहीं आया। उसने भी किसी को बताया नहीं। बहनों की भाषा में कहें, तो वह हर बात पर काट खाने को दौड़ती थी और इस वक़्त भी अपने दांत पैने कर रही थी। आधी छुट्टी होते ही उसने पीछे मुड़कर देखा और एक चोर निगाह को पहचान लिया। डरे हुए गाल को उसने धमकाया और वापस अपनी बेंच पर आकर बैठ गई। सुधा शेरनी हो गई थी।

सुधा को उसके मां-बाप शेरनी कहते भी थे। एक बार उसने बिरला गेट पर एक लड़के का कॉलर पकड़ लिया था और कहा था—जला दूंगी। उसके बाद वह लड़का किसी बाज की तरह उसके पीछे लग लिया था। सुधा दहल गई। उसका पेट ख़राब हो गया और सात दिन तक वह स्कूल नहीं गई। एक दिन उसने नंदू से डरते-डरते उस वाक़ये के बारे में बताया। नंदू ने हेमंत को और हेमंत ने विजय क्रिकेट खेलने वाले को। विजय क्रिकेट खेलने वाले ने कॉलोनी के क्लब में जब हेमंत और नंदू के साथ बैठी सुधा से कहा कि वह लड़का तो तेज़ाब फेंकने की तैयारी कर रहा था। चलो, अपनी जान-पहचान का था, मना लिया उसे। पर अगली बार से सिर्फ़ धमकाना, बीच रोड किसी लड़के पर हाथ मत छोड़ना।

तो सुधा ने इस बात का कोई जवाब नहीं दिया। वह थोड़ी देर तक विजय क्रिकेट खेलने वाले को देखती रही। उसकी बहन उसे घर ले आई। वह डर गई थी कि कहीं सुधा उसे भी चमाट न जड़ दे।

यह उन्हीं दिनों की बात है, जब सुधा ने पंछी के उड़ जाने की भविष्यवाणी की थी और वहिणी समेत तमाम महिलाएं उसकी प्रतिभा के आगे 'मानाचा मुज़रा' (कोर्निश बजाना) कर रही थीं।

उन्हीं दिनों सुधा को अपने 'ऐसे' होने पर पछतावा हुआ था और उन्हीं दिनों अपने बड़े हो जाने का एहसास भी। उन्हीं दिनों सुधा के भीतर एक नंदू रहने लगी थी, लेकिन नंदू के भीतर इतनी जगह नहीं थी कि सुधा को अपने भीतर ले सके।

वे दो बहनें थीं, जिनकी दो और बहनें थीं, लेकिन वे अलग-अलग पैदा हुई थीं, सो अलग-अलग थीं। वे साथ में अंत्याक्षरी खेल लेतीं; आई जब घर में न हो, तो गाने भी गा लेतीं; लेकिन टीवी पर जब मनचला गोविंदा आंखें मटका रहा होता, तो साथ-साथ तारीफ़ नहीं कर पाती थीं; वे उसकी ओर देखती थीं, लेकिन यह देखते हुए कि उनकी बहनें इस वक़्त किस ओर को देख रही हैं। सबको लगता था कि उनकी बहनों ने सिर झुका रखा है।

नंदू का सिर ज़्यादा झुका रहता था। एक बार इतना झुका सिर देखकर मां को शक हुआ था कि उसने नीचे कोई फोटो छिपा रखी है।

दोनों में संबंध ही ऐसा था कि नंदू कभी उसे बता नहीं पाई कि उसे क्या पसंद है और जब सुधा पसंद करने लायक़ हो गई, तो उसने भी बड़ी बहन की इस परंपरा का गौरव के साथ पालन किया।

उस दिन जब आई बाबा को हड़का रही थी–विजय क्रिकेट खेलने वाले के बारे में, तो सुधा के अंग में आग लग रही थी। उसने खेल के मैदान के एक ओर लड़कियों के लिए रखी कुर्सियों पर बैठकर क्रिकेट नहीं देखी थी, लेकिन विजय क्रिकेट खेलने वाले को बराबर पसंद करती थी। जिस वक़्त मैच चल रहा होता, वह हेमंत के घर चली जाती और उनकी चौखट पर बैठकर मैच देखती थी। क्रिकेट मैच के बीच में या बाद में हेमंत के साथ कुछ लड़के फ्रिज का पानी पीते आते, तो उनमें विजय भी होता था। इस बात की ओर सुधा सावंत के अलावा और किसी ने ध्यान नहीं दिया था कि विजय उसके हाथ से एक गिलास एक्स्ट्रा पानी पीता था। वैसे, और लोगों ने भी इसे देखा था, लेकिन पानी पीना इतनी सामान्य घटना थी कि कोई इस तरह सोच भी नहीं सकता था। दूसरे यह भी सोचा जाता था कि सुधा ऐसी नहीं थी। वह तो लगातार पढ़ाई करती थी। इतना पढ़ती कि संडास में भी कोर्स की किताब लेकर घुसा करती। पार्वतीबाई ने जब पहली बार उसे संडास में किताब लेकर घुसते हुए देखा, तो उसका माथा सिकुड़ गया। उसने तुरंत किताब की तलाशी ली, लेकिन उसमें से कोई तस्वीर नहीं निकली। कुछ समय पहले तक ही तो उसकी नाक बहती थी, जिस कारण सबने उसका नाम 'शेंबड़ी' रख दिया था। नंदू दस लोगों को देखकर खुश रहती

थी, सुधा अपने भीतर चली जाती थी, जहां एक मां रहती थी, कुछ बच्चे रहते थे और वे मां-बच्चों की तरह ही रहते थे। एक बार श्री.पुं. जोशी ने उसे मंच पर ले जाने की ज़िद की, तो सुधा सावंत वहां से भाग गई। रातभर अपने बिस्तर पर रोती रही और दूसरे दिन श्री.पुं. जोशी की पत्नी से कह आई, 'अंकल से बोलना, अगली बार ज़िद करेंगे, तो मैं उनसे कभी बात नहीं करूंगी।' क्लब में वह कुछ नहीं खेलती थी। किनारे बैठ नंदू को टेबल टेनिस, पप्पू और तारा को कैरम खेलते देखती थी बस। उसे पता था कि किसे देखकर नंदू के चेहरे पर लाली आ जाती थी, पप्पू किसे देख हल्के-से मुस्कराती थी और तारा किसे मुंह चिढ़ाती थी। वहीं पास में राजू भी होता था। उसने कभी राजू से नहीं पूछा कि क्या उसे भी यह सब पता है।

एक दिन पहली बार कॉलेज से लौटते वक्त वह सब्ज़ी लेकर आई, तो सबको बहुत हैरानी हुई थी। सुधा कभी सब्ज़ी वालों के ठेले के आगे नहीं रुकती थी। उसे लगता था कि सब्ज़ी वाला तौल-बटखरे को नहीं, उसे देख रहा है। वह कभी दूध लेने नहीं गई। उसे लगता था कि दूध वाला उसे मक्खन मान रहा है। वह कभी कपड़ा लेने नहीं खड़ी हुई। उसे लगता कि दुकान वाला उसका बदन माप रहा है। ऐसी सुधा सावंत जब सब्ज़ी लेकर आए, तो हैरानी होगी ही।

बच्ची थी कि बड़ों की नज़रें लग-लगकर बड़ी हो गई; और आई-बाबा ऐसे ग़ाफ़िल कि काला टीका लगाने का होश ही नहीं। आई-बाबा तो नंदू के बड़े हो जाने का इस क़दर सोग मना रहे थे कि उन्हें भान ही नहीं था, एक और अंखुआ फूट पड़ा है।

23

और जब उन्हें इसका भान हुआ, तो उन्होंने व्यवस्थित तरीक़े से लड़के की तलाश शुरू कर दी। पिछली शादी तो बड़ी अजीब परिस्थितियों में करनी पड़ी थी। कॉलोनी वालों ने बहुत नाम भी रखे थे। इस बार ढंग से करनी है। जब भी शादी की बात होती, सुधा सावंत कमरा छोड़ देती।

सावंत आंटी एक अज्ञात क़िस्म के भय से हमेशा ग्रस्त रहती, जैसे उसकी कुंडली में नीच का शनि स्वग्रही हो। इसी भय में वह बच्चों से बारी-बारी पूछती, 'ताई जैसा तो नहीं करने वाली न!'

बच्चियां आतंक में अंगूठे से फ़र्श खोद देतीं। उनके पास कोई जवाब नहीं होता था।

सुधा सावंत ने एक बार कहा–पहली और आख़िरी बार–'आई! ताई डरपोक थी।'

'तू बहुत हिम्मत वाली है?' आई ने चुनौती दी।

सुधा सावंत ने होंठों पर सिलाई मारी, नश्तर से ज़ुबान को चीर लिया और अनंत की ओर मुंह कर लिया।

पार्वतीबाई सावंत को उसकी बात देर तक समझ में नहीं आई। नंदू डरपोक तो नहीं थी। जो लड़की दो बार घर से भागी हो, उसे कौन डरपोक कह सकता है? वह सुधा को देखती रही, सुधा उसे देखकर भी नहीं देख रही थी।

सुधा के भीतर एक नंदू रहने लगी थी। सुधा भी थोड़ा-थोड़ा डरपोक बनने लगी थी। वह जब आईने के सामने खड़ी होती थी, तो आईने में अपना अक्स नहीं दिखता था। वहां नंदू होती थी। ऐसा सीन उसने एक फ़िल्म में भी देखा था।

सिर्फ़ पांच कानों में बात डालने की देर थी, सिर्फ़ पांच गुरुवार व्रत करने की देर थी, सिर्फ़ पांच क़िस्म के फल चढ़ाने थे कि पांचगांव से शानदार रिश्ता आ गया।

यह उन दिनों की बात है, जब बेटी नंबर तीन पप्पू दसवीं क्लास में दुबारा फेल हो गई थी, नंदू को बेटा हो चुका था और विजू सावंत ने इकलौते बेटे राजू उर्फ़ श्रीधर उर्फ़ श्रीनिवास के मुंह से एक बार बीड़ी की गंध पाई थी। इसमें से कोई बात ऐसी नहीं थी, जिस पर जश्न मनाया जा सके। नंदू चाहती, तो बच्चा गिरा सकती थी, लेकिन उसने 'मैक्सिमम रिस्क' लिया। बेटा हो गया था और अगर ईश्वर इस बार भी विपक्ष में बैठा, तो विजू सावंत और सौभाग्यवती पार्वतीबाई सावंत की मुसीबतें बढ़ जाएंगी। पप्पू चाहती, तो अच्छी तरह से पढ़ सकती थी, लेकिन उसका मन नहीं लगता था और यह उन दोनों के लिए ख़तरे की घंटी थी। राजू किस वक़्त और कब बीड़ी पाने वालों से दोस्ती कर बैठा, आई-बाबा की समझ में नहीं आया। ये ऐसी घटनाएं थीं, जो सावंत आंटी को अपशकुनों की तरह लगीं, लेकिन पांचगांव वालों ने अच्छे समय की उम्मीद जगा दी। उन्होंने पहली ही नज़र में सुधा शेंबड़ी को पसंद कर लिया। वे मुरबाड में रहते थे, जो उस कॉलोनी से तीस किलोमीटर की दूरी पर था।

सुधा सावंत बारहवीं की परीक्षा दे रही थी और इसे ध्यान में रखते हुए उसकी शादी की तारीख़ अप्रैल में तय की गई। सुधा को लड़के की तस्वीर दिखाई गई। उसने देखते ही कहा—'लड़का तो दिखने में अच्छा है।'

आई गर्व से फूल उठी।

शादी की तैयारियां मद्धिम गति से होनी लगीं। अभी चार महीने थे और अभी से अगर थोड़ा-थोड़ा भी किया जाए, तो आख़िरी मौक़े पर कोई भाग-दौड़ नहीं होगी। धीरे-धीरे बैंक से पैसे निकलने लगे और धीरे-धीरे ही, घर के एक कमरे में कभी साड़ियां, तो कभी बच्चों के लिए कपड़े जमा होने लगे।

विजू सावंत और पार्वतीबाई को जब मौक़ा मिलता, वे इस बात पर लड़ने लगते कि किसे नहीं बुलाना है। उस मौक़े पर सुधा भीतर से ही चिल्लाती, 'बुला लेना

सबको, पर अभी मुझे पढ़ लेने दो।' आई-बाबा के चेहरे पर मुस्कान आ जाती और वे लड़ना छोड़ देते।

सुधा सावंत को इस वक़्त सिर्फ़ यह चिंता थी कि बारहवीं में अच्छे नंबर पाए जाएं। इसके लिए वह अपनी आदत के मुताबिक़ हर संभव जगह किताब के साथ जाती। उसकी आंखों पर चश्मा नहीं था, इसलिए उसे देखकर तो नहीं लगता था कि वह पढ़ती होगी, पर हर साल अच्छी तरह पास हो जाती थी। जब वह दसवीं में फर्स्ट क्लास आई थी, तो किसी को एक किलो मिठाई बांटने की फ़ुरसत नहीं थी। उन्हीं दिनों नंदू सावंत ने घर वालों के कपड़े फाड़ दिए थे और सब मिलकर रफ़ू कर रहे थे। छोटे-बड़े, यहां तक कि राजू सावंत ने भी उसकी फ़र्स्ट क्लास आने पर सिर्फ़ इतना कहा था कि अच्छा!

उस वक़्त उसे सिर्फ़ नंदू सावंत अच्छी लगी थी, जो घर में नज़रबंद-सी पड़ी हुई थी। डिंपा की मां उससे मिलने आती थी। जिस वक़्त उसने नंदू को यह बात बताई थी, नंदू के सूजे हुए चेहरे पर भी मुस्कान आ गई थी। उसने अपनी जगह बैठे-बैठे ही कहा, 'कबाट से मेरा पर्स देना।'

सुधा को लगा कि उसे फ़र्स्ट क्लास में आना ही नहीं चाहिए था या इन लोगों को बताना ही नहीं चाहिए था; इस घर में रहना है, तो हर वक़्त चेहरे पर मुर्दुस रंगों का बस्ता टांगकर रखिए और कोई हंसता हुआ दिखे, तो धरकर उसके चेहरे पर पोत दीजिए।

उसने अजीब निगाहों से नंदू को देखा, फिर कबाट को।

'दे न पर्स!' नंदू सावंत की आवाज़ मीना कुमारी से इतनी मिलती-जुलती है?

सुधा ने पर्स निकालकर दे दिया और दरवाज़े की ओर मुड़ी।

'ये ले।' मीना कुमारी ने कहा।

उसने मुड़कर देखा। नंदू सावंत के हाथ में सौ रुपए का नोट था।

'ये क्या?'

'तुझे बख़्शीश भी न दूं?'

'अच्छा?'

सुधा ने रुपया लेकर उसे देर तक देखा।

'न चले, तो दूसरा ले लेना।' दर्द की किताब खुली ही पड़ी थी।

तब नंदू ने कर्टसी विज़िट पर आई डिंपा की मां से कहा था–'आई-बाबा को इसके साथ नाइंसाफ़ी नहीं करनी चाहिए। इसे पढ़ाएं। इसका दिमाग़ बहुत चलता है।'

उस दिन सुधा को पहली बार लगा कि नंदू उसकी बड़ी बहन है। उस रात सुधा ने नंदू के साथ काफी वक़्त बात करके गुज़ारा।

'घर में सही तरीक़े से रहती क्यों नहीं तू?'

'मैंने क्या किया?'

'आई-बाबा को तेरे कारण कितनी दिक़्क़त होती है? कुछ न कुछ ऐसा कर देती है कि दोनों मिट्टी में दब जाते हैं...'

'मैंने तो कभी ऐसा नहीं किया..'

'बंड्या, बबल्या, यह सब क्या है...मज़े ले और छोड़ दे। घर से भागना...'

'देख, इतने दिन बाद तू बात कर रही है? यही सब पूछना है? पहले भी तो पूछ चुकी है...'

'हां, पर मुझे कभी समझ में नहीं आया..'

'तू नहीं समझेगी...'

उसके बाद सुधा ने यह बात मान ली कि वह अपनी बहन को कभी नहीं समझ पाएगी। नंदू के क़िस्से खुली किताब के पन्नों की तरह फट-फट पूरी कॉलोनी में उड़ते हैं, शहर में दिख जाते हैं, देश के दूसरे शहरों तक पहुंच जाते हैं, पर उतना ही उस पर रहस्य चढ़ता जाता है।

उसने बिना समझे, यह सोचना चाहा कि वह ऐसा क्यों करती है? उसने बचपन से अब तक नंदू के साथ अगर पांच बार बैठकर बात की होगी, तो यह पांचवीं बार ही था। फिर नंदू के साथ इतनी क़ुरबत से वह बात नहीं कर पाई। हालांकि उसके बाद उसने सरेआम नंदू को गालियां देना बंद कर दिया। उसके बारे में जब भी सोचती, उस पर तरस ही आता। पहले सिर्फ़ ग़ुस्सा आता था।

24

यह कहानी को और नाटकीय बना देता है, जब एक दिन वहिणी आकर पार्वतीबाई के कान पकड़ती है। पार्वतीबाई की रूह में सुराख़ हो जाता है।

'नंदू से नहीं सीखी क्या रे तू?'

नंदू का नाम पार्वतीबाई को बैकफुट पर नहीं, सीधे बैटिंग छोड़ देने को विवश कर देता है।

'क्या हुआ?'

पार्वतीबाई के तीन बेटियां अभी और थीं और वह सपने में भी दुआ करती कि सात घर दुश्मन को भी नंदू जैसी बेटी न मिले।

उसी के घर में और कौन-सी नंदू रह रही है? इन तीनों को तो वह बराबर देखती रहती है?

'पप्पू पर ज़्यादा ध्यान रख। उसकी छाती कैसी फूल रही है?'

'तो इसमें नंदू जैसी क्या बात है?'

'अच्छा! ऐसा ही होना चाहिए तुम जैसे मां-बाप के साथ!'

'देखो वहिणी! शाप देना हो तो दो, पर सीधे बात करो।'

'पंढरी...पंढरी नाम है उसका, जिसके साथ वह घूमती है।'

'हो ही नहीं सकता।'

'अच्छा, इतना भरोसा है अपने ख़ून पर?'

पार्वतीबाई को समझ में नहीं आ रहा था कि कैसे रिएक्ट करे? क्या उसे ऐसी स्थितियों का आदी हो जाना चाहिए? ये लड़कियां खुलकर क्यों नहीं बोलतीं कि ये जवान हो गई हैं? क्या यही तरीक़ा है अपनी जवानी की घोषणा करने का? एक बार बोल तो दें, जल्दी शादी कर देंगे, पर क़सम खाके पैदा हुई हैं कि नहीं, चैन से जीने नहीं देंगे इन दोनों को।

और भी तो लड़कियां हैं इस कॉलोनी में? और तो कोई जवान नहीं हुई, इन्हीं को कौन-से पर लगे हैं?

अच्छी तरह तो पाला है। जितनी देर खेलना चाहा, खेलने दिया। जितनी देर सोना चाहा, सोने दिया।

जितना बहकना चाहेंगी, बहकने दूं?

'ये सब मेरी ही बेटियां हैं न?' वहिणी के जाने पर विजू सावंत ने पूछा, जब पार्वतीबाई ने उनसे अपनी चिंता बताई।

'नहीं, दादर स्टेशन पर सोई थी मैं...ऐसे...टांग फैला के...जिसको घुसना है, घुस जाए मेरे भो...में...बीस साल बाद याद आई यह सवाल पूछने की...मेरी ही बेटियां हैं न! हुंह!!'

पार्वतीबाई का ज़ायक़ा ख़राब हो गया था।

पप्पू को आने में ज़्यादा देर नहीं लगी। आई-बाबा सामने बैठे थे।

विजू सावंत ने पहली बार ग़ौर किया, उनकी तीसरी बेटी भी बड़ी हो गई है। वह उठे और पप्पू का बायां गाल झनझना उठा।

'बाबा! ...! ...!'

अब दूसरे गाल की बारी थी।

'बाबा, बोलो तो सही ...बा...बा...बो...लो...हुआ क्या...'

दो थप्पड़ मारने के बाद विजू सावंत अपनी जगह बैठ गए। एक सोफ़े पर उन्होंने अपनी दुनिया समेट ली। वह सोफ़े को और छोटा कर लेना चाहते थे।

'पंढरी...पंढरी कौन है?'

आई, मां नहीं, माफ़िया लग रही थी। उसके हाथ में गर्म लोहे की सलाख है, उसकी आंखों को देख लपलपाती हुई।

जवाब नहीं दिया, तो यह सलाख उसकी आंखों के पार हो जाएगी।

'मैं बताने वाली थी आप सबको...'

गाल ही नहीं, बाल भी, पप्पू का रोयां-रोयां पिट रहा था।

'मैं...उसके साथ...कुछ नहीं...की...आई...मत मार...बाबा...बोलो न इसको... आई...आई...बाबा...'

वह तब तक मारती रही, जब तक पप्पू के मुंह से आवाज़ आनी बंद न हो गई। वह ज़मीन पर पट पड़ी हुई थी।

पार्वतीबाई पसीना-पसीना थी। उसकी साड़ी फट गई थी। चूड़ियां फ़र्श पर बिखरी हुई थीं। हाथों में भयंकर जलन हो रही थी। पप्पू के कान से ख़ून रिस रहा था।

विजू सावंत अपनी जगह बैठे हुए थे।

सामने एक लाश पड़ी हुई थी। उस लाश की सांसें अभी चल रही थीं।

उस रात विजू सावंत देर तक रोते रहे और पार्वतीबाई ने इस बार उन्हें चुप भी नहीं कराया। वह भी रो रही थी।

विजू सावंत बार-बार कह रहे थे—मर जाने को दिल करता है पारो...

और वे दोनों मर जाना चाहते थे। पड़े-पड़े ही।

25

पप्पू ने एक सौ एक बार क़समें खाकर यक़ीन दिलाया कि वह ऐसा कोई काम नहीं करेगी, जिससे आई-बाबा का सिर नीचा हो। उसने ज्यादा वक़्त घर में ही रहना शुरू कर दिया। आई-बाबा ने उससे बात करना बंद कर दिया। वह दूसरी नंदू सावंत बन गई थी।

किसी को उसकी प्रेमकथा में दिलचस्पी नहीं थी। उसके भाई-बहनों में से किसी ने यह नहीं पूछा कि यह पंढरीनाथ दिखने में कैसा है? और तू उससे कितना प्यार करती है?

उसके बदन पर जगह-जगह नीले निशान पड़ गए थे। कोई उसे सेंक देने वाला भी नहीं था। जब नंदू सावंत को इतनी मार पड़ती थी, तो भले कोई और उसके पास जाए न जाए, पप्पू ज़रूर जाती थी। कभी-कभार गर्म पानी की बोतल लेकर उसकी सिंकाई कर देती थी। नंदू रोती थी, तो पप्पू उसके गालों से आंसू पोंछा करती थी, अपनी नन्ही कोमल उंगलियों से।

पप्पू की गाल पर आंसू हैं और नंदू सावंत की उंगलियां जाने कितनी दूर!

प्यार का कोई बदला नहीं होता। आंसू पोंछने के कर्म से उऋण नहीं हुआ जा सकता।

पप्पू कराहती और रोती है, पप्पू कराहती है और सोचती है, पप्पू कराहती है और सो जाती है। क्या वह क़ुर्बानी देगी? नंदू ने तो नहीं दी थी।

नंदू ने दी थी।

नहीं दी थी।

दी थी।

भगवान जाने। पप्पू सावंत रो रही है। रोने में कोई बात नहीं सूझती। आप कितना भी सोच लें। कुछ सूझता नहीं, तभी तो रोया जाता है।

उसे रोते-रोते दिन बीत गए। उधर, सुधा की शादी की तैयारी चल रही थी। पप्पू के सुनने में आया था कि आई-बाबा ने उसके लिए भी कहीं बात कर ली है, लेकिन उसे बताया नहीं गया। तो क्या सुधा की तरह उसे फोटो भी नहीं देखने दी जाएगी?

सुधा अच्छी बेटी है। वह पढ़ती है। आई-बाबा का कहना मानती है। नंदू ऐसी नहीं थी। पप्पू भी ऐसी नहीं है। तारा जाने कैसी होगी?

नंदू के पास डिंपा क़ी मां आती थी। पप्पू के पास कोई नहीं आता। कभी-कभार वहिणी आ जाती है, लेकिन सिर्फ़ उसे देखती है और मुंह बनाकर बाहर के कमरे में बैठ जाती है।

बड़ी बेटी भाग चुकी हो, तो छोटी बेटी के लिए मुश्किल बढ़ जाती है। पंढरी तक बात कैसे पहुंचाई जाए?

क्या ज़रूरत है? आई-बाबा ने ज़िंदगी भर वैसे ही कम परेशानी उठाई है क्या? याद नहीं है क्या? नंदू के समय बाबा को बस हार्ट अटैक नहीं हुआ था, वरना उनका चेहरा देखकर समझ सकते हैं कि हार्ट अटैक हो गया होगा।

पप्पू एक कमरे में रहती है। वह दीवारों से बात करती है। आईने को देख मुस्कराती है। पलंग को देख बिसूरती है। कपड़ों को देख तह करने बैठ जाती है। बाथरूम देख नहाने लगती है। एक कमरे से निकलती है, दूसरे में जाती है, दूसरे से तीसरे में और फिर पहले में लौट आती है। तीन कमरों वाले पिंजरे में मैना भटकती है।

बाहर से हंसने की आवाज़ें बढ़ने लगी हैं। वह हंसी सुनना चाहती है। बाहर जाना चाहती है। पहुंचती है, तो फिर अंदर जाने का इशारा होता है। सुधा की शादी को कुछ ही दिन बचे हैं। तब तक पप्पू को घर से बाहर नहीं जाने दिया जाएगा।

वह क़ैदी है। ए क्लास का क़ैदी। ग़लती की है। सज़ा मिल रही है। सामने जज बैठा है। जम्हाई ले रहा है। वकील बैठा है। उसे भी उबासी आ रही है। पीछे घर के

सारे लोग बैठे हैं। वे ऊंघ रहे हैं। वह कहती है योर ऑनर और एक लंबी उबासी लेती है। नींद और जाग, सपना और हक़ीक़त एक साथ चलते हैं, तो ऐसा ही होता है।

बाहर सुधा के होने वाले सास-ससुर आए हैं। कल बाज़ार जाना है। पप्पू की नींद टूट गई है। उससे तैयार रहने को कहा गया है। वह भी बाज़ार जाएगी।

वह बाज़ार जाएगी और मौक़ा देखते ही किसी गली में गुम हो जाएगी। वह अपना पर्स तैयार कर रही है। उस पर्स में पंढरी के दोस्त का फोन नंबर है। उसने कबाट तलाशा। तीन सौ रुपए पड़े हैं। अभी से पर्स में डाल लो। रात को मां इसी कमरे में सोने आती है। कुछ बात नहीं करती, पर सू-सू करने भी उठो, तो पीछे तक साथ आती है।

कल के बाद नहीं आएगी।

26

अगले दिन सावंत के परिवार ने सिर्फ़ ख़ुदकुशी नहीं की। नंदू सावंत, सुधा का भेस धरकर आई थी, और इस तरह गई कि कभी लौटकर न आएगी। जिस वक़्त वह घर आई थी, वहां कोई नहीं था–सिवाय राजू के। विजू पार्वतीबाई, पप्पू और तारा को लेकर अपने समधी-समधिन के साथ ठाणे गए थे–शादी के लिए सामान ख़रीदने। घर में सुधा और राजू को छोड़ गए थे।

शाम को जब लौटकर आए, तो राजू के हाथ में एक काग़ज़ पड़ा हुआ था।

उसने कहा–'सुधा ताई देकर गई यह।'

'कहां गई?'

'मालूम नहीं। लेकिन उसने शादी कर ली है?'

'शादी?'

पार्वतीबाई की चीख़ से कैलाश पर बैठे शिव की आंखें खुल गईं, शेषनाग हड़बड़ा गया और ब्रह्मा लिखना छोड़कर उस कॉलोनी को देखने लगे।

विजू सावंत ने वह काग़ज़ झपटा। मैरिज़ सर्टिफिकेट की कॉपी थी।

राजू बोल रहा था, 'ऑटो से आई थी, बैठी भी नहीं। पेपर दिया और निकल गई। मैंने पूछा, तो बोली, पेपर में सब कुछ लिखा है। उसका पता भी लिखा है। उसके आदमी का नाम भी।'

'तूने रोका क्यों नहीं?'

'मेर्को कुछ समझा ही नहीं, क्या करूं!...और वो बात भी नहीं कर रही थी...उसके गले में मंगलसूत्र था...तुम लोगों के जाने के बाद आधे घंटे में वह भी निकली, बोली

अभी दस मिनट में आती हूं...सीधा चार घंटे बाद लौटी और ये देकर गई...मैंने रोका...ऑटो में वह भी बैठा था...'

विजय क्रिकेट खेलने वाला...

कोई फावड़ा लेकर विजू का दिल खोद रहा था। पहले से बना हुआ कुआं और गहरा लगने लगा था। उसमें से बाल्टियों के टकराने और पानी के छलक जाने की आवाज़ें आ रही थीं। उसमें से भर्र-भर्र लहू बह रहा था। जो ख़ून निकला, उसमें पूरा घर डूब गया। पार्वतीबाई की ज़ुबान पर नंदू से दोगुना वज़न रख गई थी सुधा शेंबड़ी। अगर सिर्फ़ दिमाग़ को लक़वा होता हो, तो पार्वतीबाई उसी स्थिति में थी।

विजू सावंत धप्प से बैठ गए थे। साथ में समधी-समधिन भी थे। उन्हें समझ में नहीं आया कि यहां रुका जाए या चुपचाप चले जाया जाए; इनके कंधे पर हाथ रखे जाएं या तबीयत से झगड़ा जाए; इनके सामने प्रार्थना गाई जाए या गालियां; खड़े रहा जाए या बैठ जाया जाए...

राजू सावंत बालकनी के पास खड़ा था। पप्पू सावंत के मन में कोई पुराना गाना अटक गया था और वह गले पर ऐसे हाथ फिरा रही थी, जैसे उसे दबा देना चाहती हो, 'मेघे ढाका तारा' की हिरोइन की तरह...

तारा सावंत किचन में गई और सबके लिए ट्रे में पानी रख ले आई।

किसी को पानी नहीं पीना था। वह वहीं पड़ा-पड़ा सूखता रहा।

वे सब चुप थे। बाहर अंधेरा हो गया था। अंदर किसी को लाइट जलाने का होश न था। वे बैठे रहे—निश्शब्द।

सुधा सावंत जाते-जाते सबको 'स्टैच्यू' बोल गई थी।

आधा घंटा, एक घंटा, एक दिन, दस दिन, एक साल, दस साल, सौ साल...

वे वहां सदियों तक बैठे रहे—कई सदियों तक। उन पर धूल की मोटी परत जम गई। मकड़ियों ने उन पर जाले बना दिए। चींटियां उन पर रेंग रही थीं और टेबल पर रखे पानी में मच्छरों ने अंडे दे दिए थे। कुछ चूहे उनके ऊपर से दौड़ जाते, कोई सामान गिरा देते; लेकिन कोई शब्द नहीं गूंजता। एक बूढ़ी ख़ामोशी हवा में उड़ते हुए बिसूर रही थी। उस अंधकार में कुछ नहीं दिख रहा था।

खिड़की से थोड़ी रोशनी आती, लेकिन उनका अंधेरा एक-दो बार, फुटकर, सूरज उगने से ख़त्म होने वाला नहीं था।

(2006)

सौ किलो का सांप

1

इस कॉलोनी की दो आंखों की दो पुतलियों में दो तस्वीरें हमेशा ज़िंदा रहेंगी–एक सांपों के मरने की, दूसरी बंडू काका के हंसने की। कॉलोनी में बहुत पहले से रहने वाले लोगों को याद है कि शुरुआती दिनों में कैसे सांपों की घिग्घी बंध जाती थी। अगर आप झाड़ियों के पास से गुज़र रहे हों, सरसराहट की आवाज़ आने पर लगे कि आसपास कोई सांप होगा, तो सिर्फ़ इतना कह दीजिए–बुलाऊं क्या बंडू काका को, बस, सांप को सांप सूंघ जाएगा। सरसराहट की जगह सन्नाटा सरक आएगा। कई लोगों ने तो अपनी आंखों से बदहवास सांप को भागते देखा है–बंडू काका के नाम के ख़ौफ़ से। ऐसा था उसका नाम।

बंडू काका सांप पकड़ने वाला कॉलोनी का सबसे लोकप्रिय और रहस्यमय व्यक्तित्व वाला इनसान था। लोगों में समय काटने के लिए जिन तीन मुद्दों पर सबसे ज़्यादा बात होती थीं, उनमें पहले नंबर पर होती थी कॉलोनी की लड़कियों की छाती-फोड़ जवानी (जिनकी बड़ी होती लड़कियां थीं, वे ऐसी चर्चाओं से वॉकआउट कर जाया करते थे), दूसरी, लड़कियों का झोंटा पकड़कर उनके सिर पर आ बैठे भूत को पटक-पटक रुलाने वाली पहाड़िन आंटी, जो अपने माथे पर आंखों से भी बड़ी बिंदी लगाती थीं और तीसरी, बंडू काका सांप पकड़ने वाले की, जो छड़ी से सांपों को बांध देता था, उनके मुंह से ख़ून गिरा देता था और उन्हें उनकी दुम पर खड़ा कर देता था।

बंडू काका हर जगह नहीं पाया जाता था। घर पर खोजना तो उसकी इंसलेट होती थी। वह कहता था कि व्यस्त और कामकाजी लोग घर पर नहीं मिला करते। लोग कहते थे कि उसे ऊपर वाले ने इस धरती के लोगों को सांपों से बचाने के लिए भेजा है। कांबा में भट्ठी चलाने वाला तुकोबा दारू वाला कहता था कि उसको ऊपर वाले ने मेरी फुल टंकी ख़ाली करने के वास्ते भेजा है। कुछ कर्मचारीनुमा लोग, जो आपसी बातचीत में हमेशा कंपनी के बढ़ते ख़र्चों पर चिंता जताते थे, कहते कि ऊपर वाले

ने उसे कंपनी का माल मुफ़्त में मारने के लिए भेजा है। स्पष्ट है, बंडू काका को ऊपर वाले ने अलग-अलग मक़सदों से भेजा था और वह इस धरती पर अपनी बहुमुखी भूमिका निभा भी रहा था बाक़ायदा।

हल्ला किसी भी वक़्त हो सकता था। सांपों के कलाई नहीं होती और उस पर कोई घड़ी भी नहीं होती, सो वे बिना समय देखे कहीं भी प्रकट हो जाते थे। जिसके सामने होते, उसकी फटकर गुफा हो जाती थी। ऐसी अ-प्रागैतिहासिक गुफाओं से जो आवाज़ निकलती थी, वह भाषा में बंडू काका का नाम होती थी। उस वक़्त वह कहीं भी हो; भले जिमी कार्टर या रोनाल्ड रीगन के साथ 'इंडो-यूएस संयुक्त सर्प-उन्मूलन कार्यक्रम' की अध्यक्षता कर रहा हो या ज़ीनत अमान के बूब्स के साथ फुटबॉल खेल रहा हो, जाने कैसे उस जगह तुरंत हाज़िर हो जाता। वह अपने साथ कोई छड़ी लेकर नहीं चलता था, आसपास से कोई डंठल उठा लेता। जाने कैसे अंदाज़ा लगा लेता कि इस डंठल के कान कहां होंगे और उसमें कुछ फुसफुसाता। डंठल भी उसकी बात समझ जाता और ज़मीन पर पड़ा आराम फ़रमाने का स्वांग करने लगता। सांप जो किसी कनस्तर, बोरी या झाड़ी के पीछे छिप अपने एकमात्र देव शिवशंभो को याद कर रहा होता, दो-तीन मिनट में पालतू कुत्ते में बदल जाता। आकर उस डंठल को सूंघता। उसके बाद सांप का काम तमाम। किसी लाठी-गोजी से नहीं। अपने आप। सूंघते ही सांप उछलता। फिर गिर पड़ता। उसके बाद थोड़ा-सा रेंगता। थोड़ा-सा घिसटता। और पड़ जाता। एक्शन फिल्मों के खलनायक की तरह मर जाने के बाद भी चौंकाने वाला एक झटका खाता। लोगों को अपनी आख़िरी सांस से डराता। फिर खेल ख़त्म। बंडू काका के चेहरे पर एक हंसी थरथराती। हवा में सांप की लाश लहराती। ज़मीन पर पटक दी जाती। और फिर बंडू काका ज़ोर से हंसता। उसकी आवाज़ आसपास की तमाम झाड़ियों में घुस जाती। ऊंचा सुनने वाले सांप भी हदसकर अपनी झाड़ियों में खो जाते। नागिनें अपने बच्चों को समझातीं—बाहर मत निकलो, वहां बंडू काका सांप पकड़ने वाला खड़ा है। संपोले अपनी मां के पेट से चिपक जाते और बेआवाज़ रोते। फुफकार सिसकियों में बदल जाती। दहशतज़दा लोगों की आंखों में दो तस्वीरें बन जातीं—एक सांप के तड़पने की, दूसरी बंडू काका के हंसने की। इन दोनों तस्वीरों को कोई भुला नहीं सकता।

बंडू काका के बारे में कोई ज़्यादा जानता नहीं था। वह किसी से ज़्यादा बात भी नहीं करता था। उसके घर-परिवार के बारे में, उसके फ़न के बारे में, उसके शरीर के बारे में,

उसके लीवर की ताज़ा हालत के बारे में लोग ही बताते थे। ये वे लोग थे, जो अभी-अभी बंडू काका से मिलकर आए हैं और उनका सौभाग्य है कि बंडू काका ने उनसे थोड़ी देर बात की है। बंडू के हुनर को कई लोग सीखना चाहते थे, बंडू जैसा कई लोग हंसना चाहते थे, बंडू जैसे डंठलों की पहचान और उनके कानों की खोज कई लोग करना चाहते थे, लेकिन कुछ चीज़ें ईश्वर की देन होती हैं और उन्हें ठीक-ठीक वैसा ही पाना असंभव होता है; अद्वितीय मसीहियत और बेपनाह क्रूरता भी ईश्वर की ही देन होती हैं; हर इंसान इनके लायक़ नहीं होता; यह भी जनवाणी का हिस्सा थी।

जब पहली बार बंडू काका इस कॉलोनी में आया था, तब उसकी उम्र बीस साल थी और शायद तब उसे काका नहीं कहा जाता था। उस वक़्त देश की सारी जेलें अपनी क्षमता से तीन गुना भरी हुई थीं। एक प्रधानमंत्री के बेटे के पैर घोड़ों के खुरों में तब्दील हो गए थे और वह ऊंचे-खाले हर जगह को तबीयत से रौंद रहा था। रात के समय फड़कने वाली लोगों की एक ख़ास क़िस्म की नस को बंद करने के व्यापक कार्यक्रम चल रहे थे और देश के विकास के लिए बच्चों को इस दुनिया के दरवाज़े से ही लौटा दिया जा रहा था। यह कॉलोनी उस वक़्त बनी ही बनी थी। ले-देकर आठ-दस परिवार रह रहे थे। इसके बनने के समय ही अफ़सरान को आसपास के गांव वालों ने दो चीज़ों के बारे में बता दिया था–भूत और सांप। लोगों की सुनाई कहानियों को माना जाए, तो सांप ऐसे कि दस-दस कोस दौड़ाकर काटें। अफ़सरों को भूतों वाली बात पर यक़ीन नहीं हुआ, पर सांपों से उनका आए दिन पाला पड़ता रहा। वह काम का दौर था और सांप काम में बाधा की तरह आते थे। आदि काल से आधुनिक काल तक अफ़सरों को बाधाओं से लड़ने में एक ख़ास क़िस्म का मज़ा आता है और काम में रोड़ा अटकाने वाले सांपों को या अपनी ज़मीन छिन जाने का विरोध करने वाले सांपों को या यूं ही मौज में इंसान नाम के बेबस जीव को हड़काने वाले सांपों को उन मज़दूरों द्वारा मार दिया जाता था, जो डेढ़ रुपए बेगार पर वहां तगारी ढोते थे। उन्हें सांप मारने का कोई पारितोषिक नहीं मिलता था, पर खलनायक को ख़त्म करने वाले नायकत्व का संतोष ज़रूर मिलता था।

कॉलोनी बन जाने, उसके चारों ओर बाउंड्री खड़ी हो जाने के बाद भी सांपों का वहां आना कोई कम नहीं हुआ, तो ऐसे में बंडू नागमोड़े नाम के एक नौजवान का दृश्य में प्रवेश हुआ। बंडू नागमोड़े पास के ही कांबा गांव में रहता था। उसने कोई सांप नहीं पाल रखा था, न उसके पास कोई पिटारी थी, जिसे वह लोगों के सामने खोल दे और पैसे मार ले। वह जाति से संपेरा था या नहीं, किसी को नहीं पता। इल्म से ज़रूर था। इल्म उसे विरसे में मिला था।

उसका बाप सावत्या नागमोड़े नामी सांप पकड़ने वाला था। ग़ज़ब का क़लाबाज़ था। सूंघकर बता देता था कि किस घर में सांप निकलेगा। इस इल्म में बाद के दिनों का नामी बंडू उसके सामने कहीं नहीं लगता था। इधर वह दूब की पत्तियां आपस में बांधता, उधर दस फीट दूर सांप का दम घुट रहा होता। सांप काटे पर वह सफ़ेद मुर्ग़ी की चोंच रख देता। मुर्ग़ी नीली पड़ती रहती, सांप का शिकार सांस लेने लगता। मुर्ग़ी चित पड़ जाती, शिकार उठकर कपड़े झाड़ने लगता। मुर्ग़ी को उसी जगह पर गड्ढा खोदकर गाड़ दिया जाता और ज़िंदा हो उठे शिकार की कलाई पर दूब बांध दी जाती। सावत्या नागमोड़े कहता था कि जब तक तेरे शरीर में इस दूब की बास रहेगी, कोई सांप तेरी ओर आंख भी उठाकर नहीं देखेगा।

एक रात सावत्या सांप के काटने से मारा गया। पत्नी और बच्चे घर के भीतर थे। वह बाहर सो रहा था। रात को पेशाब लगी। आधी नींद में ही वह पलंग से नीचे उतरा। पैरों के नीचे कुछ गीला-सा लगा। अगले ही पल टखनों के पास कुछ चुभा। सावत्या की चीख़ उसके गले से गाली की आवाज़ में निकली। किसी गंध से उसके नथुने फड़फड़ा गए। उसने आंखें बंद कीं और कुछ बुदबुदाना चाहा, लेकिन शब्द खो गए। उसने कमरे का दरवाज़ा खटखटाया। कोई आवाज़ नहीं हुई। उसने बंडू की मां के नाम कुछ गालियां जोड़ीं। बदले में कोई आवाज़ नहीं आई। उसे अलमारी में रखा हुआ एक पत्थर चाहिए था, जो ख़तरनाक सांपों के काटे पर काम आता था। उसे दड़बे में बंद एक मुर्ग़ी चाहिए थी, जिसकी चोंच को वह अपने टखने पर रखता। उसे एक मंत्र के कुछ शब्द चाहिए थे, जिन्हें वह कभी नहीं भूला था। उसे अपने बेटे की आवाज़ चाहिए थी, उसे पानी का एक घूंट चाहिए था, उसे इस वक़्त अपनी बची हुई उम्र चाहिए थी। दरवाज़ा नहीं खुला और अंदर सो रहे प्राणी जब जागे, तो उम्र भर अपनी अपराधी नींद को माफ़ नहीं कर पाए। अगली सुबह सावत्या नागमोड़े दरवाज़े पर टिका पाया गया। उसके टखने पर सांप की मुहर थी, उसकी आंखों में ज़हर का नील था, उसके मुंह पर बेसब्र झाग सूख रहा था। उसके हाथ मुड़ गए थे, जैसे लक़वा मारने पर हो जाते हैं।

बंडू नागमोड़े अपनी तमाम उम्र उस सांप को खोजता रहा, जो उस रात उसके बाप की पलंग के पास बैठे रहने के लिए इस धरती पर आया था। उसे वह सांप कभी नहीं मिला। वह जिस सांप को मारता, एक बार उसकी डेडबॉडी को ज़रूर सूंघता। उसे वह बास कभी नहीं मिली। कांबा के विद्वानों ने कहा, वह तक्षक था, जो तमाम सुरक्षा के बाद भी परीक्षित के बेड के नीचे पहुंच सकता था।

2

बाप के मरने के कुछ साल पहले ही बंडू ने उससे सांपों का गला पकड़ने का हुनर सीखना शुरू किया था। बंडू के पास पढ़ाई नाम की चीज़ नहीं थी। उसका बाप चाहता था कि वह पढ़-लिखकर कलेक्टर भले न बने, लेकिन कलेक्टर के ऑफ़िस का दरबान ज़रूर बन जाए। पर बंडू किसी की दरबानी भला क्यों करने लगा? वह बाप की हर बात अपनी छोटी-सी जूजी पर रखता था, जिसे देखने में उसे पेशाब करते समय के अलावा भी कई बार मज़ा आता था। उसकी उम्र तब दस साल भी नहीं थी, जब वह मोबिल ऑयल के डब्बे में पानी भरकर ऊपर पहाड़ी की ओर संडास करने जाती चिंगू पगारे की मां के पीछे-पीछे लग लिया था; जब चिंगू पगारे की मां ने उससे पूछा–क्यों रे! तू डब्बा कायकू नई लाया, तो वह भाग लिया था। यक़ीनन, डब्बा लाने नहीं।

एक बार जोशी ताई के आने से पहले ही उसने बोर्ड पर दिल और उसमें बेरहमी से घुसेड़ा गया तीर बनाकर बहुत उत्तेजित महसूस किया था और जब जोशी ताई ने गीले डंडे से उसकी चूतड़ पर चटाचट जमाए थे तब बहुत अपमानित।

वह कई दिनों तक एक डंडा गीला करता रहा, जोशी ताई के उसी जगह जमाने को। और एक दिन जब क्लास छूटने के बाद जोशी ताई पहाड़ी की बाईं ओर वाले रास्ते से म्हारलगांव में अपने घर जा रही थी, तो चोर क़दमों से उसके पीछे गया और चटाक्। जोशी ताई के शरीर में जहां कहीं प्राण रहते थे, दो मिनट को निकले, और फिर उसके शरीर में वहीं समा गए, जहां वे रहा करते थे। इस बीच उसके प्राण ने एक काम कर दिया था–पूरे कांबा में कान फाड़ देने वाली एक चीख़ गूंजी, जो बादलों के टकराने की आवाज़ से ज़्यादा कर्कश थी। लोगों को लगा कि भयंकर बरसात होने वाली है, पर वैसा कुछ नहीं हुआ। बंडू को अगली सुबह स्कूल जाने में थोड़ा डर ज़रूर लगा था, पर जोशी ताई नहीं आई थी। उसने अपने डंडे को शाबाशी दी।

पांच दिन बाद जोशी ताई अपने मरद के साथ उसके दरवाज़े पर थी और सावत्या नागमोड़े, जो ख़तरनाक सांपों को हुमचकर टें बुलवा देता था, जोशी ताई के मरद की गालियां सुनता रहा और बंडू के चूतड़, जो धूल में बैठ-बैठकर बहुत काले हो गए थे, उन्हें लाल करता रहा। बाद के दिनों में बंडू मानने लगा था कि उसके शरीर का सबसे मज़बूत हिस्सा चूतड़ ही थी, जो बचपन में इतनी बार चटाचट हुई कि चट्टान बन गई। इसीलिए उसकी कभी नहीं फटती।

उसके स्कूल छूटने में ऐसी लीलाओं का बड़ा हाथ रहा, जबकि वह ख़ुद लीला नाम की किसी लड़की के प्रेम में पड़ जाना चाहता था, जो कभी अस्तित्व में नहीं रही। यही वे दिन थे, जब पहली बार उसके बाप ने उसके गले में एक ज़िंदा सांप

डाल दिया था। बंडू ने चड्ढी में ही पेशाब कर दिया था। उसकी आंखें तब वैसी ही हो गई थीं, जैसी हम लोग बचपन से एक चित्र में काली माता की आंखों के रूप में देखते आए हैं।

उसके बाद उसे सांपों से दोस्ती करना और फिर दोस्ती का गला घोंट देने का साहस दिया गया। उसमें यह भाव जगाया गया कि सांप मनुष्य-मात्र के शत्रु होते हैं, जिन्हें मित्र की शक्ल दे दी जाती है। यह भी कि सांप ही सारी बुराइयों का प्रतीक हैं और प्रतीकात्मक रूप से बुराइयों को नष्ट करना बंडू की परंपरा है। वह कभी बाप से कुछ पूछता नहीं था। बाप ही हमेशा उसका गाल पकड़-पकड़कर, चिकोटियां काट-काटकर उसे बताया करता कि कौन-सा मंत्र कब पढ़ना है और कब छू से फेंक देना है। उसी ने बताया था कि डंठलों के कान कहां होते हैं और कौन-सी भाषा में कहा जाए, तो वे आपकी बात सुन लेते हैं। जोशी ताई के दिए सवालों के जवाब उसे कभी याद नहीं हुए, पर बाप ने चिकोटियां काट-काटकर उसे जो मंत्र सिखाए थे, उसकी ज़बान पर चढ़ गए थे।

बाप के मरने के कुछ दिन पहले ही उसने प्रैक्टिकल किया था। पहली बार सांप को मारा था। तरीक़ा वही था। कांबा में सांप ने एक बालक का ख़ून चख लिया था। सावत्या नागमोड़े कई दिनों से ऐसे मौक़े का इंतज़ार कर रहा था। वह पीछे खड़ा था। बंडू नागमोड़े को आज साबित करना था कि उसके बाप की चिकोटियों में कितना दम है। बालक सामने पड़ा था। बंडू के हाथ में सफ़ेद मुर्ग़ी थी। उसके होंठों पर मंत्र था। मुर्ग़ी के होंठ घाव पर थे। बालक के होंठ फड़क रहे थे। सावत्या के होंठ उसके दांतों के नीचे थे। स्कूल में हर साल फेल होने वाला बंडू नागमोड़े इस इम्तिहान में सबसे ज़्यादा अंकों के साथ पास हुआ था। बालक का शरीर खुल रहा था। मुर्ग़ी तड़प रही थी। सांप के दांतों से जो छेद बना था, मुर्ग़ी की जान उसमें घुसी और उस बालक के शरीर में ऐसी जगह जाकर स्थापित हो गई कि लोगों में प्रसन्नता ने दौड़ लगा दी। बाप ने आशीष दिया–एक दिन तू मेर्से भी आगे जाएगा, बंडू!

जीवन देने वाला अवतारी ही तो होता है, जीवन लेने वाला भी।

बस, उसके बाद सावत्या नागमोड़े निश्चिंत हो गया, उसी तरह जैसे बेटी की शादी करने के बाद बाप, जैसे बेटे को नौकरी पर लगा देने के बाद बाप, जैसे अपनी अर्थी अपने बेटे के कांधे पर टिका देखता बाप...

और जो बाप निश्चिंत हो गया हो, उसके ज़्यादा जीने से क्या फ़र्क़ पड़ता है।

यही सोचकर सावत्या नागमोड़े ने सांप के दांतों को अपना जीवन दे दिया। यह उसकी इच्छा-मृत्यु थी। वरना जीवन भर तो वह सांपों को पेलता आया। मौत की रात भी तो एक दरेरा मार सकता था...

मरे हुए बाप को बंडू ने जिए हुए बाप का आशीष माना और जीवन के उन सारे मक़सदों पर निकल गया, जिसे सिर्फ़ उसके लिए ही लिखा गया था।

बंडू नागमोड़े जब कॉलोनी में आया था, तो उस वक़्त वे लोग नहीं थे, जो इन दिनों हैं। इन दिनों बंडू आदत है। उन दिनों वह एक खोज था। एक महान खोज। डिस्कवरी ऑफ़ बंडू। उसकी चप्पलें घिसी हुई थीं। शर्ट फटी हुई थी। बालों में मिट्‌टी थी। आंखों में ख़ौफ़ था और ख़ौफज़दा कर देने वाली सूरमाई भी। इसका सुरमे से कोई लेना-देना नहीं होता। आंख दो होती हैं और एक साथ दो भावों को लेकर चलना साधारण पुरुषों के बस का नहीं।

यह ख़ुद बंडू सावत्या नागमोड़े को भी नहीं याद कि ठीक-ठीक किस दृश्य से उसने कॉलोनी के थ्री-एक्ट फुल लेंग्थ में एंट्री मारी थी। वह दो-तीन क़िस्से बताता, लेकिन उन सारे क़िस्सों में वही चमक होती, जो सांप की आंख में होती है। उस पहले एनकाउंटर में उसने सांप की आंख ही फोड़ी थी, क्योंकि जिसके बच्चे को सांप ने काटा था, उस औरत ने कहा था कि वह अपना फन ऊपर कर पांच मिनट तक बच्चे को घूरता रहा था। उस सांप ने काले कौए की तरह दो-तीन बार सिर घुमाकर मौत की बुत बन गई उस औरत को देखा था। जिसको सांप देखता है, उसी को पता होता है कि उसके देखने में एक साथ कई हुक्म छिपे होते हैं। उन्हीं की तामील में पूरी तरह स्थिर, लगभग खड़े-खड़े बेहोश हो जाना भी शामिल होता है। उस औरत के मुताबिक़, उसके छह साल के बच्चे का कोई क़सूर नहीं था और जब संविधानों को अपनी सुविधा से मानने वाली सरकारें भी बच्चों को क़सूरवार नहीं ठहरा सकतीं, तो भला सांप ने कैसे ठहरा दिया? जब सांप अपनी पूरी शान के साथ बल खाता लौटा जा रहा था, तब उस औरत के शरीर में जान आई थी। बस, यहीं कहीं बंडू काका को एंट्री मारनी थी। और एक मंजे हुए कलाकार की तरह बंडू काका, जैसे डब्ल्यूडब्ल्यूई में तमाम पहलवान दौड़ते हुए रिंग में चढ़ते हैं, वैसे ही दौड़ता हुआ आया। इतनी-सी देर में उस औरत के फटे हुए बुक्के ने नई-नई बनी कॉलोनी की चूलों को, जो अपनी जगह से न हिलने के लिए जानी जाती हैं, हिला दिया। इफ़रात लोग जमा हो गए। और भले इस वक़्त शब्दों के साथ रुई जैसा बर्ताव कर इस घटना को लिखा जा रहा हो, उस वक़्त तो भय, चिल्लाहट और रुदन (यानी गुणानुसार क्रमशः बच्चे, वयस्क पुरुष और महिलाएं) का डेरा लग गया था।

वह औरत उस ओर इशारा कर रही थी, जिस ओर सांप फरफराया था।

बंडू काका उस बच्चे की नस देख रहा था। लोग एक-दूसरे को धकियाकर लाश बनने की जद्दोजहद करती उस बाल-देह को देख लेना चाहते थे। अचानक बंडू काका

अपनी जगह से उठा। एक बार उसने चारों ओर देखा। उसने एक गगनभेदी गाली से भीड़ को संबोधित किया और बग़ल हटने का हुक्म दिया।

बंडू ने अपने बालों में और मिट्टी डाल ली। उससे पहले थोड़ी मिट्टी उछालकर हवा का अभिषेक किया। उससे भी पहले थोड़ी मिट्टी से उस दिशा का अभिषेक, जिस ओर को सांप गया बताया गया था।

अगर थोड़ी देर भी वह और यही करता, तो लोग उसे यक़ीनन पीट देते। पर यह सब इस स्पीड से हुआ कि चौंकने के सिवा और कुछ करने का मन नहीं करता।

फिर बंडू ने उस बच्चे के चारों ओर की मिट्टी में अपनी तर्जनी से एक घेरा बनाया। उसने एक ओर को एक और घेरा बनाया और कहा, टेंशन नहीं लो। कोई भी चिल्लाएगा नहीं और न ही इस लाइन के बाहर आएगा। (अगर चरित-मानस लिखा जाता, तो उस घेरे को बंडेश्वर-रेखा के नाम से जाना जाता।)

किसी के पास मुर्ग़ी है?

उसने चिल्लाकर दो बार पूछा।

कॉलोनी के अंदर किदर से मुर्गी आएंगी?

बंडू ने आंखें बंद कीं। उससे पहले उसने अपनी शर्ट उतार दी। उससे पहले उसने पानी का लोटा मंगाया था। उससे पहले अपने मुंह से थोड़ी-सी हवा अपनी मुट्ठी में बंद की थी और उस बच्चे के मुंह पर तैर रही हवा में छोड़ दी थी। हवा, हवा से मिल गई थी।

वह उछलकर पांच फीट दूर से डंठल ले आया। उसके कान किसी को न दिखते थे। बंडू को दिखते थे। उसमें उसने अपनी फुसफुसाहट भरी। उससे पहले उसमें पानी की तीन बूंदें भरीं। उससे पहले उसने अचरज से अपनी ओर देखते लोगों को उस आंख से देखा, जिसमें वह ख़ौफ़ज़दा कर देने वाले सूरमाई भाव, जिसका सुरमई होने से कोई लेना-देना नहीं, को संचित करके रखता था। ऐसे ही मौक़ों के लिए।

डंठल उसकी बात सुन रहा था। डंठल ने अपनी भाषा में उससे कुछ कहा, जो ज़ाहिर है, किसी के पल्ले नहीं पड़ा। डंठल ने आगे बढ़कर बच्चे के होंठ छुए। फिर पीछे लौटकर बंडू को। फिर आगे बढ़कर बच्चे के पैरों की उस जगह को चूमा, जहां सांप किसी कच्चे अपराधी की तरह अपना सबूत छोड़ गया था, जो अमूमन क़ानून को बहुत चिढ़ाता है। लौटकर उसने फिर बंडू की वह दूसरी आंख चूमी, जिसमें ख़ौफ़ रहा करता था।

बंडू एक जगह बैठा हुआ था। डंठल सक्रिय भूमिका निभा रहा था। डंठल को अपने डोल के लिए माध्यम चाहिए था। (वैज्ञानिक क़िस्म के लोगों को बता दिया जाए) माध्यम बंडू का हाथ था।

-थोड़ी देर बाद डंठल ज़मीन पर पड़ा था। लोगों को लगा कि डंठल मर गया। बच्चा निश्चेष्ट था। लोगों को लगा कि वह भी मर गया। उसकी मां की चीख़ जारी थी। लोग एक अजनबी को एक अजनबी वाली निगाह से ही देख रहे थे। कोई उसे भगा देना चाहता था, कोई डॉक्टर लेने के लिए पीछे से ही दौड़ा।

डंठल ज़मीन पर पड़ा था। आंखें बंद किए। बंडू भी। बच्चा भी। मुश्किल से दो मिनट गुज़रा होगा, भीड़ में से किसी ने उस ओर देखा, जिस ओर सांप फरफराया था।

वह एक परास्त योद्धा की तरह लौट रहा था, जैसे उसे पता चल गया हो, उसके लिए गैलो तैयार है डीकैपिटेशन के लिए। लोहे का बड़ा-सा ब्लेड गिरेगा। शरीर का विभाजन हो जाएगा। इधर की कोशिकाएं इधर, उधर की उधर। जैसे देशों का विभाजन हुआ करता है।

लोगों में बोली दौड़ गई। जैसे अभी-अभी भाषा का आविष्कार हुआ हो। सांप फिर आ रहा था। धीरे-धीरे। जैसे कोई उसे खींच रहा हो।

मारो उसको।

डंडा ले के आ, डंडा ले के आ।

बंडू की फिर वही आंख ऊपर उठी।

बंडू एक आंख से डंठल, एक आंख से सांप को देख रहा था। वह एक कान से बढ़ती हुई फुफकार की आवाज़ और दूसरे कान से बंद होती धड़कन सुन रहा था। वह एक हाथ से ज़मीन पर कुछ बना रहा था, दूसरे हाथ से अपने कान की लौ को थामे हुए था।

सांप, सांप नहीं था, कारेल चापेक के नाटक से आया रोबो था। सरकते आने के लिए प्रोग्राम्ड। मौत के लिए डेस्टाइंड।

वह आगे बढ़ रहा था। सांप की आंखों में चमक थी। दृढ़ता थी। पूरी दुनिया के प्रति नफ़रत थी।

वह अभी उछलेगा और सबको चीर देगा।

वह बिल्कुल बंडू के चेहरे के सामने आ खड़ा हुआ। उसका फन ऊपर उठा। यह कॉलोनी के भीतर पहला मुक़ाबला था। सांप के फन और बंडू के फ़न में। दोनों के बीच सिर्फ़ एक नुक्ते का फ़र्क़ था।

सांप कुछ कहना चाहता था, बंडू की उस आंख ने उसे देखा, जिसने अभी थोड़ी देर पहले सबको देखा था।

सांप कांप गया।

डंठल उठा। सांप के फन के पास गया।

फन लहराने लगा। पीछे की ओर होने लगा। एक झटकेसे आगे की ओर झपटा।

उस तरफ़ लोगों की चीख़ ने फिर हवा को संस्कारित किया।

बंडू एक गज़ पीछे हुआ। और सांप से ज़्यादा तेज़ी से उसका हाथ आगे हुआ। डंठल उसके फन पर लगा। सांप झूमता हुआ धरा पर आया। बंडू ने सर्र से पानी उस पर छिड़का। सांप फिर खड़ा हुआ। इस बार अपनी गर्दन पर नहीं, उससे भी ऊपर, उससे भी ऊपर। अब वह अपनी दुम पर खड़ा था।

डंठल को फिर हुक्म हुआ।

सांप की आंख से लहू टपका। डंठल का एक सिरा भीग गया। (डंठलाभिषेक)

वह सिरा बच्चे के पैर की तरफ़ बढ़ा। ख़ून की बूंद बच्चे के पैर से चिपक गई।

बंडू बुदबुदाता रहा। सांप तड़पता रहा।

यह आधे घंटे की फिल्म थी, जिसे कॉलोनी के उन पचास लोगों ने देखा, जो धीरे-धीरे कर इतने ज़्यादा हो गए थे। उनके साथ-साथ कॉलोनी के ऊपर छाए बादलों के पीछे बैठे देवताओं ने भी देखा। बादलों के पीछे जो और बादल थे, उसके पीछे से अंतःपुर की देवियों ने भी देखा। वे मंद-मंद मुस्करा रही थीं और इस मुस्कान में बहुत सुंदर जान पड़ती थीं। उनके यहां मौसम बहुत अच्छा था।

बच्चा बां से रो दिया। फिर सुबकने लगा।

बादलों से फूलों की बारिश होने लगी।

बस इस घटना के बाद से बंडू काका का सिक्का कॉलोनी में चल गया। उसके एक ओर सांप अंकित होता, दूसरी ओर बंडू काका। छोटे-से अक्षरों में भारत और इंडिया और कॉलोनी लिखा होता, तो दूसरी ओर सन्। चूंकि कॉलोनी में सांप आते ही रहते थे और बंडू को भी एक नौकरी की ज़रूरत थी, दोनों ने एक-दूसरे को स्वीकार कर लिया।

3

अपना टीन-टप्पर और अटाला लेकर कॉलोनी में घुसने से पहले बंडू ने अपने बाप को खो दिया था। वह चटाई, जिस पर वह रात को अपनी पीठ की अकड़ को ढीला किया करता था और जिसे उसकी मां ने मंगलवार के बाज़ार से ख़रीदा था और जिस पर लेटकर पहली बार उसने एक स्त्री की देह को तपते हुए पहाड़ की तरह महसूस किया था, और जिसे देखकर उसके दिल में नाग-संगीत की धुन हिलोरें लेने लगती थी, उसे भी वह वहीं छोड़ आया था—अपनी मां की अर्थी में लपेटकर। शादी के कुछ ही दिनों बाद उसे वह अर्थी तैयार करनी पड़ी थी।

सखूबाई नागमोड़े उसकी ज़िंदगी में कुछ इस तरह आई थी कि उसे मर्मों का पता चल सके। वह ख़ुद एक आवारा सांप था, जिसके गुणों पर सांड़ शर्माया करते थे। उन रातों ने उसके शरीर पर कम, उसके दिमाग़ को ज़्यादा तीखा बनाया था, जिन रातों में उसकी सांसें धौंकनी की तरह चलती थीं और शरीर पर दो-चार सौ डिग्री का बुख़ार-सा लगता था। इस बुख़ार के लिए वह कांबा और म्हारल के टीन लगे झोंपड़ों में देर-देर रात तक पड़ा रहता, पर आया वह उसी चटाई पर, जिसे उसकी मां ने एक मंगलवार बाज़ार से ख़रीदा था और कभी यह सोचा भी न था कि इसके अवगुणों में एक बुख़ार लाना भी होगा।

सावत्या नागमोड़े जब पूरी दुनिया को अनाथ छोड़ सुपुर्दे-सांप हो गया था, तब उस परिवार में तीन पलंग, दो अलमारी और दो संदूकें थीं। कमरा एक ही था। उसके पीछे उसका आधा कमरा था, जिसमें रसोई भी थी और बाथरूम भी। बाथरूम में कोई दरवाज़ा नहीं था और जैसे शरीर को कपड़े से छिपाया जाता है, दरवाज़ा न होने पर बनी दरवाज़े की उस जगह को परदे से छिपाया जाता था।

सखूबाई के उस परिवार में आने और उसकी सासूबाई के उस घर से निकलने के बीच ही वहां से तीन पलंग बिक चुके थे, दोनों अलमारियां विदा हो चुकी थीं। सखूबाई अपने साथ सिर्फ़ एक पलंग ले आई थी और मारे शर्म के बंडू नागमोड़े उस पर कभी सो नहीं पाया कि क्या उसकी मां नीचे चटाई पर सोएगी! इसलिए वह चटाई पर ही सोता और जब उसे लगता कि अब बुख़ार को आ जाना चाहिए, वह पास ही ज़मीन पर चादर बिछाकर सोई सखूबाई को खींचकर उस कमरे में ले जाता, जिसमें किचन भी था और बाथरूम और इसके बाद भी इतनी जगह कि डेढ़ लोग सो सकें। बुख़ार मां से बहुत डरता था। उस कमरे में आने की हिम्मत भी न करता था।

तो उस डेढ़ कमरे से निकलकर जब वे दोनों कॉलोनी के पीछे वाली चाल में बने दो कमरे, एक संडास-बाथरूम, एक स्टोर रूम और एक छोटे-से लॉन वाले उस मकान में आए, तो दोनों ने तो एडजस्ट कर लिया, पर बुख़ार को बहुत दिक़्क़त हुई। वह आ-आकर आने से मना कर देता। मोबिल ऑयल के डिब्बे में पानी लेकर पहाड़ी पर जाने वाली चिंगू पगारे की मां उसकी स्मृतियों में आती, फिर भी बुख़ार न आता। बुख़ार को बुलाने के लिए वह पहली तनख़्वाह मिलते ही मंगल बाज़ार से वैसी ही एक चटाई लेता आया और एक रोज़ जब उस पर लेटकर बुख़ार बुलाने वाले मंत्रों के बारे में सोच रहा था, तभी उसकी घरवाली ने उसके कान में डाला कि उसके पेट में कुछ डल चुका है और उसे दिन में कुछेक बार उबकाई और उल्टी आई है।

वे शुरुआती दिन थे; बंडू की कीर्ति की चूलें पड़ चुकी थीं। कॉलोनी वालों की रक्षा के लिए उसका अवतार ही हुआ था। उसका काम झूले की तरह चलता। एक

पींग लेता और ऊंचाई की ओर बढ़ जाता। थोड़ी देर में नीचे आता और फिर पीछे की ओर जाकर ऊंचाई पर बढ़ जाता। वह पींगें भरता रहता। किसी दिन में दो सांप निकल आते थे और कभी-कभी पंद्रह दिन तक कोई सांप नज़र नहीं आता था। सांपों को उसके होने का भान हो गया था। उन्होंने रास्ता बदल लिया था।

बंडू की पत्नी सांपों से ख़ाइफ़ रहती थी। जिन दिनों उसे चक्कर और उबकाई आ रहे थे और बंडू अपनी चटाई पर पड़ा बुख़ार आने के इंतज़ार में बोर हो चुका होता था, उन्हीं रातों को बंडू की पत्नी यानी सखूबाई नागमोड़े को अजीब सपने आते थे, जिनमें वह देखती थी कि एक हरे रंग का सांप, जिसकी जीभ उसके बदन से कहीं लंबी थी, आता और उसके पेट के उस हिस्से पर, जिसके भीतर एक छोटी-सी जान के चहलक़दमी करने का एहसास उसे होता था, अपनी जीभ फिराने लगता। भयंकर डर से सखूबाई की कोख में सिकुड़न होने लगती और वह देखती कि हरे रंग वाले सांप की जीभ पर एक छोटा-सा बच्चा टंगा रहता, वैसे ही जैसे 'इयत्ता 1ली' के वर्ग 'ब' में पढ़ते हुए उसने एक किताब में देखा था कि एक छोटा-सा बच्चा एक हंस की चोंच में लटका हुआ है। हरे रंग वाला वह सांप सखू की कोख से बच्चा निकाल ले जाता और सखू चीख़ने की कोशिश में अपनी असली आवाज़ खो बैठती।

उसकी हिचकी बंध जाती। आंख खुल जाती। दिल ही नहीं, पेट का वह हिस्सा भी रोता हुआ दिखता। वह देखती, बंडू अब चटाई पर नहीं, उसकी बग़ल में सो रहा है और हरे रंग के सांप से उसे कोई डर नहीं लग रहा। शायद उसने अपनी जीभ बंडू के पेट पर नहीं फिराई है।

पहली बार उसने बंडू को जगाया और अपने उस सपने के बारे में बताया। बंडू ने मुंह में थूक भरकर कहा–आई झवली...और पलंग के नीचे थूक दिया।

यक़ीनन, यह सांप भगाने का मंत्र नहीं था।

बंडू उस पेट की ओर पीठ करके सो गया, जिसके नीचे एक नन्ही जान थी, जिस पर अभी थोड़ी देर पहले एक हरा सांप अपनी जीभ फिराकर गया है और वह जान इस सबसे अनजान थी।

सखूबाई नागमोड़े की अगली सुबह बहुत ख़राब रही, क्योंकि जब वह जागी थी, तो उसके साथ पेट के उस हिस्से में एक दर्द भी जागा था। उस दिन उसने अपने पति से यह गुज़ारिश की थी कि अब उसे सांपों को मारने से तोबा कर लेनी चाहिए, क्योंकि कल रात जो सांप उसके सपने में आया था, वह अपनी नाराज़गी जता रहा था और उनके पूरे कुनबे को साफ़ कर देने की धमकी दे रहा था। वह कह रही थी कि अब उसके पेट में बच्चा है और सपनों पर यक़ीन करना चाहिए, ख़ासकर तब, जब सपना इतना बुरा हो कि नींद ही नहीं, जाग भी बर्बाद हो जाए।

4

कहानी जीवन की होती है। लोगों ने कहानी के नियम भले बनाए हों, पर जीवन के नियम तो चार मुंह वाला ब्रह्मा भी न बना पाया। हंसी और रोने के आने का कोई नियम नहीं होता। टेनिस का मैच थोड़े है कि गेंद जाली के दोनों ओर बारी-बारी जाए। कई बार तो वह एक ही तरफ़ बरसों पड़ी रह जाती है और दूसरी ओर का खिलाड़ी इस बात से बेख़बर अपनी गेंद को बस ढूंढ़ता रह जाता है। कभी गेंद उछलकर कोर्ट से बहुत दूर चली जाती है। हर आदमी को जीवन में एक ही गेंद मिलती है। उसी से खेलना होता है। वह उछले, तो ताली पीटनी होती है। गुम जाए, तो छाती। ढूंढ़ते-ढूंढ़ते गेंद खो जाए, आदमी सो जाए, तो मुश्किल से जागता है।

उस रात भी उसे जगाने में सखूबाई नागमोड़े को बहुत मेहनत करनी पड़ी थी, जब उसके पेट में दर्द हुआ था। यह वह दर्द नहीं था, जो एक हरे सांप के जीभ फिरा देने के कारण हुआ था, बल्कि वह दर्द था, जब चांद के उस हिस्से में, जो हमें धरती से दिखाई नहीं देता, एक ज़बर्दस्त विस्फोट हुआ था और उसके टुकड़े पूरे अंतरिक्ष में फैल गए थे और एक टुकड़ा उताने लेटी सखूबाई नागमोड़े के पेट में आ घुसा था और बाहर निकलने के वास्ते दंगल कर रहा था। तभी तो, सखूबाई के पेट से चार किलो का जो गोश्त निकला था, उसे लोगों ने चांद का टुकड़ा कहा था।

ये वही दिन थे, जब टेनिस की गेंद कोर्ट में जाली के एक ही ओर रह जाती है और खिलाड़ी उसे बस ढूंढ़ता रहता है। इन दिनों सिवाय ढूंढ़ने के कोई काम नहीं हो पाता। कई बार तो वह ढूंढ़ते-ढूंढ़ते यह भी भूल जाता है कि वह क्या ढूंढ़ रहा है। फिर वह एक नींद में चला जाता है, जिसके लिए सोने की कोई ज़रूरत नहीं होती। यह नींद चलते-फिरते और काम करते-करते भी तारी रहा करती है। यह एक क़िस्म का हाइबरनेशन भी होता है, जिसमें जानवर अपनी ही चर्बी खाकर अपना ही पेट भरता है। इस दौरान सारे रोज़गार अपनी रफ़्तार से चलते हैं, पर पता नहीं चलता।

यही दिन थे, जब चांद का टुकड़ा पूरे चांद में बदल गया था और चांद की मां एक रात आसमान की ओर निकल गई थी।

बंडू काका उस रात को कभी नहीं भूल पाएगा, क्योंकि वह उसके जीवन की सबसे गर्म रात थी। इतना पसीना उसे कभी उस बुख़ार में भी नहीं आया था, जिसका वह खुले दिल से स्वागत करता था। वह बाहर अपने 'लॉन' में खटिया बिछाकर सोया था और ऊपर चमकता हुआ चांद सूरज की तरह नज़र आ रहा था। चांदनी, जिसकी शीतलता की तारीफ़ लिख-लिख बहुत मेहनत से तैयार होने वाले काग़ज़ों को बर्बाद

कर दिया गया था, आज की रात सिर्फ़ एक अफ़वाह लग रही थी। या हो सकता है कि धरती पर गिराने से पहले चांदनी को उबाल दिया गया हो। पसीना पलंग से चू रहा था और बहते-बहते दूर जाकर उल्हास नदी के पानी में मिल रहा था।

हरे रंग के सांप से लगातार डरने वाली सखू नागमोड़े भीतर के कमरे में पांच पर किए गए पंखे के नीचे सोने की कोशिश कर रही थी, तो दरअसल तड़प रही थी। जिस रात सांप उसके पेट पर जीभ फिराकर गया था, उसके बाद कई रातों को उसके पेट में दर्द हुआ था और आज भी हो रहा था, पर यह वह दर्द नहीं था, जिससे चांद के टुकड़े निकला करते हैं। इस दर्द को पहले जितनी आसानी से नहीं सहा जा सकता था। वह दर्द को भयंकर आवाज़ देना चाहती थी कि उसे लगा, उसके बहुत पास में कोई विस्फोट हुआ है। आवाज़ शरीर के भीतर से आई। दर्द की एक बुलंद मीनार खड़ी हुई, ऊपर-ऊपर उठती रही और फिर भहराकर नीचे गिर गई। यह इतने अविश्वसनीय तरीक़े से हुआ कि वह चीख़ने की योजना भर बनाती रह गई। उसे ख़ुद को विश्वास नहीं हो पाया कि वह मर गई है।

पूरी रात नींद का इंतज़ार करने के बाद सुबह बंडू नागमोड़े कमरे के भीतर घुसा, तो कमला नाम का वह टुकड़ा अपनी जगह पर सोया हुआ था और सखूबाई नागमोड़े नाम की वह पूरी औरत अपनी जगह पर मुंह फाड़े, आंखें खोले। वह थोड़ी देर तक उस औरत को पहचानने की कोशिश करता रहा। वह औरत नहीं, औरत की लाश थी, जिसके चेहरे पर अविश्वास चिपका हुआ था। आंखें फाड़े एक भौचक लाश। चीख़ के इंतज़ार में अब तक खुला हुआ मुंह।

बंडू काका टूटे हुए गिलास की तरह बिखर गया। उसे जलाने में शाम हो गई थी। घर के बाहर कॉलोनी के लोग बैठे हुए थे। किसी को समझ में नहीं आया कि मौत अचानक कैसे आ सकती है। एक औरत चली गई थी। उसके पीछे उसकी ख़ाली जगह बची थी। बंडू काका उस जगह को देख रहा था। चौदह साल की कमला अपनी जगह में सिमटी हुई थी। बंडू अपने बिखरे हुए टुकड़ों को समेटने लगा। कुछ महीन टुकड़े हमेशा के लिए खो गए थे। बंडू काका जिस गिलास की तरह बिखरा था, उस गिलास को कभी पूरा नहीं बना सकता।

5

बंडू काका के मन ही मन कोई बात उठ रही थी, पर वह जाने किस भाषा में थी कि ख़ुद उसे ही समझ में नहीं आ रही थी। दर्द सीने में उठता था और बंजारों की तरह भटकता था। जब वह सिर तक पहुंच जाता, तो बंडू काका अपनी चटाई पर करवट

बदल लेता। करवट के पास ही ख़ाली जगह थी। उसने अपनी करवट पर क़ाबू किया। वह ख़ाली जगह उसकी करवट के नीचे अभी दब जाएगी। उस जगह पर कोई होता था, वह जगह हमेशा ख़ाली नहीं थी। दर्द बंजारों का गीत गा रहा है। क़बायलियों की तरह सिर के भीतर नाच रहा है।

दर्द उस औरत के पेट में था। वह बार-बार कहती और बंडू काका बार-बार उसकी मां को ठेठ अपने तरीक़े से याद करता।

सखूबाई नागमोड़े ने ही उससे कहा था, जब वह भूखों मर रहा था कि उस कॉलोनी में जाओ और लोगों से जान-पहचान बनाओ। वह उनके गांव के पास ही बनी थी और लोगों को उम्मीद थी कि उन्हें वहां रोज़गार मिलेगा। वहां पहली ही बार घुसा था कि सांप से मुक़ाबला हो गया। उसका बाप उसके वास्ते रोटी इस तरह रख गया था। उसके दिल में भी कभी न आया था कि किसी के शरीर से ख़ून निकालकर उससे आटा गूंदा जा सकता है।

सखू नागमोड़े ने ही कहा था कि वह सांपों के शिकार पर निकले, वरना बाप के सिखाने के बाद भी उसकी उस काम में कोई श्रद्धा नहीं थी। उसी ने कहा था कि उसे अपने हुनर के बदले पैसे लेने चाहिए, वरना उसके बाप ने तो यही कहा था कि जो जितना दे, ले लेना, कभी ज़िद मत करना।

सखू नागमोड़े ही वह औरत थी, जिसने बताया था कि घर के भीतर चूल्हे का होना बहुत ज़रूरी है और औरत की जांघों के बीच उस तरह मुंह नहीं मारा जाता, जैसे बैल अपनी नांद में मारते हैं।

सांप झाड़ियों में भटक रहे थे और अनजाने में ही बंडू काका के लिए रोटी बना रहे थे। सांप न होते या कॉलोनी में न आया करते, तो बंडू काका औरंगाबाद में होता कि चौरंगाबाद में, किसको मालूम?

वही सखू नागमोड़े जब यह बोले कि अब तुम सांपों को मारना बंद कर दो, तो वह कैसे मान ले? उसे इस दुनिया में और कोई काम नहीं आता। वह ज़मीन की छाती पर छुरा नहीं रख सकता। वह हवा में महल नहीं बना सकता। सिर झुकाकर काग़ज़ पर अक्षरों की मां-बहन नहीं कर सकता। सिर्फ़ सांप मार सकता है, सांप काटे को जिला सकता है, तो क्यों न करे?

हरे सांप से डरना चाहिए क्या?

सखू नागमोड़े ने कहा था—हां, डरना चाहिए। उस रात वह सपने में आया था, और मेरी पेट पर अपनी दोमुंही जीभ फिराकर गया था। वह इंसानों की भाषा में बोल रहा था, धमका रहा था।

उसके बाद से तो नहीं आया?

नहीं, वह नहीं आया, लेकिन एक दर्द आया करता है। उस दर्द का रंग हरा है। वह दवा की तरह नहीं लगता। वह आता है, और मेरे पेट में इस तरह रहता है, जैसे यह उसी का घर हो।

क्या मुझे भी मेरे बाप की तरह सांप ही मारेगा?

सांप हमें जिला रहा है। काटा तो उसने पता नहीं कब है हमें? उसका कोई ज़हरतोड़ भी नहीं हमारे पास। बस जितने दिन बच सकते हैं, बचे हैं।

बाई पागल तो नहीं हो गई थी। आं-बां बकती थी। कमला पर हाथ उठाती थी। मुझको गालियां बकती थी। अपने पेट पर राख मलती थी। पलंग खड़ा कर देती थी। चटाई को आईने पर लगा देती थी। फिर दर्द से रोती थी।

कोई बारह साल तक कैसे अपने पेट में दर्द को रहने दे सकता है? इतने समय तक साथ रहने के बाद तो दर्द से दोस्ती हो जानी चाहिए।

यह कमला हमेशा चुप क्यों रहती है? सो रही है या सोने का नाटक कर रही है? इसके पास भी कोई ख़ाली जगह है क्या?

एक दिन बोली थी कि आई को डॉक्टर के पास ले जा बाबा।

लेकर तो गया था, जब तू छोटी थी। इधर ही कांबा में है। बोला, कुछ नहीं है। दवा लिखकर दी और बोला खाने का। खा तो लिया था, पर तेरी मां को तो हरे सांप ने छुआ है। दवा का क्या फ़र्क़ पड़ेगा रे उस पर।

हालांकि ख़ुद बंडू काका को यह नहीं मालूम था कि हरे सांप के छूने का दर्द क्या होता है, एक बुरा सपना कैसे पूरे जीवन को एक बुरे सपने में बदल सकता है और कोई औरत जब दर्द के बारे में कहती है, तो दरअसल दर्द को छिपा-छिपाकर थक चुकी होती है।

पूरी दुनिया के बारे में चिंता करने का दावा करने वाले बंडू काका को यह न पता था कि दर्द लक्षण नहीं, अपने आपमें एक रोग होता है।

6

एक औरत को मरे बरसों हो गए। एक लड़की औरत बन रही थी। औरत के बिना घर घर नहीं रहता। औरत अपने पीछे एक औरत छोड़ जाती है। वह जिस जगह बैठती है, वह जगह औरत हो जाती है। वह जिस मटके में पानी भरती है, वह मटका औरत बन जाता है। वह जिस दिल में रहती है, वह दिल औरत-सा हो जाता है। बंडू काका नागमोड़े के दिल में एक औरत रह रही थी। एक औरत वहां रूह की शक्ल में थी। एक औरत देह बनकर। एक औरत स्मृति थी। एक औरत वर्तमान। एक औरत के साथ

उसका रिश्ता बहुत पवित्र क़िस्म का था। एक औरत की ओर उसे नज़र नहीं उठानी थी और एक औरत को उसे सिर्फ़ देह पकड़कर उठा देना था।

परिवर्तन की चाह शरीर के भीतर से उठती है, दिमाग़ से नहीं। एक स्त्री की राजनीति उसकी देह में होती है।

बरसों बीत गए। केरोसिन के स्टोव में पंप मारते-मारते एक दिन कमला नागमोड़े को अचानक लगा कि वह एक भरी-पूरी औरत में तब्दील हो गई है। उसे पता चला कि उसके भीतर एक अजीब क़िस्म का वक़्त रहने लगा है। उस वक़्त का नाम अर्जुन गढ़वाली है, जो सफ़ेद शर्ट, सफ़ेद पैंट और उस पर रबर की सफ़ेद चप्पल पहनता है। जिसके गले में रुद्राक्ष की एक लंबी माला लटकती रहती है और जिसने हाथों में सरदारों जैसा मोटा कड़ा पहन रखा है। बिरला गेट के पास एक पान की दुकान पर चौबीसों घंटे नज़र आने वाला अर्जुन गढ़वाली अपने घर से निकलकर अब उसके दिल में रह रहा था। यह बंडू नागमोड़े की पत्नी की कोख से निकले चांद के उस टुकड़े के लिए आश्चर्य की तरह था कि कुछ समय पहले तक उसकी गोद में एक छोटे बच्चे की चूतड़ पूरी तरह अंट नहीं पाती थी और अब उसका दिल इतना बड़ा हो गया है कि साढ़े पांच फीट का एक लड़का अपने भारी-भरकम शरीर और उसी के अनुपात में गोरिल देवता द्वारा दिए गए दिल के साथ रह रहा था।

जबकि दोनों में अभी बात भी नहीं हो पाई थी। कमला ने कभी इतनी हिम्मत नहीं की कि जाकर पूछे चौक के उस दादा से कि मेरे दिल में आता क्या?

ख़ैर, उन दिनों कमला बड़े होने के अभियान में थी और बंडू अपने उन कामों में, जिनके लिए वह आया था। इतने बरसों में ख़ूब मशक़्क़त के बाद बंडू को यह समझ में आ गया था कि जो दर्द सखूबाई के पेट में रहा करता था, उसे डॉक्टर अपेंडिक्स नाम से पुकारते थे और हर पुकार के बाद वह ज़्यादा ज़िद्दी हो जाता था। बंडू काका के पेट में भी एक दर्द रहने लगा था। जाती हुई औरत जाने से पहले अपना प्यार किसी दर्द की शक्ल में देह में छोड़ जाती है। जाता हुआ सांप अपनी बास जैसे किसी टहनी या लकड़ी के कुंदे में छोड़ जाता है।

बंडू काका कॉलोनी भर में भटकता है। तुकोबा के ठेके पर सड़ता है और श्री.पुं. जोशी, एमएससी के दरवाज़े के सामने बैठकर संभाजी बीड़ी फूंकता है। श्री.पुं. जोशी की बातों में देश आता है, विदेश आता है। बंडू काका के कानों में देश-विदेश के सांप आते हैं। उसे पता है कि अमेरिका का सांप अंग्रेज़ी नहीं बोलता और जब जोशी गाना गाता है, तो सांप दूर से ही निकल लेता है। यानी जब उसका काम का मन नहीं होता, तो वह पार्कों में घूमता है। घास के बीच पड़ जाता है और अपनी देह की गंध से सांपों को दूर कर रहा होता है। जब भूख लगती है, तो घर जाता है। कमला नागमोड़े

बोंबिल बनाकर स्कूल चली गई है। बंडू देर तक बोंबिल नाम की उस सूखी मछली की गंध को अपने फेफडों तक की सैर कराता है और एक लंबी पाद मारकर उसे पच जाने का न्योता देता है। जब सांप मिल जाते हैं, तो अपने चिर-परिचित अंदाज़ में मार डालता है। जैसे राम का परशुराम वाला धनुष उठाने का सीन कभी पुराना नहीं पड़ सकता और हर बार एक जैसी उत्सुकता जगाता है, वैसे ही बंडू काका का सांप मारने का दृश्य आदिकाल से वैसी ही उत्सुकता जगाता है। ठीक उस समय बंडू काका स्टार होता है। बाक़ी समयों पर बीड़ी फूंकता मज़ूर। जिससे सारे लोग डरते थे, पर बच्चे अपना नाड़ा उठाकर जिसके सामने जाते और खिझाकर आते–काय हो काका! बघा नागोबाचा हत्यार, अन् तुमचा गांडीत टाका!

काका उस वक़्त चिढ़ रहा होता और अपने हथियार को उन बच्चों की मांओं के तरकश में डालने को लालायित हो जाता। बच्चे ठठाते हुए भागने लगते और जाकर कमला ताई नागमोड़े की गोद में छिप जाते। कमला की गोद में बच्चे बंडू को सखू की गोद में बैठे बच्चों की तरह लगते।

जीवन तब तक एक सरल रेखा की तरह लग रहा था, जब तक पानी से भरा हुआ एक फुग्गा आकर कमला के पृष्ठभाग पर चोट नहीं करता।

होली का वक़्त था। कमला बिरला गेट के पास बस से उतरी। उसके साथ नंदू सावंत थी। दोनों एक ही क्लास में थीं और एक ही बेंच पर बैठा करती थीं। नंदू सावंत कॉलोनी का माना हुआ चांद थी और कमला महज़ चांद का एक टुकड़ा। नंदू सावंत की पृष्ठभूमि की क़िस्मत में फुग्गे ही फुग्गे थे। हर होली उसकी पृष्ठभूमि सबसे ज़्यादा गीली होती थी। कमला के हिस्से में पहली बार कोई फुग्गा आया था। वह हैरान थी। उसे लगा, लड़के का निशाना चूक गया है। नंदू की क़िस्मत का फुग्गा उसकी क़िस्मत के आंगन में फूटा है। नंदू को भी यही लगा था। वह बोली, 'आईला! स्साले को नेम लेना भी नहीं आता।' कमला ने मुड़कर देखा, सफ़ेद शर्ट, सफ़ेद पैंट और रबर की सफ़ेद चप्पलों में एक पहाड़ी लड़का उसे देखकर मुस्करा रहा था। आसपास और भी थे। अचानक नंदू सावंत पर फुग्गों का हमला हुआ। वह पूरी गीली हो गई। दोनों मुड़ी और वहां से भागीं। होहराता हुआ शोर उन्हें और गीला कर गया। पांच दिन बाद आने वाली होली आज ही आ गई थी। वे सीधे स्कूल में जा धंसीं। होली के दो दिन बाद तक स्कूल नहीं गईं।

कॉलोनी में शाम को भटकते वक़्त नंदू सावंत ने कहा, 'अर्जुन गढ़वाली है उसका नाम। भोत बड़ा चमड़ी है साला। इधर-उधर नहीं देखता, सीधा डाल देता है, कोयता, नहीं तो ख़ुद का कोयता।'

ख़ुद का कोयता का अर्थ समझने में कमला को कुछ पल लग ही गए।

'हां रे! एक बार मेरे पीछे पड़ा था। मेर्को लगा, आज तो गई मेरी इ़ज़्ज़त। वोई टैम मैं विजय क्रिकेट खेलने वाले की दुकान पे पोंच गई। उसको बोला--ये गढ़वाली मेरे पीछे नईं पड़ना मांगता। विजय ने वोई टैम उसका कॉलर पकड़ लिया। बोला--कुछ नईं सुनने का। तू आज के बाद इसको नईं देखेंगा। बस, साले ने फिर कबी देका इच नहीं। मेर्को फुग्गा मारने का गू नहीं उसकी गांड़ में। वो तेर्को ही मारा है। भोत एलर्ट रहने का उससे। कुछ राड़ा हो, तो मेर्को बोलना। दो मिनिट बोले तो दो मिनिट, आपुन उसको कापून टाकेंगे।'

कमला नागमोड़े पीछे मुड़ती है और सफेद पैंट, सफेद शर्ट और सफेद चप्पल पहने एक मासूम क़िस्म की मुस्कान उसे तक रही है। उसके भीतर तक वह मुस्कान बस गई। कई बार उसे वह मुस्कान अपना इंतज़ार करती दिखी। एक दिन वह मुस्कान उसके पास आई और बोली, 'आप भोत ब्यूटी हो। आपुन तुम्हारे ऊप्पर फुल फिदा है। बोले तो अक्खा लाइफ का सवाल है। साथ में रहेंगा क्या मेरे?'

और कमला नागमोड़े की सांस रुक गई। उसे लगा, हरा सांप फिर से आया है और उसे छूता हुआ निकल गया है। वह ठगी-सी खड़ी रह गई। गढ़वाली वहां से निकल गया और दूर खड़ा होकर मुस्कान से मारता रहा। कमला नागमोड़े के पेट में एक दर्द आकर रहने लगा। हरे सांप ने उसकी छाती पर अपनी जीभ फिराई और वहां एक हरे रंग का दर्द बोरिया-बिस्तर लेकर रहने आ गया। इस तरह, जैसे छाती उसका ही घर हो।

घर आने के बाद तक उसे दर्द का एहसास होता रहा। वह बंडू के कमरे में गई। वहां कई टोकरियां पड़ी थीं। उसने एक टोकरी खोली। एक अजगर वहां अपनी आलस में सड़ रहा था। उसने कहा, 'तू मेरे बाप से कांपना, पर मेर्से प्यार करना। मेरा राज्जा है तू।' और उठाकर गले में डाल लिया। अजगर सरकने लगा। कभी यहां लपकता, कभी वहां। उसका हाथ उसकी गर्दन को दिशा दे रहा था। वह अज़गर को लेकर बाहर आ गई। उसका मन बोला--पार्क में जाकर बैठ जा। पर बाबा कहीं नहीं था। बाबा ने उसे सांप से खेलना सिखाया है। यह बताया है कि कैसे सांप को क़ाबू में किया जाता है। पहले उसकी गर्दन दबाओ, फिर उसे पूंछ से उठाओ और अचानक गर्दन दबोच लो। इस बीच कुछ मंतर पढ़ो। सांप आप का राज्जा बन जाएगा। राज्जा उसके गले में था। वह नाचना चाहती थी। पर अकेले में उसे सांप से खेलता देख बाबा नाराज़ हो जाएगा। उसको आग लगी, तो फुक्कट में अक्खी बस्ती जलेगी।

उसने अजगर की जीभ अपनी नाक से लगाई। उसे लगा, एक औरत ने अपनी देह उतार दी है और अलग़नी पर सूखने के लिए टांग दी है। यहां जो कुछ है, वह रूह है जिस पर एक नाम खुद गया है, सफेद रंग में। इस खुदे हुए नाम को लेकर

रूह नाचेगी। तब तक देह सुस्ताएगी। अजगर तब तक बीन बजाएगा, जब तक रूह नाच-नाचकर थक नहीं जाती।

7

बिळंण ची नागीण निघाली
ढंप ट टटर
नागोबा डोलायला लागला
ढंप ट टटर....

(बिल से नागिन निकल आई है और उसे देखकर मस्त नाग बाबा भी डोलने लगे हैं।)

ब्रास बैंजो बज रहा है। बीच में रुकता है। नासिक बैंड की ढंप ट टटर है। अक्खा बिरला गेट गांडू हुआ जा रहा है। झन्नाट पी रखी है सबने। दही हांडी एक दिन पहले ही मना रहे हैं। कल फिर मनाएंगे। आज अभी मस्ती करने को मन हुआ है। अरिहंता बैंड वाला रियाज़ कर रहा है। सारे लुक्खे मस्ती कर रहे हैं। किदर से थोड़ी-सी बीयर आ गई, किदर से रम, किसकू पता। ये टाइम खाली बैंड है, सबकी बैंड बजाने का है और फुक्कट में डांस करने का है। स्कूल छूट गया है। मुरबाड़ जाने वाली बसें खड़ी हो गई हैं। सेंचुरी रेयॉन में अभी-अभी भोंगा हुआ है। पब्लिक निकल रेली है। अर्जुन गढ़वाली की गांड़ में कीड़ा आया है। आज साला रोड तब तक नहीं चलेगा, जब तक अपुन डांस करके थक नहीं जाएंगा।

आज उसने पहली बार आपुन को देखकर बोला है—हा, रैंगी मैं तेरे साथ, अक्खी लाइफ़। बोल, मंज़ूर है तेर्को?

अर्जुन गढ़वाली ने कई जगह हथ्यार डाला है। ग्रांट रोड से लेकर कमाठीपुरा, रामपुर से लेकर सोनापुर तलक। बिरला मंदिर की झाड़ी से लेकर राम मंदिर की सीढ़ी तलक। आधी रात को, पूरे दिन में, पर साले को कभी ऐसी रापचिक टाइप की फीलिंग हुईच नईं।

साइड में खड़ा भोत नाच रहा है वो। नाच भिड़ू। बिंदास नाच। अक्खे बिरला गेट को टैंशन है—आज फिर कोई टपकेगा, किसी का सिर खुलेगा, किसी का कलेजा, आज गढ़वाली नाच रैला है।

गाना ख़त्म ही नहीं होता। फिर शुरू हो जाता है। जैसे गोल सांप की पूंछ कभी ख़त्म नहीं होती। उसके मुंह से फिर शुरू हो जाती है।

गढ़वाली मूड में आता है, तो पूरे इलाक़े की फट जाती है। दुकानों का शटर हाफ डाउन। ठेले वाले पतली गली में। पुलिस-ठोले थोड़ी देर खड़े रहते हैं, फिर सामने के बीयरबार में घुस जाते हैं। सबको पता है कि अब गढ़वाली किसी को मारेगा। वह अकेला नहीं रहता। उसके साथ उसका पूरा गैंग रहता है। सब उसके जैसे ही लुक्खे हैं। सामने जो रसवंती की दुकान है, वहां खड़े होकर गन्ने का रस पीते हैं। गन्ने में छुपाकर हथियार रखते हैं और जब कुछ पंगा दिखता है, दौड़कर वहां से निकाल लेते हैं। जब भी नाचता है, किसी को पीटता है। इसी गाने पर नाचता है। मराठी का एक ही गाना आता है। वरना बाक़ी समय 'बेडू पाको बारा मासा...' गाता है। सुरेश वाडेकर और गोपाल बाबू गोस्वामी की आवाज़ का भक्त है। महाकाली का पुजारी है। उसका बस चले तो गले में नरमुंडों की माला डालकर भटके और किसी पर पैर पड़ने पर ज़ुबान तक ना निकाले।

पीछे वाली गली में उसका मकान है। गली का सबसे बड़ा मकान जिसमें उसकी बहन, मां और बाप रहते हैं। मकान के सामने अंधेरा है। आज लाइट गएली है। रात के ग्यारा बजे हैं। आज जल्दी घर जा रैला है। सामने इच मौत खड़ी है। अपुन की नहीं, उसकी। मेकों पैले से इसपे डौट था। साली, और कोई नहीं मिला। ख़ाली, नत्थू इच। अंधेरे में चिपकेले हैं। वो भी घर के सामने। साथ में पढ़ने के, तो ये मतलब थोड़े के चिटक ही जावें सीदा।

भन्न। नत्थू के सिर पर एक हाथ पड़ा। छिटक के दूर जा गिरा। उसके साथ वाली परछाईं सीधा घर के भीतर भागी। गढ़वाली ने बेल्ट उतार ली। ले सटाक। नत्थू की वाट लगा दी। सन्न-सन्न! बेल्ट चल रही है। नत्थू दस फीट दूर। मौक़ा मिला, उठा और सरसराता हुआ भागा। गली में और कोई आवाज़ नहीं हुई। ना गढ़वाली के मुंह से कोई गाली निकली, ना ही नत्थू ने पलटकर देख लेने की चुनौती दी। गढ़वाली की बहन घर के अंदर घुस चुकी थी।

अर्जुन घर में घुसा और बाप के कमरे में जाकर उसकी बैंड बजा दी। वह झगड़े की रात थी। ऐसा झगड़ा, जो थोड़ी देर पहले देखे गए सपनों की दुम में पलीता लगा दे। उस रात बहुत-कुछ हो गया।

8

कमला को लगा था कि हरा सांप एक भ्रम है, जो बार-बार उसकी मां के पेट को छूकर जाता था। उसे नहीं पता था कि जिस दिन यह सांप उसकी छाती को छूकर जाएगा, उसका जीवन भी एक बुरे सपने में बदल जाएगा। क्या होने वाला था, उसे

नहीं पता, पर वह बहुत परेशान थी। सांप सपने में आया था और बार-बार कह रहा था कि उसका रंग हरा है और वह कुछ भी कर सकता है। कमला सांपों से खेलती थी, उसका बाप सांपों को मारता था। उसे लगता था कि खेलना प्यार करना होता है, पर उसे नहीं पता था कि हर क़िस्म का प्यार दरअसल एक खेल ही होता है।

उसकी आंखों में एक ख़ौफ़ रहने लगा है। बंडू काका नागमोड़े उसके सामने आता है और उस ख़ौफ़ से डर जाता है। कमला को नहीं पता कि उसने जिसके साथ ज़िंदगी गुज़ारने का न्योता क़बूल कर लिया है, उसके बारे में अपने बाप को किस तरह बताए। बाप हमेशा कहता है, फ़िकर नको कर बाळा! तू खेल। जो खेल अच्छा लगता है, वो खेल। अज़गर से खेल। फोफ्सा से खेल। दो मुंह वाले से बात कर। करैत को मत छेड़। और उदर जो कोबरा सोता है, उसकी टोकरी भी मत खोल। अभी उसका दांत नहीं निकाला है। उसमें टैम लगेगा।

बाप सांप की केंचुली जमा करता है। फिर उसको एक बर्तन में रखकर गीला करता है। फिर उसको पीसकर एक गोली बनाता है। उस गोली को मुर्ग़ी के दाने में मिक्स कर देता है। मर्तबान में भर देता है। मर्तबान कुछ दिन बाद ख़ाली हो जाता है। वह बोलता है—ये दवा है। सांप अपने ज़हर की दवा अपने साथ लेकर चलता है। आप पहचान लें, तो बच सकते हैं, नहीं तो निकल लो पतली गली से। और फिस्स-फिस्स करके हंसता है। जैसे कोबरा सांस लेता है।

कमला सांपों से प्यार करती है। उसे एक दिन बहुत बुरा लगा था। उसका राज्जा बड़ा हो रहा था और बाप उसे ले जाकर मालशेज घाट के पास छोड़ आया था। उसने मना किया, तो बाप ने कहा—फ़िकर मत कर। ये काटेगा नहीं, पर इतना बड़ा हो गया है कि मैं इसे नहीं संभाल सकता, तू इससे नहीं खेल सकती। साला, किसी दिन टोकरी के बाहर रह गया, तो एक दिन में मेरी सारी मुर्ग़ी खा जाएंगा।

उस रात कमला अपने नए राज्जा को गले में टांग देर तक रोई थी।

इस वक्त भी एक राज्जा उसके गले में टंगा है। बाप किचन में बैठा है। स्टोव पर अंडा-करी बना रहा है। वह हटेगा, फिर कमला रोटी पकाएगी।

उसने पूछा—बाबा, हरा सांप मां को इतना तंग क्यों करता था?

तेर्को क्या करना है रे? अपने राज्जा के साथ खेल और अपने राजा का इंतज़ार कर। फिस्स-फिस्स...जैसे कोबरा हंसता है।

बाबा, मां को हुआ क्या था?

अरे पोरी! छोड़ न इस बात को। ये तो अब मैं भी नहीं सोचता। बताया था तेर्को। क्या बोलता था डॉक्टर—अपेंडिक्स...वही फट गया था उसके पेट में।

हरा सांप रखकर गया था उसके पेट में?

नईं, अपने आप फट गया था। उसके पेट में पहले से था। इलाज को बोला, तो तेरी मां को इच सूट नहीं करता था। दवाई फेंक देती थी। उसको मरने का शौक़ था बहुत।

बाबा, आप हर सांप को मार सकते हो, हरे सांप को क्यों नहीं मार डाला?

वो सांप भैनचो...उसके सपने में आता था। मैं उसके सपने में कैसे जाता? मैं कहां से पता करता, कहां पे मंतर मारता? एक बार एक ताबीज़ बनाकर दिया था तेरी मां को। बहुत साधना की थी वो ताबीज़ बनाने में। मेरा बाप भी तो साला भोत जल्दी में था। उसको क्या लगा, बंडू एक्शपट हो गैला है। जल्दी से कलट लो। कलटी मारके निकल लिया। साले को मरना भी सांप के मुंह से ही था। अक्खी लाइफ़ सांप को मारा। फिर ख़ुद भी सांप से ही मरा। नाम ख़राब कर डाला साले ने। अरे, टीबी से मरता, कैंसर हो जाता, गाड़ी के नीचे आ जाता, पर सांप से कायकू मरा? मरा, तो उसको मार क्यों नहीं डाला? मालूम, पब्लिक क्या बोलती है? एक दिन बंडू नागमोड़े भी सांप के काटने से ही मरेगा। आई झवाड्या...बंडू की इज़्ज़त की परवा तो करना इच मांगता था उसकू। हर बाप कू अच्छी मौत मरना मंगता। बच्चा बड़ा होता है, तो बाप की मौत से भी इज़्ज़त कमाता है। करके लेता, तो आज इत्ता झंझटीच नईं होता। कम से कम पूरा सिखा के तो जाता। आधा सिखाया, आधा अपनी गांड़ में खोंसकर गया। ख़ाली सांप को मारना सिखा के गया, उसकू कंटरोल में कैसे लेने का? कैसे उसको सांप से आदमी बना देने का? उसकू आता था रे, वो सांप को आदमी बना देता था, फिर उसकू बोलता था, जाके साऊकार के खेत में हल लगा। सांप रात भर में पूरा खेत जोत देता था। मस्त..अ...अगले दिन पूरी खेती तैयार। साला, मेर्को सिखाया होता, तो मैं पूरा बैंकी लूट डालता उसके साथ।

फिर उस ताबीज़ का क्या हुआ?

क्या होने का? वोई तो बोल रहा है मैं। उसको ताबीज़ नहीं पहनना था। बोली, हरी साड़ी वाली को हटा ज़िंदगी से। वही उसके लिए हरा सांप बन गई थी। ताबीज़ कुएं में डाल आई। मैं कितना बचाता उसकू। मेरे प्यार का टोटलीच कदर नई की।

हरी साड़ी वाली कौन थी?

हरी साड़ी नहीं बोला मैं, हरा सांप बोला।

बंडू नागमोड़े बाहर निकल आया। ऐसा लगा, जैसे एक हरे सांप ने इस वक़्त उसे काट खाया हो। वह बिलबिला रहा था। हरा रंग इत्ता टैंशन देता है क्या? वो कायकू मेर्से हरी साड़ी मांगी थी? वो साला मैं भी गधा, कायकू वो साड़ी उसके वास्ते ख़रीद कर लाया और ऊपर से कायकू वो साड़ी रमाबाई को पहना दी। भैनचो...मैं इच इस व्हल्ड का सबसे बड़ा चुत्या।

वह बहुत पुरानी दोपहर थी। सखूबाई को एक हरी साड़ी चाहिए थी और बंडू काका पूरे जोश में वो साड़ी बिरला गेट के आनंद कटपीस सैंटर से लेकर आया था। साड़ी बोले तो तूफ़ान। झक्कास। पैली नज़र में किसी भी नागिन का दिल आ जाए उसपे।

घर पहुंचने से पहले बंडू काका कांबा चला गया। तुकोबा के ठेके पे। थोड़ी पी। रमाबाई के घर गया। वो घर पे नहीं थी। पता चला, कॉलोनी गई है पोंछा-फटका करने। उसे ढूंढ़ते-ढूंढ़ते आया। रमाबाई उसके घर के पीछे खड़ी उसी का इंतज़ार कर रही थी। वे दोनों झाड़ी के पीछे गए और थोड़ी देर में निकलकर आए। हरी साड़ी अब रमाबाई के बदन पर थी।

पता नहीं, सखूबाई ने ये पूरा सीन देख लिया था के कोई सपने में बोल के गया उसकू के क्या हुआ, उसके बाद से सखूबाई ने एकदमीच मना कर दिया हरी साड़ी के वास्ते। बोली, मेरे लिए लाया था न तू। फिर रमाबाई के पास वैसीच साड़ी कैसे? पैसे मेर्से लेके गया और साड़ी रमाबाई के आंग में डाल के आया। तू सोता है न उसके साथ? मेल्या, उसी के पास जा...मेर्कों नहीं मंगती तेरी साड़ी...

और उसके बाद से हर रोज़ हरा सांप सखूबाई को तंग करने आ जाता। कैसे इलाज करे वो इस सांप का? कौन-सी मुर्ग़ी लगाए इसके काटे पर? वो सोच ही नहीं पाया। सोचने में सैकड़ों बरस निकल गए। उसके बाद क्या बचता है? बाई निकल ली। रमाबाई वैसीच है। उदर दो बच्चे भी हैं। उसके मरद के नई हैं। मेरे हैं।

9

टेनिस की बॉल पहले एक तरफ़ को गई, फिर अचानक आसपास उग आई झाड़ियों के बीच जाकर खो गई। अर्जुन गढ़वाली जो अभी थोड़ी देर पहले सड़क पर नाच रहा था, उससे पहले वह कमला नागमोड़े को गिफ़्ट में रिबन का पैकेट देकर आया था, उससे पहले उसने बिरला गेट के महादेव मंदिर में एक गिलास कच्चा दूध चढ़ाया था और इन सबके बाद जब वह घर लौट रहा था, तो रास्ते में उसने उसे भन्न से मारा था। इस समय भी उसका हाथ झनझना रहा था। वह कभी अपना हाथ देखता, कभी सामने सोफ़े पर बैठे मां-बाप को। वे एक झपकी नींद ले चुके थे। अर्जुन ने उन्हें झकझोरकर जगाया था। वह घर में घुसने के बाद से अपना कोयता ढूंढ़ रहा था। उसे याद था कि उसने अलमारी में कपड़ों के भीतर छुपाकर रखा था, पर पिछली बार जब पुलिस का छापा पड़ा था, तो उसने उसे वहां से हटा दिया था। उसे यह भी याद है कि उसने उसे हाल में ही किनारे पर पड़े डबल-बेड के भीतर रखा था।

मां-बाप को उठाकर वह वहां भी खोज चुका। मां उबासी लेते-लेते पूछ रही है कि उसे क्या चाहिए, मैं खोज देती हूं? अब वह मां से कैसे कहे कि उसे वह कोयता चाहिए, जो दिखने में तलवार की तरह होता है, लेकिन जिसका फल बहुत चौड़ा होता है।

हाथ सहलाता हुआ वह दिमाग़ पर ज़ोर डाल रहा है। बाप वहीं सोफ़े पर ऊंघने लगा है। उसकी गरदन बार-बार दाईं ओर को ढुलक जाती है। उस समय उसका मन हुआ कि वह उठे और अपने बाप के गाल पर पूरी ताक़त के साथ एक चमाट जड़ दे और चीख़ते हुए कहे कि यह सोने का समय बिल्कुल नहीं है। मां ने उसकी गिरती हुई गरदन को संभाला और अर्जुन से पूछा कि अगर बेड में कुछ और नहीं खोजना, तो वे दोनों सो जाएं? बाप ने उसके जवाब का इंतज़ार नहीं किया।

गढ़वाली किसी भी तरह बहन को सीधा कर देना चाहता था। उसने दूसरे कमरे का दरवाज़ा खटखटाया, लेकिन वह भीतर से बंद था। उसने कंधे से उसे ठेलना चाहा, लेकिन दरवाज़े पर कोई असर नहीं पड़ा। झुककर उसने दरवाज़े और फ़र्श के बीच की लकीर से झांका। कुछ समझ में नहीं आया। रोशनी तक नहीं झर रही थी।

उसकी बहन बाहर गली के अंधेरे से भागकर कमरे के अंधेरे में छिप गई है। वह किचन में चला गया। वहां से सब्ज़ी काटने वाला चाक़ू उठाया। तभी उसे पीछे दरवाज़ा खुलने की आवाज़ आई। वह तेज़ी से पलटा। वह दरवाज़े को हलका-सा खोलकर झांक रही थी। उसे चाक़ू लेकर इस ओर आता देख वह चीख़ी। चीख़ से मां-बाप भी उठ गए थे। वे इस कमरे तक आते, बहन बुरी तरह चिल्लाते हुए बाहर निकली। वह आग थी। जल रही थी। आग पूरे कमरे में दौड़ रही थी। परदे के पास जाती, पर्दा जल जाता। सोफे पे जाती, सोफा झुलस जाता। गढ़वाली को देख और तेज़ दौड़ती। वह चीख़ रहा था। हाथ में बाल्टी लेकर उसके पीछे दौड़ रहा था। उसके क़रीब आते ही उस पर उलीच देता। फिर बाथरूम की तरफ़ दौड़ता। वह चीख़ती-चिल्लाती नीचे गिर गई। गढ़वाली ने गद्दा उसके ऊपर डाल दिया। उस पर से पानी। गद्दा उठाकर उसकी आग देखता, फिर पानी डालता। वह जल रही थी और उसकी समझ में नहीं आ रहा था कि ठीक-ठीक क्या किया जाए।

बाप उसे जलता हुआ देखकर बेहोश हो गया था, और मां अभी भी मग से पानी खींच-खींचकर उस पर फेंक रही थी। वह निढाल होकर ज़मीन पर बैठ गया। उसकी आवाज़ आनी बंद हो गई थी। धुएं से कमरा भरा हुआ था। मांस जलने की नई-नई बू आई। गद्दा हटाने की हिम्मत नहीं हुई।

चीख़-पुकार सुनकर पूरा मुहल्ला उनके घर में आ गया। गढ़वाली घर से भाग गया। आज पंद्रह दिन हो गए। उसका कोई पता नहीं है।

नत्थू शहाड की रेलवे लाइन पर मिला है। आजीच सुबू। एक पैर कट गैला है उसका। सिर को किसी ने खोल दिएला है। और उसका सू-सू वाला अंग भी कटेला है। किदर भी नईं मिला।

बोलते हैं, अर्जुन ने काट डाला है उसकू। जान से मार डाला। उसकी भैन के साथ चक्कर था उसका। पन खुद अर्जुन किदर? किसी को नईं पता।

कमला फूट-फूटकर रोती है। अर्जुन उससे मिलने आने वाला था। उसने बोला था–अबी तू क़बूल कर ली न मेर्को। मैं विजय क्रिकेट खेलने वाले के जैसा एक दुकान लगाएंगा–रसवंती की। खूब रस बनाएंगा। तेर्को पिलाएंगा। अपने हात से। मैं तेर्को रोज मिलेंगा। तू इदर मत आना। ये गंदा इलाका है। मेरे पास फटफटी है। दो मिनट में तेर्को अय्यप्पा मंदिर लेके जाएंगा, अंबरनाथ का शिव मंदिर लेके जाएंगा, अपुन टिटवाला जाके बैठेंगे, अरे, जास्ती नईं, तो गोल मैदान के पारक में बैठ जाएंगे, पर अजून से अपुन रोज़ मिलने के। तेरे बिना रैने को दिल नईं बोलता। मैं तेर्को अय्यप्पा पहाड़ी लेके जाएंगा। उदर पहाड़ी के पीछे मोब्बत की नदी बैती है, अपुन उसमें नहाने के। बोले तो साथ में एकदम।

कमला फूट-फूटकर रोती है। गढ़वाली की बहन को उसने देखा था। बहुत सीधी थी वह। कॉलेज में पढ़ती थी। नत्थू भी उसके साथ पढ़ता था। अर्जुन गढ़वाली बहुत बड़ा नाम है। पैले सुनती थी, तो लगता था, कोई भोत बड़ा नेता है। देखा, तो लगा, अपने जैसा बच्चा है। प्यार किया, तो लगा, अपना है वो। जिसकू अपुन इत्ता प्यार किया, वो अपनाइच होता।

कमला फूट-फूटकर रोती है। पूरी कॉलोनी में इन दिनों अर्जुन गढ़वाली और उसकी बहन की मौत की ही बात होती है। नंदू सावंत बोली, 'पागल थी रे! कायकू घर के सामने चिटकी। किदर भी बाहर चिटक सकती थी। रोजीच तो चिटकती थी नत्थू से। पर गढ़वाली, बोलती थी न मैं, सीधा डाल देता है। कोयते से काट देता है। भोत डेंजर आदमी था बाप! तेर्को पुन्हा परेशान तो नईं किया न रे! वैसे, अब खुदीच भाग गैला। अब नईं आएंगा इदर। लोग बोलते, नेपाल भाग गया है। ऐ, तेर्को मालूम, किदर है गढ़वाल? नेपाल से आगे क्या रे?'

'मेर्को नईं मालूम।' कमला फूट-फूटकर रोती है। लेकिन उसका चेहरा देखकर पता नहीं चलता, अंदर कितनी टूट-फूट है। उसे नहीं पता, उस रात क्या हुआ था, पर सुनकर पता चलता है कि गढ़वाली ने अपनी बहन को आग लगाकर

मार डाला है। अपने बाप का सिर खोल दिया है। और पूरे घर में आग लगा दी है। क्या मैं गढ़वाली के लिए इतनी अपशकुनी निकली? मैं इत्ती बड़ी पनौती कि दो महीना नहीं हुआ उससे प्यार करते और ऐसे प्रोबलम में आ गया वो? उसी दिनीच तो बोली थी उसको, तू मेर्को क़बूल है अर्जुन। मैं तेरे साथ रहने को मरती।

पन मेरे वास्ते तो नहीं किया वो ये सब। मेरे वास्ते करता, तो बोलती- मेरे प्यार में कर डाला। पन क्या अब कबी लौट के नईं आएंगा वो?

वह एक सांप उठाती है। उसकी दुम पकड़ती है और उससे खेलने लगती है। कॉलोनी के बच्चे उसके घर के सामने जमा हो गए हैं। वे कमला को सांप के साथ खेलते देखते हैं। सांप स्वीट है। सॉलिड। जीभ निकालकर चिढ़ा रहा है, फिस्स-फिस्स हंस रहा है।

10

जब से सखूबाई की मौत हुई है, तब से रमाबाई ने वह हरी साड़ी नहीं पहनी। उसके जीते-जी तीन-चार बार पहनी थी। बंडू नागमोड़े को अच्छा नहीं लगता उसका वह साड़ी पहनना। वह उसे सखू के लिए लाया था, पर पहना रमा ने। वह रमा को भी देना चाहता था और सखू को भी। वह चाहता था कि एक साड़ी से दोनों का गुज़ारा हो जाए, पर दो औरतें एक साड़ी को साझा नहीं कर सकतीं। रमाबाई जाधव, जो शिद्दत से चाहती थी कि रमाबाई नागमोड़े हो जाए, सखूबाई के मरने के बाद अपने पति को छोड़ बंडू के साथ रहना चाहती थी, पर ऐसा कर नहीं पाई। वह क्या, बंडू ऐसा नहीं कर पाया। उसे डर रहता था कि जिस सच को वह अपने मकान की चार दीवारों के बीच कभी स्वीकार नहीं कर पाया, उस सच को कैसे एक मूर्ति की शक्ल दे दे? पूरी दुनिया जानती है कि बंडू नागमोड़े रमाबाई के साथ सोता है, पर वह ख़ुद यह बात कल्पना में भी स्वीकार नहीं करता। ख़्याल भी आता है, तो मुस्कराना टाल देता है। उसके घर में बैठकर वह अपने बच्चों को देख रहा है, जिनके नाम के आगे कभी उसका नाम नहीं जुड़ पाएगा। रमाबाई अब भी फटके-पोंछे-झाड़ू का काम करती है। उसके पास एक झोंपड़ा है, जिसमें दो कमरे हैं। मोहब्बत के किसी नाज़ुक मौक़े पर बंडू ने उससे कहा—मैं तुझे कुछ नहीं दे पाया। उसने जवाब दिया—तूने मुझे अपना ख़ून दिया है।

उस वक़्त बंडू ने सोचा कि पीएफ के पैसे निकालकर इनके लिए एक मकान बना दिया जाए। उसने हिसाब किया कि कितने पैसों में वह अपने चांद के टुकड़े के

हाथ पीले कर देगा, कितने पैसों में वह अपने इस परिवार के लिए एक मकान का जुगाड़ कर लेगा, और कितने साल की सर्विस अभी बची है उसकी, और कितने पैसे वह जमा कर लेगा, और कितने पैसों में वह इन बच्चों को ढंग की परवरिश दे पाएगा कि ये लोग बड़े होकर लोगों के गंद न उठाएं। पाया कि रोते-रोते ही सही, इनके लिए एक मकान का इंतज़ाम किया जा सकता है।

अगले दिन कॉलोनी पहुंचने के बाद सबसे पहले उसने श्री.पुं. जोशी, एमएससी की सिफ़ारिश पर पीएफ का फॉर्म भर दिया।

उसने रमाबाई से बताई अपनी दिल की बात। वो हमेशा की तरह रोने लगी–मैं तेर्को कब से बोलना चाहती थी, तू कमाता है, मेर्को एक घर कर दे। मैं थक गई रे, सबके घर में काम कर-कर के। तू आ जा मेरे सात रहने कू। अपन जाधव को भगा देंगे। मैं रिक्स लेगी रे। मैं भगा देगी उसकू। बस, तू मेरे सात रहने का।

मैं रहेगा रे तेरे सात। हव, अब मैं रहेगा तेरे सात। लेकिन ये घर में नहीं। मेरा अपना घर होंगा, उसमें। बच्चा लोग अबी छोटा है। अबी रै लिया, तो रै लिया। नईं तो बाद में येई बच्चा लोग नईं रैने देगा अपन को सात। मैं पैले से सोचता था, पन मेरा कबी ये बोलने का हिम्मतीच नईं हुआ। मेर्को लगा, तू नईं छोडेंगी जाधव को। मेर्को लगा, खाली बच्चा पैदा करने के वास्ते तू मेरे साथ आई।

नको। मैं तेर्से भोत प्यार करती रे। जो दिन मैं तेरे साथ पहाड़ी के पीछे गएली थी, याद है न तेर्को, जिदर बोलते के मोब्बत की नदी बैती, वोईच दिन मैं सोच ली थी कि एक दिन मैं तेरे सात रैंगी। वोईच टैम अय्यप्पा को बोली मैं, ये मरद अक्खी लाइप मेरे साथ रैना मंगता। अक्खी बोले तो अक्खी।

मैं बी येईच बोला था। मेर्को लगा नईं था–तू मेर्से इत्ता प्यार करेंगी बोले।

फिर? जल्दी से एक घर बांध मेरे वास्ते। लाड़ में आते हुए उसने पूछा–बता, क्या-क्या रखेंगा उस घर में?

भोत कुछ रखेंगा। पन, उसमें एक बात ख़ास होएंगा। मालूम क्या?

बोल।

उसमें मैं ख़ूब गमला रखेंगा। उसमें ख़ूब पौधे होंगे। मैं पौधा लगाएंगा। तू मेरे पौधे को अपने हाथ से पानी देंगी।

दे तो रैली हूं। ये दोनों तेरेइच तो पौधे हैं।

चल। बंडू शरमा गया। उसने रमाबाई को भींच लिया। ऐसे, जैसे अब कभी नहीं छोड़ने वाला। और सुन, जब तू वो घर में पैली बार जाएंगी न, तो वोई हरी साड़ी पैन के रखना।

वो वाली?

हव।

मेर्को अब डर लगता है रे उससे। मैं उसकू जब बी देखती, सखूबाई याद आती है। वो भोतीच सीधी थी रे।

हव।

तेर्को उसका याद नहीं आता रे बंडू?

काय करू मैं उसकू याद करके? उसकू बोला था, तेर्को क़बूल कर ले। पन नईं कर पाई।

हव।

रमाबाई, कित्ता इंतज़ार की तू मेरे वास्ते?

हव। तू बोले, तो और भी करूंगी। पन, मेर्को तेरे सात रैने का। वो घर का सपना है। तू पूरा करेंगा न?

हव....

कमला का क्या करेंगा फिर?

कमला का शादी कर देंगा। भोत जल्दी। फिर आपुन सात में रै सकते रे। एक वोईच प्रोब्लम है। दूसरी जाधव की है।

उसको तो मैं लात मारके हकालेगी घर से।

शाणी। और मेर्को क्या मारेगी?

तेर्को? तेर्को मैं तेरेइच डंडे से मारेंगी....

आई झवली...

वो रात उस घर को बनाने में गुज़री। दोनों ने पहली बार अपना घर बनाया। अब तक वो बेघर थे। बे-दरो-दीवार के घर में रहते हुए।

बहुत दिनों की भागदौड़ के बाद उसने एक प्लॉट खोजा था। पचास हज़ार रुपए में अच्छा-ख़ासा प्लॉट मिला था, जिसमें एक लाख रुपया डालकर वह एक शानदार घर बना सकता था। उसी में वह एक किराने की दुकान डाल सकता था, जिसे रमाबाई नागमोड़े चला लेगी और रमाबाई जाधव के पूरे परिवार का अच्छी तरह बसर हो जाएगा।

प्लॉट की खोज के दौरान उसकी भिड़ंत कांबा के सरपंच गोपाल बुवा से हुई। उस प्लॉट पर बुवा की नज़र थी। वह उसे क़ब्ज़ा करना चाहता था, पर जाने किस वक़्त बंडू काका ने उसका सौदा कर लिया, उसे पता ही न चला। उसने तुरंत काका को बुला लिया–बघ बंडू। ये तेरा नहीं, मेरा माल है। तू अपने रस्ते निकल ले। कॉलोनी में तेर्को रहने को मकान है। मालूम, तू रमाबाई के वास्ते कर रहा है। दूसरी जागा देख ले और निकल ले।

बंडू ने कहा--पन मैंने तो प्लॉट का पैसा भी दे दिया है। ख़ाली कुछ पेपर बाक़ी हैं। कुछ दिन में वो भी हो जाएंगा। फिर मेर्को उदर बांधकाम शुरू करना है।

ये बहुत थोड़ी-सी बात थी और बंडू को लगा था कि सरपंच उसकी बात मान गया है, लेकिन सरपंच ने बंडू की अच्छी तरह बैंड बजाने के बारे में सोच रखी थी। ये इतना बड़ा मामला था, पर इतनी जल्दी-जल्दी और इतने कम शब्दों में हो गया कि लोगों को यक़ीन ही नहीं हो सकता था।

11

कमला घर में अकेली बैठी है। बाहर से सीटी की आवाज़ आती है। उसे लगा, अर्जुन आया है। उसने बाहर झांककर देखा। वहां कोई नहीं था। अर्जुन को पता है, उसका घर कौन-सा है, पर आज तक वह यहां नहीं आया है। अर्जुन आ सकता है, लेकिन वह घर में अकेली है और किसी भी वक्त बाबा आ सकता है। अगर वह आ भी गया, तो वह उसे अंदर नहीं बुला सकती। वैसे, वह उसके साथ अपने घर में रहती है। वह उसके दिल में रहता है। उसकी आंखों की कोरों में। उसकी गीली हथेली में उसकी छुअन सिसक रही होती है। उसके होंठों पर अर्जुन के होंठों के निशान हैं। एक आंसू टपकता है और लगता है, यह सीधा उसकी छाती पर गिरेगा। नींद उसकी आंखों से निकलती है। छत पर जा लगती है। छत से टपककर बीच रास्ते में ही बर्फ़ की तरह जम जाती है। उस तक पहुंच ही नहीं पाती। सिर का दर्द धीरे-धीरे सरककर तकिए में समाने लगता है।

सीटी फिर बजती है। वह बाहर देखती है। सफ़ेद चप्पल, सफ़ेद बुश्शर्ट और सफ़ेद पैंट पहने एक मासूम क़िस्म की मुस्कान खड़ी है। वह मुस्कान उसे अपने पास बुला रही है। वह कुंडी लगाती है और सीधे उसके पीछे हो लेती है। वे घर के पीछे झाड़ियों में हैं। ये झाड़ियां ऐसी हैं कि कोई कितना भी मर जाए, न दिखे। तो क्या हरा सांप यहीं रहता था? यहीं से आया था वह मां के पीछे?

कमला ने सिर झटका और पहाड़ के सफ़ेद जादू में सिमट गई। छूटते ही पूछा– क्यों किया तूने ये सब? एक बार भी फ़िक्र नहीं की मेरी? क्या होगा मेरा? पता है, तुझसे कहने से पहले से मैं तेरे साथ रहने लगी हूं। तू यहां मेरे घर में भी हर वक्त मेरे साथ रहता है। मैं अपने राज्जा से सिर्फ़ तेरे बारे में बात करती हूं। जब वह सुन-सुनकर थक जाता है, तो अपने आपसे बात कर लेती हूं।

अर्जुन ख़ामोश रहा। दोनों देर तक एक-दूसरे से चिपके रहे। कोई एक शब्द नहीं बोला। ये बोलने का नहीं, महसूस करने का वक़्त है। जो है, थोड़ी देर में नहीं होगा। तब बात नहीं, सिर्फ़ यह एहसास ताक़त देगा। इसी का सहारा रहेगा।

वह चिपकी हुई थी, लेकिन उसके चेहरे पर बहुत अलग क़िस्म की उदासी थी। एक खिलखिलाती हुई-सी उदासी।

गढ़वाली गुनगुना रहा था। शायद वह अपने भीतर के दर्द को राग दे रहा था।

पुष्पा छोरी पौड़ी खाल की,
लगदी छै तू बड़ा कमाल की...
हिटदी छै तू बड़ा कमाल की...
उमर तेरी सतरा साल की...

कमला उसे सुनती रही। उसे वह भाषा नहीं समझ में आई। गढ़वाली की आवाज़ में दुख नत्थी था। कमला को लगा, यह दुख को अभिव्यक्त करने वाला गाना था, जो उससे दूर रहने के कारण इसकी ज़ुबान पर चढ़ गया है।

मैंके जाण दे बंगाल बाडर अ अ अ
मैंके आयो है सरकारी आडर अ अ अ

कमला को यह थोड़ा समझ में आया। यह बंगाल बॉर्डर जाना चाहता है और शायद इसे कोई सरकारी ऑर्डर मिला है।

तू यहां पे कायकू आया? तेर्को नहीं मालूम, पुलिस तेरे पीछे पड़ी है इस वक़्त?

मालूम है। पुलिस को थोडा सैटिन कर दिएला है। टक टका टक कमला...मैं भाग जाएगा रे...बंगाल भाग जाएंगे अपुन...तू चलेगी मेरे साथ...

मैं तेरे साथ किदर भी चलने को राज़ी। पन तू इदर की पुलिस से कैसा बचेगा रे?

पैसा मंगता है। बाक़ी सब हो इच जाएगा। अपुन चूतिया। सारा पैसा बाप और बहन के नाम जमा कर दिएला। बहन गई। बाप देगा नईं। भोत चालू है साला।

तू ऐसा किया क्यों?

मैं कुछ नहीं किया। मैं कैसे मार सकता है अपनी भैन को?

फिर भाग कायकू रहा है?

छोडेंगे नईं वो लोग मेर्को। भैन को मैंने नईं मारा। वो खुद मरी है। पन नत्थू को लुढ़का डाला अपुन ने। ये अपने हाथ से काट डाला उसकू। फिर ब्रिज से पटरी पर फेंक डाला। उसके कारण मेरी भैन ने जान दी। फुक्कट में हो गया रे सब कुछ। मैं उसकू कुछ नईं बोलने वाला था। सिर्फ़ थोड़ा-सा डांटता रे। फिर खुदीच नत्थू के साथ उसका शादी करा देता। पन साली मेर्से भोत डरती थी। उसकू लगा, आज दादा वाट लगा देंगा। बस डर गई। अपने ऊपर रॉकेल डाला और चली गई।

सुन मैं तेर्को भोत प्यार करता है, पन मेर्को पैसा भी मंगता है। पैसा नहीं मिलेंगा, तो वो लोग मेर्को जीने भी नईं देंगा। मैं जास्ती दिन बाहर रह भी नहीं सकता। पुलिस

टपका डालेगी मेकों। उनकू तो चांस मंगता था एक। मिल गया है। ऊपर तक पैसा खिलाना है मेकों। उसके बाद मैं इसी गेट पर ठाठ से रहेगा। और तू मेरे साथ रहेगी। नईं। मैं भागेगा नहीं। अपुन की इज़्ज़त की बात है। इसी गेट पर बनी है अपनी इज़्ज़त। अपुन इसी गेट पर लौट के आएंगा। राज्जा बनकर। साला। देखता रहेगा सब कोई। इदर आएंगा। पोलटीस करेंगा। इदर का कारपोरेटर बनेंगा। फिर कोई मेकों हात नहीं लगा पाएंगा। पन उसके वास्ते पैसा मंगता।

मैं कां से लाके देगी तेकों पैसा? मेरे बाप के पास सांप के सिवा कुच भी नहीं।

येड़ी। मैं तेसें पैसा थोड़े मांग रैला। मेसें प्यार करती है। भोत है। इससे जास्ती कुच नईं मंगता। बस, जबी अपुन बोले, अपना साथ देने का। हो सकता है, कल देना पड़े। हो सकता है, चार दिन बाद। अपुन तेरे साथ प्यार करता है। और प्यार करने का है अपुन को। तू मेकों मिलते रैना। मैं तेरे साथ पहाड़ी के पीछे जाएंगा। तेकों बताया है न मैंने–उदर मोब्बत का नदी बैता है। अपुन दोनों उसमें नहाएंगा। क्या?

मैं तेरे साथ किदर भी जाएंगी। क्या?

देख, मेरे हाथ में एक कबूतर था। मेरे भेजे में गोली लगी। मालूम, गोली लगने से क्या हुआ?

तू मर गया।

नईं। मैं नईं मर सकता। भेजे में गोली लगने से नईं मरेंगा मैं। गोली लगने से मेरा कबूतर उड़ गया। मेकों भोत अफ़सोस है, कबूतर उड़ गया। कबूतर हात में रहेंगा, तो मैं नक्कीच मरेंगा। मेकों मेरा भेजा बचाना है, तो कबूतर को उड़नाच होंगा।

क्या बोल रहा है? मेकों समझ नहीं आता। तू ये सब मत कर। पैसा कमा। अपुन सात में रव्हेंगे। है ना?

हा रे। अपुन सात मेंइच रव्हेंगे। अभी मैं जाएंगा। पन याद रकना–पहाड़ी के पीछे मोब्बत की नदी है। मैं तेकों टाइम बता देंगा। शायद तीन दिन बाद। अपुन उदर मिलेंगे। फिक्स करेंगे, कि किदर जाना है इसके बाद। इदरीच रहना है के नईं रहना है।

हा, याद है। मोब्बत का नदी में अपुन दोनों नहाएंगे। सात में। फिर हमेशा के लिए सात हो जाएंगा।

12

काग़ज़ ग्राम पंचायत में जमा हैं। बंडू काका नागमोड़े को मकान के बांधकाम के लिए परमिशन चाहिए। वह अपनी स्टाइल का मकान बनाना चाहता है। वह नीचे एक दुकान भी रखना चाहता है। ग्राम पंचायत मकान बनाने की इजाज़त दे देगी, लेकिन

दुकान की नहीं। कोई भी इजाज़त पानी के भाव नहीं मिलती। बंडू भाव देने के लिए तैयार है।

ग्राम पंचायत में साब नहीं है। सरपंच के घर है। मिलना है, तो वहां जाना पड़ेगा। बुवा से अभी उसी दिन पंगा हुआ था। वह नाराज़ है। बेइज़्ज़ती भी कर सकता है। चौकीदार कहता है—साब बोल के गैले हैं, तुम आएंगा, तो उदर इच भेज देना करके।

बंडू के क़दम चलने से पहले थक गए हैं। उसकी एक आंख में ख़ौफ़ है, दूसरी में ख़ौफ़ज़दा कर देने वाली सूरमाई, जिसका सुरमे होने से कोई लेना-देना नहीं होता।

गोपाल बुवा आंगन में बैठा है। सामने टेबल पर बहुत-से काग़ज़ बिखरे हुए हैं। पास ही साब भी बैठा है। साब क्या है, बंडू को नहीं पता। बस साब, साब है। सब उसे साब बोलते हैं। सरपंच भी। वह भी सरपंच को साब ही बोलता है। दो साब बैठे हैं। बाक़ी पीछे लोग हैं। कोई हथेली पर सूखा मसल रहा है। कोई बीड़ी के कश ले रहा है। एक आदमी कांच के गिलास में चाय पी रहा है। एक मराठी 'नवा काळ' में खोया हुआ है।

उसने किसी को सलाम नहीं किया। बग़ल में बैठे हुए साब से पूछा—मेरा परमिसन का क्या हुआ?

कायकू वांदा करता है? हो जाएंगा रे। थोड़ा-बहुत काग़ज़ है, उसपे चिड़िया मार। अपने आप हो जाएंगा सबकुच।

साब, फ़िकर मत करना। तेरा फ़ीस भी देंगा मैं। लेके आया है थोड़ा। बोलने के बाद बंडू को लगा, उसने यह डायलॉग बोलने में थोड़ा जल्दी कर दी है। साब को ख़ुदीच अपनी डिमांड रखने को बोलना था।

तू फ़िकर मत कर रे! तेरा सारा काम होएंगा, पन साब को तो खुस कर।

उसने सरपंच की ओर इशारा किया।

उसने कहा, पचास में ली है, साठ दे दे, जमीन ले ले।

क्या रे बंडू? मेर्से ही सौदा? मैं अक्खी दुनिया का पैसा अपने पेट में रकता और तू मेरे पेट से रोकड़ा निकालेंगा? इत्ता गू आ गया तेर्में?

बुवा, गू तो मेर्में भोत है। इदर कर देंगा, तो तुम सगळा उसका बास से मर जाएंगा। अरे, मैं पादेंगा, तो उसका बास सैन नहीं होएंगा तेर्से, मेरे गू का क्या बात करता है?

बंडू ने आंखें बंद कीं। उससे पहले उसने अपनी शर्ट उतार दी। उससे पहले उसने पानी का लोटा मंगाया था। उससे पहले अपने मुंह से थोड़ी-सी हवा अपनी मुट्ठी में बंद की थी और सरपंच के मुंह पर तैर रही हवा में छोड़ दी थी। हवा हवा से मिल गई थी। वह उछलकर पांच फीट दूर से डंठल ले आया। उसके कान किसी को न दिखते थे। बंडू को दिखते थे। उसमें उसने अपनी फुसफुसाहट भरी। उससे

पहले उसमें पानी की तीन बूंदें भरीं। उससे पहले उसने अचरज से अपनी ओर देखते सरपंच को उस आंख से देखा, जिसमें वह ख़ौफ़ज़दा कर देने वाले सूरमाई भाव, जिसका सुरमई होने से कोई लेना-देना नहीं, को संचित करके रखता था। ऐसे ही मौक़ों के लिए।

वह सरपंच को सांप बना देना चाहता था। जैसा उसका बाप किया करता था, ऐसा एक बार उसकी मां ने बताया था। उस समय मंत्र पढ़ते हुए भी उसमें अफ़सोस हो रहा था कि बाप ने उसे ठीक यही विद्या क्यों नहीं सिखाई, उससे पहले ही क्यों मर गया?

सरपंच पर उसके मंत्र का कोई असर न पड़ा। वह एक बार फिर कोशिश करेगा।

डंठल उसकी बात सुन रहा था। डंठल ने अपनी भाषा में उससे कुछ कहा, जो ज़ाहिर है, किसी के पल्ले नहीं पड़ा। डंठल ने आगे बढ़कर सरपंच की धोतर छुई। फिर पीछे लौटकर बंडू को।

सरपंच की मुस्कान ग़ायब हो गई। उसकी आंखें जलने लगीं।

क्या रे बंडू? मेर्को सांप समझ के रखा क्या रे? साला, मेर्पे जादू-टोना करेगा? ये ऐसा नईं मानने का। द्यो इसको चार रख के।

पीछे से चार लड़के उठकर आए। एक ने बंडू का डंठल छीन लिया और बोला— काका, कर दे साइन और निकल ले। कायकू राड़ा करने का?

थोड़ी देर पैले तो मैं तेर्को पैसा भी देना चाहता था। ये देख, पन्नास हज़ार हैं पूरे। तू इत्ते में लिया था न। अरे द्यो बाबा इसकू। नईं तो अबी जादू करके मेर्को सांप बना देगा और तुम सबको बकरी। क्या रे जादूगर?

भाड़ ! बुवा ने ही पहला हाथ उठाया। उसके बाद क्या था, सारे लड़के बंडू पर पिल पड़े। दो लोगों ने उसके दोनों हाथ पकड़े, दो ने उसके दोनों पैर और झुलाते हुए उसे भीतर ले गए। एक कमरे में पटक दिया। लात चल रही थी। बस, बंडू पिट रहा था। उस तरह नहीं, जैसे सांप पिटा करता है।

सिर खुल गया था। आंख सूज गई थी। एक हाथ काम करने से मना कर रहा था और शरीर सूज गया था। बंडू का पाजामा गीला हो गया था।

वे और कुछ बोल रहे थे, पर लात-घूंसों का शोर और उनसे होने वाला दर्द इतना ज़्यादा था कि कुछ सुनाई नहीं पड़ रहा था। बंडू को लगा, उसकी आंखें अब हमेशा के लिए बंद हो गई हैं। उसके हाथों में भी गीलापन लगा। वह ख़ुद को किसी थिएटर में महसूस कर रहा है, जहां कोई सस्ती फ़िल्म चल रही हो। सब कुछ इतना नाटकीय। ऐसा जीवन में भी होता है? यह सच है, सपना है या कोई फ़िल्म है? मुंह से फूटे

बोल, बोल नहीं थे, पिक्चर का डायलॉग था। सचाई, सचाई नहीं थी, किसी की लिखी हुई स्क्रिप्ट थी। जीवन, जीवन नहीं था, आगे की क़तार में बैठे दर्शक का दृश्य-तर्क था, जिसमें सबसे कारगर मंत्र, सबसे ज़रूरी मौक़े पर ही दग़ा देता है।

13

कमला जब घर से निकली, तो उस वक़्त कोई बस नहीं थी। उसे ऑटो करना पड़ेगा, जो कम से कम पचास रुपए ले लेगा। वह ऑटो की तरफ़ बढ़ी ही थी कि एक ऑटो उसकी ओर बड़ी तेज़ी से लपका और रास्ते में अड़ गया। उसने भीतर देखा, सफ़ेद शर्ट, सफ़ेद पैंट और सफ़ेद चप्पल पहने एक मुस्कान उसे तक रही है। वह साथ हो ली।

वह उसे देख रही थी। ऐसे, जैसे फिर कभी नहीं देख पाएगी।

वह अपनी मौत में जा रही थी। और चारों ओर शहनाइयां बज रही थीं। रिक्शा डोली नहीं, अर्थी था। वह गढ़वाली के साथ मर जाएगी। उसके लिए मर जाएगी।

तू मेरे सात रहेंगा न रे?

हव।

अपुन दोनों का एक मकान होएंगा न रे?

हव।

कहां होएंगा वो मकान?

पता नहीं रे, पर होएंगा ज़रूर। पैले मेर्को इस पनौती से निकल जाने दे।

आपुन आज तय करने वाले थे कि आपुन किदर जाकर रैंगे सात में?

हव। आजीच तय कर देंगे।

तो बोल ना? किदर जाएंगे?

अबी मालूम नईं। अब तो मैं बोला था न, पहाड़ी के पीछे मोब्बत का नदी है, उदरीच जाएंगे।

सात में नहाएंगे?

हव।

वे पहाड़ी पर चढ़ रहे थे, उस पहाड़ी पर जिसके पीछे मोहब्बत की नदी बहती है। सामने ही अय्यप्पा मंदिर था। यहां दूर-दूर तक कोई नहीं रहता। ये जगह रहने के लायक़ भी नहीं है। इतने सुनसान में शायद ही कोई रह सके। मोहब्बत करने वाले यहां आते हैं। थोड़ा-सा पानी जमा है, जिसे किसी ने मोहब्बत की नदी का नाम दे दिया।

तू क्या-क्या कर सकता है मेरे लिए?

मैं कुच भी कर सकता है।

ये नदी में जंप मारकर वापिस आ सकता है।

कर सकता है।

पन ज़रूरत नईं है। मैं जानती है, तू कर सकता है। तू पुलिस से बचके मेर्से मिलने कू आ सकता है, तो कुच भी कर सकता है। तू मेर्से भौत प्यार करता है न?

हव। भौत। भौत बोले तो भौत।

क्या करेगा इत्ता प्यार करके?

तेरा प्यार ही अपुन का जान बचाएगा।

कमला पहली बार इतना खुलकर बोल रही है। उसे लग रहा है, उसके भीतर प्यार का दरिया है। अर्जुन एक बादल है। इश्क़ का बादल। सामने मोहब्बत की नदी है। सब एक जैसा है। दरिया से पानी उड़ेगा, बादल में पानी भरेगा और बादल बरसेगा। मोहब्बत की नदी ऐसे ही बनती है। ऐसे ही बहती है।

अचानक उसके होंठों पर एक बरसात होती है। वह आंखें बंद कर लेती है। वह झुका रहा है। वह झुक रही है। वह सांस छोड़ रहा है। इसे सांस मिल रही है। वह जीवन के भीतर पहुंच रहा है। यह जीवन के पार हो रही है। ये कोई जादू है। कोई जुनून है। कैसी माया है ये? वह अपना सब कुछ दे देना चाहती है। वह बादल में खो जाना चाहती है। वह पानी से कहना चाहती है, मुझ पर बहो। वह हवा के कान पकड़कर कहती है, इस तरफ़ धीरे से बहना। वह घास से कहती है–और मुलायम हो जाओ। वह पेड़ से कहती है–अपनी छांव को यहां तक ले आओ। ले आओ और इस धूप को धौल लगाओ। कहो कि यहां साया हो। वह अपनी आंख को भरकर उससे सारे समंदरों को चिढ़ाना चाहती है।

अचानक उसे लगता है कि उसके ऊपर एक नहीं, कई लोग हैं। एक बादल नहीं है, कई बादल हैं। एक सांस नहीं, कई सांसें हैं। एक बदन नहीं, कई बदन हैं। कोई यहां से खेल रहा है, कोई वहां से। इतने स्पर्श एक साथ।

उसकी आंखें खुल जाती हैं और मुंह खुला का खुला रह जाता है। भीतर डर की एक मीनार उठती है और दिल एक गहरे गड्ढे में बदल जाता है। एक चीख़ गले के दरवाज़े तक आती है और कोई भड़ाम से दरवाज़ा बंद कर देता है। वह चीख़ना चाहती है, पर किसी ने उसका मुंह बंद कर दिया है। एक साथ इतने हाथ। विठोबा? ये क्या हो रहा है? इनमें अर्जुन कहां है? वो भी है। उफ़? ये क्या हो रहा है। उसे लगता है, उसके नाक पर कुछ आया है। उसकी आंखें फिर बंद हो रही हैं। एक साथ इतने सारे लोग उसके साथ क्या कर रहे हैं?

उसने फिर आंख खोलने की कोशिश की। उस पर बेहोशी छा रही है। उसे एक मूवी कैमरा दिख रहा है।

उसके बाद वह पूरी तरह बेहोश हो गई। कैमरा चलता रहा। उसे नहीं पता, कब होश में आई? उसे नहीं पता, इतनी रात कॉलोनी के गेट के पत्थर पर वह कैसे बैठ गई थी? कैसे वह यहां तक पहुंची? क्या हो गया है उसके साथ? उसे नहीं याद, वे कितने थे और उसके साथ क्या किया? उनके चेहरे नहीं देखे। कुछ भी नहीं देख पाई।

ख़ुद का स्पर्श भीतर से घृणा पैदा कर रहा है।

उसका पूरा बदन दर्द कर रहा था। कपड़े सलामत थे, पर वे नहीं थे, जो वह पहनकर गई थी। उसके कपड़े बदल दिए गए थे। अर्जुन उसके भीतर है। सफ़ेद शर्ट, सफ़ेद पैंट और सफ़ेद चप्पल पहने एक मासूम क़िस्म की मुस्कान उसे तक रही है। बिना कुछ बोले। वह बोल नहीं रहा है। उसके भीतर रह रहा है। उसकी पोशाक का रंग हरा हो गया है। उसका पूरा बदन हरा हो रहा है।

झींगुर बोल रहे हैं। उसने कातर शक्ल वाली चिल्लाहट फेफड़ों में भरी और उसकी उल्टी कर दी। हर अक्षर एक रुदन है, हर सांस एक सिसकी। हर आवाज़ एक आंसू है, जिसके भीतर वह डिग रही है। कोई पत्ता खड़कता है और उसकी रूह भीग जाती है। उसके बदन का उसे ख़ुद नहीं पता। वह कपूर की तरह हवा में उड़ रहा है और बहुत थोड़ा बचा है। अंग गलकर चू रहे हैं। वह मवाद की देह है।

वह कॉलोनी के भीतर भागी। चौकी पर विजू सावंत बैठे हुए थे। उन्होंने उसे दौड़ते हुए देखा और पूछना चाहा, क्या हुआ है? पर तब तक कमला बहुत आगे निकल गई थी।

दौड़ते-दौड़ते वह सीधा अपने दरवाज़े से जा टकराई। दरवाज़ा सिर्फ़ भिड़ा हुआ था। उसके ज़ोर से खुला और वह सीधा भीतर जाकर गिरी। ऐसे, जैसे किसी ने बहुत ज़ोर-से धक्का दिया हो। वह फिर नहीं उठ पाई। उठने का मन नहीं था। उसके बदन पर अविश्वास था।

14

मैं उसकू देक भी नईं पाया। वो कब आई, मेर्कों नईं मालूम। पन उसको कोबरा ने काटा है। मैं बोला था उसको, कोबरा के टोकरे में हात मत डालना। वो डाल ली। पता नईं क्या हुआ, वो डाल ली हात। उसकू सांप से खेलने को भौत अच्छा लगता था। बोलने की मैं सांप को मारता है, वो सांप को प्यार करती है। सांप को प्यार नहीं करना चाहिए। वो काट लेता है। वो तो अपनी मासूमियत में भी काट लेता है, ग़ुस्से में भी।

उसे कुछ भी बोलो, वो काटेगा ही। चिढ़ गया, तो काटेगा; प्यार करेगा, तो भी काटेगा। सांप पालने वाले सांप के काटने से ही मरते हैं। मेरा बाप भी मरा था।

कोबरा साला सौ किलो का था। अक्खी लाइफ़ एक सांप है। खेलने का नईं। काट लेता है। जो सांप ज़िंदगी बनकर गले में टंग जाता है, उसका वज़न नईं करने का। वज़न करो, तो सांप काट लेता है। उसको पुच्ची-पुच्ची नईं करने का, करो तो काट लेता है। उसको सात में लेकर सोने का नईं, सोवो, तो काट लेता है।

वो कैसे उसके टोकरे में हात डाली। कायकू उठाकर उसकू अपने गले में टांग लिया। बाबा, मैं सांप से इत्ता टैम से वाक़िफ़ है, मेरा कबी हिम्मत नईं हुआ कि मैं कोबरा को उठाकर गले में डाले लेवे, पन वो डाल ली। वो कोबरा को किस की।

वो मेरे सामने कोबरा को हात में लेके निकली। मैं बोला, मत छू। काट लेंगा। वो उसके साथ खेलने लगी। बाहर निकल आई। मैं दौड़ा उसके पीछे। मैं बोला, मत छू। काट लेंगा। उसने गले में टांग लिया। बस, काट लिया। गले के पास ही काटा। वो गिर पड़ी। मैं बोला था, मत छूना। काट लेंगा। कोबरा किदर को निकल लिया, मेर्को नईं मालूम। मैं जित्ती देर में मंतर पढ़ता, उत्ती देर में वो चली गई। मैं उसकू नईं बचा पाया। मैं बोला था, मत छूना। काट लेंगा। मेरे पास मुर्ग़ी भी नईं थी। मेरे पास कुच बी नईं था। तुम लोगां ने देखा, कैसे उसके मुंह से झाग निकल रहा था। कैसे उसका आंग नीला पड़ गैला था। मेरे हात में पलस्तर लगा था। मैं हात कैसे खोलता? मैं बोला था, मत छू। काट लेंगा।

इस कॉलोनी की दो आंखों की दो पुतलियों में दो तस्वीरें हमेशा ज़िंदा रहेंगी—एक कमला के मरने की, दूसरी बंडू के तड़पने की। कॉलोनी में सांप आज भी आते हैं, लेकिन बंडू से नहीं डरते। बंडू गेट पर पड़ा रहता है। दारू पीता है और तड़पता है। अपने मंतर याद करता है। डंठल को धार देता है। सीधा खड़ा होकर गेट की तरफ़ आंग कर धार मारता है। उसके फव्वारे से सांप का बदन बनाता है। उसका सपना है—एक दिन वो नाग-नागिन का जोड़ा मारेगा। प्रेम करता हुआ नाग-नागिन का जोड़ा। उसके पहले वो कोई सांप नईं मारेगा। लेकिन सांप अब उसे दिखते ही नहीं।

(2007)

साहिब है रंगरेज़

हमने अच्छा किया या बुरा
इस सोच से बहुत आगे
एक मैदान है
मैं तुम्हें वहां मिलूंगी

जब आत्मा अपने से भी ऊंची
उस घास के बीच लेटती है
तो दुनिया इतनी ठसाठस भरी होती है
कि उसके बारे में कुछ भी बोलना
अच्छा नहीं लगता
विचार, भाषा, यहां तक कि यह कहना
हम एक-दूसरे के लिए हैं
जहां कोई मायने नहीं रखता

–जलालुद्दीन रूमी

1

डिंपा की मां के बारे में तो आप जानते ही होंगे। मैंने जब पिछली से पिछली बार कहानी लिखी थी, तो आपको बताया ही था उसके बारे में। भूल गए लगता है? लुक्खागिरी के 'फुल फ्लैश' कैरियर में डिंपा की मां अपन लोगों को बहुत जमी थी, क्योंकि उसके नितंब बहुत बड़े-बड़े थे और हम लोगों में एक शर्त लगती थी, ख़ासकर तब, जब वह बिरला गेट पर भाजी लेने आती थी। जब वह भाजी लिया करती, तो हम पीछे से उसे देखते हुए शर्त लगाते थे कि आज कौन उसके हिप्स पर चिकोटी काटेगा, कौन चमाट मार सकेगा, वग़ैरह-वग़ैरह। और कहीं दिलचस्पी नहीं होती थी, बस हिप्स।

डिंपा की मां को वैसे कोई ख़ास ऑब्जेक्शन नहीं होता था, पर अगर चिकोटी ज़्यादा तेज़ कट गई, तो वह बवाल कर देती थी। जाकर धीरे से सहला दो, तो वांदा नहीं। ग्रांटेड है।

जब वो आती थी, तो हम लोग गुनगुनाना शुरू करते थे–आधा किलो, एक किलो। आधा किलो, एक किलो। उसके विकट नितंब बहुत नैसर्गिक तरीके से अप एंड डाउन होते थे और हम उसे तराजू के रूपक में देखते थे। जैसे तराज़ू का भारी पलड़ा नीचे होता है, हलका ऊपर, वैसे ही उसके नितंब भी ऊपर-नीचे होते थे।

शर्त के कारण येड़ा ढेपलू तीन बार फंसा था। शायद वह ज़्यादा ही ज़ोर से चिकोटी काटता था। या उसे लगता होगा कि यह दस्तक है, अगर डिंपा की मां ने उसे पहचान लिया, तो उसके घर में उसकी फ्री एंट्री हो जाएगी और फिर तो ख़ल्लास। झक्कास में धमाल, फुक्कट में बजाओ माल। पन ऐसा कभी हो नहीं पाया। येड़ा ढेपलू को तीन बार डिंपा की मां के चमाट अपने गाल पर झेलने पड़े। और मज़े की बात है कि तीनों बार डिंपा की मां ने उसे पहचाना। बोली–रंडी के, फिर आ गया तू। और तड़ाक। येड़ा ढेपलू ने तीसरी बार के बाद शर्त लगाना बंद कर दिया। यही नहीं, डिंपा की मां अगर बिरला गेट पर दिख भी गई, तो येड़ा ढेपलू सीधे कल्याण निकल जाता, डुक्कर पकड़ के।

हुआ क्या कि तीसरी बार बेचारे येड़ा ढेपलू का कोई क़सूर ही नहीं था। चमाट तो टकले गुड्डू गांधी ने मारी थी। दो बार येड़ा ढेपलू पिट गया, तो तीसरी बार उसने शर्त लगाने से ही मना कर दिया। गुड्डू गांधी ने उसे बहुत उकसाया। ज़माने भर के हीले दिए। पर येड़ा नहीं माना, तो नहीं माना। फ्लैट नकार। तय हुआ कि इस बार क़िला फ़तह करने का ज़िम्मा गुड्डू गांधी का। हम सब मान गए। साला, गुड्डू गांधी भोत शाणा बनता था। अक्खा टाइम टकला रहता था। सिर पर झांट बराबर बाल भी नहीं। दाढ़ी बढ़ी रहेगी, चल जाएगा, पन टकले पे बाल नहीं मंगता। जब छोटा था, तो बाप ने उसको बहुत प्यार से गुड्डू नाम दिया था। उसके टकले को देख हममें से ही किसी ने उससे भी ज़्यादा प्यार से उसे गांधी नाम दिया। बाप और दोस्तों का प्यार मिल गया, तो गुड्डू गांधी बन गया। हम लोगों ने सोचा कि हर बार बेचारे येड़े को पड़ती है, इस बार गांधी के शाणपणे की थोड़ी वाट लगनी चाहिए। डिंपा की मां से खाएगा, तो शाणपणा निकल जाएगा। तो तय हुआ कि हाथ तो गांधी ही फिराएगा।

गांधी ने भी टंगड़ी मार दी। येड़ा ढेपलू उसके साथ गाड़े तक जाएगा, जिधर डिंपा की मां दो रुपए की भाजी के लिए सौदागरी कर रही है।

गुड्डू गांधी गया। साथ में येड़ा भी। येड़ा डर रहा था। दो चमाट याद थे उसको। वह थोड़ा पीछे ही रहा। गाड़े के पास भीड़ तो होती है। येड़े को पता नहीं चला कि गांधी ने कब हाथ साफ किया। उसे तो डिंपा की मां के ल्ल्ले काले चेहरे पर भभकती हुई लाल आंख और अपने गाल की दिशा में बढ़ता उसका हाथ दिखाई दिया। रापचिक काला क्रिश्चियन हाथ।

माईला...येड़े का उदरीच वाटरलू हो गया।

डिंपा की मां बोली, 'यह रंडी का...हमेशा तंग करता है।'

किसी ने पूछा, 'क्या हो गया?'

'अरे, ये हरामी का बच्चा है।'

दो-चार लोग और पलट गए। *क्या होग्या, क्या होग्या* की रट लग गई।

डिंपा की मां बस इत्ता बोले, 'ये स्साला हरामी है...'

दो लोग आगे बढ़े, तो लगा, येड़े को सलटा देंगे और येड़ा भी नक्की ढक्कन, कि जगह से हिले ही नहीं। आंख फाड़कर बस डिंपा की मां को देखे जावे। उसको मज़बूत पड़ती पब्लिक की, उससे पहले ही गांधी एक्टिव हो गया। पूछा, 'क्या हो गया आंटी? क्या हो गया भइया?'

'ये स्साला हरामी है...'

'क्या किया रे? बोल? भड़वे बोल?'

गांधी ने येड़े को हड़काना शुरू किया और धक्के मारते थोड़ा आगे तक ले गया। फिर बोला, 'निकल ले लपुट। तेर्को बचाके यहां तक ले आया। अब निकल ले। मेरी गारंटी नहीं अब। पब्लिक को भोत मजा आएगा तेरी लेने में। चल निकल।'

और येड़ा वहां से जो भागा कि दूसरे दिन तक घंटा कसी को नज़र नहीं आया। जब आया, तो गांधी की बैंड बजा दी–'साले, मजे तेरे और पड़ी मेर्को।'

गांधी ने उसको समझाया कि कितनी चतुराई से उसको पब्लिक से पिटने से बचा लिया उसने। और येड़ा ये बात मान भी गया। दोनों में फिर पक्की दोस्ती। येड़े को चैरिटी में जो मिला था, उसे हर वक्त भूले रहता, पर डिंपा की मां बिरला गेट पर आई नहीं कि येड़ा ढेपलू की फटने लग जावे। तभी से हम लोग उसे–*येड़ा ढेपलू फट्टूभाई, डिंपा की मां ने सॉलिड बजाई*–कहने लगे थे। हालांकि इसके बाद भी शर्त लगाने में कभी कोताही नहीं हुई। गुड्डू गांधी हर बार सहला आता, कभी पकड़ा नहीं जाता, और धीरे-धीरे पूरे बिरला गेट में ये फ़ेमस हो गया कि डिंपा की मां फिराने देती है, बशर्ते प्यार से फिराओ। गांधी को पता नहीं क्या तरीक़ा आता था कि धीरे-धीरे डिंपा की मां के लिए शर्त लगनी ही बंद हो गई। वह आती, तो पहले ही हम बोल देते, 'जा रे गांधी। आ गई तेरी।'

2

तो जैसा कि आप जानते ही हैं कि डिंपा के तीन नाम हैं। पहला नाम तो आप जान ही गए, दूसरा नाम है अशोक और तीसरा नाम है डेविड। इस नाम को डिंपा सरनेम की जगह इस्तेमाल करता है। स्कूल के शुरुआती दिनों में उसके नाम के साथ एक और नाम जुड़ा था–कुमार। यानी अशोक कुमार डेविड। पर चिढ़ के मारे उसे जल्द ही वह नाम हटाना पड़ गया। स्कूल के बच्चे उससे पूछते कि तेरे बाप का नाम कुमार है क्या? वह बोलता नहीं, तो सवाल आता–फिर नाम के साथ कुमार क्यों लगाया है? वह कुछ लोगों के लिए राष्ट्र से भी बड़े महाराष्ट्र की उससे भी बड़ी राजधानी के पास बसा हुआ छोटा-सा क़स्बा था, जहां मराठी बोलने वाले लोग रहते थे और उनमें नाम रखने का रिवाज ऐसा था–नामदेव सखाराम बांडेकर, अतुल रमेश करमरकर, विजय दीनानाथ चव्हाण। तो जो बीच का नाम होता था, वह बाप का मान लिया जाता था और लोग बाप का नाम साथ में बोलने पर या तो बहुत फ़ख्र महसूस करते थे या गाली जैसा। सो, कुछ चिढ़ते भी थे। तो अशोक कुमार डेविड के नाम में से कुमार इसलिए हट गया कि बाक़ी के छात्रों को वह पसंद नहीं आया। इसके बाद भी डिंपा की टेंशन कम नहीं हुई थी। अब सब पूछते, 'ये डेविड किसका नाम है रे?'

वह बोलता, 'मेरा सरनेम है।'

'पन ऐसा कैसा सरनेम? ये तो नाम होता है।'

और उसके बाद डेविड नाम वाले कुछ लोगों का ज़िक्र होता। डिंपा ने एक दिन बहुत परेशान होकर अपने बाप राधेश्याम डेविड, जिसके कारण उसे डेविड जैसे एक नाम को सरनेम की जगह इस्तेमाल करने की गंदी आदत पड़ी थी, से ज़िद की कि वह अपने बेटे के लिए एक अच्छा-सा सरनेम खोजकर लाए, जैसे–पाटिल, चव्हाण, साठे, जोशी, पांडे या मिश्रा। पर उसके बाप ने उसे डांट दिया, 'जो मिला है, उसी में सब्र कर। मेरे बाप ने मुझे कोई सरनेम नहीं दिया, मैं तेरे लिए कहां से लाऊं?' और मन मारकर डिंपा को इसी सरनेम के साथ काम चलाना पड़ा। एक दिन राधेश्याम डेविड ने किसी अख़बार में एक सरनेम पढ़ लिया–'चाटे'। उसके बाद जब भी डिंपा सरनेम का ज़िक्र छेड़ता, राधेश्याम डेविड 'चाटे' का हवाला देते और कहते, 'इससे तो अच्छा सरनेम है न तेरा।' डिंपा मान जाता।

और उसके बाद उसने इसे एक मज़बूत तर्क की तरह स्वीकार कर लिया।

तो बातों-बातों में आपको यह भी पता चल गया कि डिंपा के बाप के दो नाम थे–राधेश्याम और डेविड। उनमें अपने सरनेम को लेकर कोई कॉम्प्लेक्स नहीं। उनका एक और नाम था साहिब, पर यह नाम उनकी बीवी के सिवाय कोई नहीं लेता। बीवी उसे नाम नहीं नामती, यह तो फीलिंग है। फीलिंग को कोई नाम दे सकते हैं क्या?

यहीं, लगे हाथ यह भी बता दिया जाए कि डिंपा की मां के चार नाम हैं। पहला तो आप जान ही गए, दूसरा नाम है हेमा। यह नाम उसके मायके वाले भी कभी नहीं लेते। किसी को याद ही नहीं। स्कूल में लिखा हुआ था। बाद में शादी के कार्ड पर छप गया। उसे शादी से पहले भूतपूर्व नाम छकुली से जाना जाता था। शादी हो गई, तो राधेश्याम डेविड ने उसे डार्लिंग कहना शुरू किया और यह उसकी जबान पर इस तरह चिपका कि जब कभी झगड़े के दौरान उसे अपनी पत्नी को गाली देनी होती, तो कहता, 'साली हरामखोर डार्लिंग...।' यह सुनने में फ़नी लग सकता है, पर जब राधेश्याम डेविड के मुंह से इस तरह शब्द निकलते, तो पूरी कॉलोनी में आफ़त आ जाती। और इसके बदले डिंपा की मां भी क्या न बोले, एक से एक आभूषण-सिंगार के साथ भाषा को सजाया जाता कि रीति काल का कोई कवि भी वहां से मूतते हुए भागे।

डिंपा की मां के चौथे नाम यानी डेविड के बारे में काफी कहा जा चुका है। वह पारिवारिक नाम है। पूरा परिवार उसे ढोता है, भले नई पीढ़ी को वह पसंद नहीं। जिस जगह से डिंपा का बाप आया था, वहां कोई सरनेम चलता भी नहीं। बीसियों साल पहले वे लोग झाबुआ में रहा करते थे। एक दिन कोई सिस्टर नन आई। उसने इनका पूरा नाम नहीं बदला। पानी छिड़का और सिर्फ़ डेविड नाम जोड़ दिया। कहा, 'आज से भैरू बाबा की पूजा बंद। ये खीस्त है, तुम्हारा नया देवता।' फिर उसके भजन गाए गए, 'खीस्त बाबा, तेरी अजब है कहानी।'

राधेश्याम डेविड जब छोटा था, तो उसे खीस्त बोलने में बहुत मशक़्क़त करनी पड़ती थी, पर उसने यह बात किसी से कही नहीं। पुरानी पीढ़ी के लोग विरासत पर सवाल वैसे ही नहीं करते थे। जो पुरखों ने दिया, सिर-माथे लगा लिया। पर उसकी जुबान की बाबा ने सुन ली, जल्द ही खीस्त, यीशु हुआ, फिर ईसा, फिर जीसस। ये नाम सही था। जुबान को आराम मिला। संकट के समय 'ओ खीस्त बाबा' बोलने में कई बार खांसी आ जाती थी। 'ओ जीसस' चल जाएगा।

नाम के साथ डेविड जुड़ने के बाद राधेश्याम के पिताजी को जो पैसे मिले थे, उससे उन्होंने झाबुआ छोड़ दिया और शिरपूर आ गए। वहां उन्होंने पानी से बर्फ़ बनाने का धंधा शुरू किया और साइकिल पर गली-गली घूमकर बर्फ़ बेचने लगे। जूनियर डेविड जब कांबा के पास इस कॉलोनी में आया, तब तक उसके पास बारहवीं का सर्टिफिकेट था, उम्र में 27 दिन बड़ी एक बीवी थी और अगर सब कुछ ठीक रहा, तो उसके पेट में उसी का बच्चा भी था। हां जी, राधेश्याम डेविड को अक्सर शक हो जाता है कि डिंपा की मां के पेट में जो कुछ भी है, वह उसका नहीं है। कई बार वह डर जाता है, जब डिंपा की मां कॉलोनी के किसी घर से कुछ खाकर आ जाती है।

किसी दूसरे का पेट में जाए, बर्दाश्त नहीं। वह किसलिए कमाता है? पेट में डालने के लिए ही न! सो, पेट उनके लिए बहुत अहम है। पेट में जाने के रास्ते भी।

मैंने पहले भी बताया था कि डिंपा की मां अपनी क़िस्मत पर हमेशा रोती रहती है। ज़िंदगी ने उसे इतने संघर्ष नहीं दिए कि उसका रंग काला हो जाए, वह तो बचपन से ही ऐसी है। जितना काला उसका चेहरा है, उससे ज़्यादा काले उसके बाल हैं। और बाल भी कमर से नीचे तक लपकते थे, पर एक बार डार्लिंग के साथ किसी झगड़े को अंजाम तक पहुंचाने के लिए मिस्टर डेविड ने कैंची से उन बालों को काट दिया था। उसके बाद डिंपा की मां के बाल पीठ से नीचे गए ही नहीं। उसके चेहरे की कालिमा में उसकी आंखें इतनी सफेद लगती हैं, मानो चिल्ला-चिल्लाकर कुछ बोलना चाहती हों। संस्कृत के किसी विद्वान ने उसे देख लिया होता, तो उसका पांचवां नाम 'चिल्लाक्षी' रख देता। उसके काले रंग के बारे में बहुत बातें होतीं। जिस मां को अपनी बेटी से दुश्मनी निकालनी होती, वह डिंपा की मां को सर्वश्रेष्ठ उपमा की तरह प्रयोग करती।

पर अगर डिंपा की मां के सामने उसके रंग का ज़िक्र कर दें, तो उसके चेहरे पर बहुत तिरछी मुस्कान आ जाती। बहुत शर्माते हुए वह कहती, 'मैं ऐसी नहीं थी रे। बहुत साफ़ रंग था मेरा। पर मेरा साहिब है न रे जो, बहुत बड़ा रंगरेज़ है। जब मुझे ख़ूब प्यार करता है, तो मेरा रंग उजला हो जाता है। जब नाराज़ होता है, तो मेरा रंग काला हो जाता है। जब मुझसे बातें करता है, तो मैं नीली होती हूं। जब मुझे छूकर गुज़रता है, तो लाल पड़ जाती हूं। इन दिनों वह मुझ पर बहुत नाराज़ है। क्या करूं, मेरे मिस्टर अब भी मुझ पर शक करते हैं। बोलो, ये भी कोई बात हुई। लड़का सोलह का होने आया, अब भी शक करते हैं। पर प्यार भी बहुत करते हैं।'

यह कहते हुए इतना डूब जाती थी, इतनी देर तक बोलती रहती थी कि सामने वाला फिर कभी उसके सामने उसके रंग के बारे में कुछ कहने की हिम्मत न कर पाता।

उसे यह बताने में बहुत गौरव होता था कि उसका पति अब भी उस पर शक करता है।

3

डिंपा की मां शाम आठ बजे घर में घुसी थी। राधेश्याम डेविड सोफ़े पर बैठा था। रंगरेज़ का चेहरा आज ज़र्द था। रंग बदल देगा।

डिंपा की मां को तब डिंपा पैदा हो चुका था। उससे पहले जंबो भी पैदा हो चुका था। डिंपा की मां को जंबो की मां भी कहा जा सकता था, क्योंकि पहली संतान तो

वही थी, लेकिन पैदा होने के कुछ समय बाद ही जंबो को उसका मामा शिरपूर ले गया। डिंपा की मां का भाई, डेविड का दोस्त था। डेविड पहले उसके कारख़ाने में ही नौकरी करता था। वहीं डिंपा की मां को उसने पहली बार देखा था। नहीं, कोई फर्स्ट साइट लव नहीं था। वह भले कितनी भी काली थी, पर हमेशा से ऐसी नहीं थी कि उस पर हंसा जाए। आज हम लोग जब उसे याद करते हैं, तो समझ में आता है कि उसने अपना स्टाइल सिग्नेचर डेवलप किया था। उस जमाने में फ़ैशन मैग्जीन्स इतनी नहीं थीं, न ही इतने सारे फ़ैशन डिज़ाइनर। फिल्मों में जो दिखा दिया जाता, वही आम पब्लिक का फ़ैशन हो जाता। आज तो फ़ैशन एक अलग मार्केट सेगमेंट है। सैलेब्रिटीज पहले ही तय कर देती हैं कि आने वाले साल का स्टाइल स्टेटमेंट क्या होगा। तो डिंपा की मां ने उस पिछड़े समय में भी अपना स्टाइल सिग्नेचर बना रखा था, यह बात आज 'रेट्रो' में समझ आती है, पर उन दिनों भी वह सबसे अलग लगती थी।

उसका रंग पहले से काला नहीं था, वह तो एक चमकते उजास से भरी रहती थी। वह तो उसका साहिब रंगरेज़ है, उसे जाने कैसे रंगों में रंगता रहता है।

शिरपूर की उस शाम जब कारख़ाने के काउंटर पर डिंपा की मां बैठी हुई थी, तो डेविड ने उसे देखा था। वह उसके चेहरे को ध्यान से देखता, उससे पहले वह खड़ी होकर थोड़ा झुकी थी और उसका कुर्ता छाती से खुल गया थोड़ा-सा। ड़ेविड की नज़र उसके दूधिया ख़रगोशों पर सबसे पहले पड़ी। वह दंग रह गया। इतना काला बदन और इतने दूधिया ख़रगोश! पल भर में किसी ने उसकी रहस्य की आवृत दुनिया में प्रवेश कर लिया है, डिंपा की मां को पता न चला। शादी के बाद पहली रात जब डेविड उसके ख़रगोशों को बेतहाशा प्यार कर रहा था, तब वे दूधिया नहीं बचे थे। डेविड ने कहा, 'तुम्हें यहां पाउडर लगाने का बड़ा शौक़ है न?'

डिंपा की मां चौंक गई थी, 'तुम्हें कैसे पता?'

'बस, पता है!'

ख़रगोश एक सम था। साहिब ने उसे सफ़ेद रंग में रंगा था। सफ़ेद रुई का लिहाफ़ ओढ़े फुदकता ख़रगोश। जिसकी आंखों में कत्थई रंग का बिंदु था। जिसकी आंख के चारों ओर उभार था। जो उनके जीवन का सम था। डेविड जब नाराज़ होता, तो वह बात को ख़रगोश तक ले जाती। वह बरसों पूछती रही, 'बता दो, तुम्हें कैसे पता?'

डेविड बरसों नहीं बताता।

भयंकर ग़ुस्सा और जानलेवा झगड़े को ख़रगोश ने अपना ज़िक्र आने पर कोमल प्यार और गांगेय रुलाहट में बदलते देखा है। ख़रगोश बहुत ताक़तवर था। उसका ज़िक्र आता, तो पत्थर-सा हो गया दिल पिघलकर उसकी कंदरा में बहने लगता।

डेविड जब क्रोध में जलते हुए, पार्क की बेंच पर जाकर बैठता, तो उसके पीछे से एक छोटा-सा कंकड़ आता, जिस पर एक काग़ज़ लिपटा होता। उसमें बहुत ख़राब हैंडराइटिंग और ग़लत स्पेलिंग्स में लिखा होता–'आज नाही बघायचं खरगोश? आओ न, आज उन्होंने बर्फ़ जैसी रुई का लिहाफ़ पहना है। देखो न, ठंड के मारे गले जा रहे हैं।'

डेविड काग़ज़ फाड़कर फेंक देता। यहां-वहां देखता। कोई नज़र न आता। वह ज़िद में बैठा रहता। एक काग़ज़ फिर आता, उसमें भी ख़रगोश के इंतज़ार के बारे में लिखा होता। डेविड उठता और डिंपा की मां को बांहों से पकड़कर बाहर ले आता। पार्क की सूनी बेंच पर दोनों एक-दूसरे का हाथ थामे बैठे रहते। डेविड की आंखों से आंसू गिरते रहते। डिंपा की मां अपनी उंगली की पोर पर एक-एक आंसू जमा करती और कहती, 'हर बूंद आंसू ख़रगोश की कत्थई आंख में रोप देना। मेरा ख़रगोश तुम्हारा हर ग़ुस्सा, हर आंसू अपनी आंख में समेट लेना चाहता है।'

डेविड की आंखों से और आंसू बहने लगते। डिंपा की मां का रंग बदल जाता। उसके साहिब ने आंसू से उसका पूरा शरीर रंग दिया। पहले उसके होंठों का रंग बदला। फिर उसके गालों का। फिर उसके ख़रगोशों का। उसका पोर-पोर उजला हो गया। डिंपा की मां ने बर्फ़ का लिहाफ़ ओढ़ लिया।

दोनों हाथों में हाथ डाले देर तक कॉलोनी की सड़क पर भटकते रहते। बीच-बीच में रोते। फिर कस के एक-दूसरे को पकड़ लेते। डिंपा की मां डेविड की हथेली चूमती और कहती, 'मालूम क्या साहिब? आत्मा हथेली के सिरे में रहती है। हथेली चूमने का मतलब आत्मा चूमना होता है। देख साहिब, मेरे होंठ तेरी आत्मा को चूमते हैं। मुझे अपनी रूह के रंग में रंग दे।'

ल्ल्ले, राधेश्याम डेविड पर सेंटी होने का दौरा पड़ जाता। भगीरथ के बुलाने पर गंगा पहले डेविड की आंखों में गिरी थी। शिव की जटा में तो बाद में गई थी। बोले तो, शिव ने चीटिंग की। डेविड की आंखें इस वक्त यही कह रही हैं। वह भरे हुए गले से कहता है–

माझी रानपाखरूं...

(मेरी बनैली तितली)

और अरुण दाते की आवाज़ में गाता है...

आज हृदय मम विशाल झाले
त्यास पाहुनि गगन लाजले

(आज मेरा हृदय बहुत विशाल हो गया है, जिसे देखकर आसमान भी लजा रहा है)

डिंपा की मां मुस्कराने की कोशिश करती आंखों से देखती एक लैंपपोस्ट के नीचे खड़ी हो जाती है। लैंपपोस्ट से बहुत हलकी पीली रोशनी नीचे गिर रही है।

बदरंग दिनों में वह जब अपने बरामदे में खड़ी हो झांकती, तो कोई यहां सिर झुकाए बैठा दिखता, जिसके चारों ओर रोशनी के बीच एक काला अंधेरा घेरा होता।

सफ़ेद रंग में डूबी इस रात वह उस लैंपपोस्ट से टिककर खड़ी हो जाती है और सुर जोड़ती है–

आज माझ्या किरणकरांनी
ओंजळीमध्ये धरली अवनी
अरुणाचे मी गंध लावले...

(मुझ पर रोशनी करने वाले ने आज अपनी अंजुरियों में धरती को भर लिया है; मैंने सूरज की सुगंध अपने शरीर पर लगा ली है)

4

डिंपा की मां शाम आठ बजे घर में घुसी थी। राधेश्याम डेविड सोफ़े पर बैठा था। रंगरेज़ का चेहरा आज ज़र्द था। रंग बदल देगा। चेहरे का रंग बदले बिना उसने कहा, 'साली डार्लिंग, तू ज़्यादा समय तक घर से बाहर मत रहा कर।'

'क्या हो गया?'

'कुछ नहीं, बस मैंने कह दिया ना। ज़्यादा समय तक घर से बाहर मत रहा कर।'

बर्फ़ से ढके उन दिनों में ऐसा बहुत कम हुआ था कि डिंपा की मां घर में आई हो और डेविड उसका इंतज़ार करते बैठा हो। डिंपा कॉलोनी में खेलता रहता था और डेविड पालियों में नौकरी करता था। कलपुर्जों की फिटिंग करता था। जब घर आता, सोने की लगी रहती।

आज वह डिंपा की मां के घर में घुसने के वक़्त सोफ़े पर इस तरह बैठा था, जैसे इंतज़ार ही कर रहा हो।

दोनों के बीच धूप-छांव-सा संबंध था। दोनों बहुत लड़ते और शायद उतना ही प्यार करते थे। उनका प्यार मिसाल था और झगड़े भी। हर झगड़े के पीछे प्यार ही होता है, ऐसा हर झगड़े के बाद वह कॉलोनी के हर घर में कह आती थी, क्योंकि उनके घर के भीतर हुआ झगड़ा थोड़ी ही देर में कॉलोनी के पत्ते-पत्ते, बूटे-बूटे तक पहुंच जाता था। अगर किसी को रात बारह बजे सड़क पर दो आत्माएं एक-दूसरे की बांहों में बांहें डाले, बाबा आदम और बब्बी ईव के अपराधों के पथ पर चलते दिखते, तो जूतों की तमाम ख़बरों के बाद भी यह मान लिया जाता था कि डेविड दंपती आज

'नाइटवॉक' पर निकला है। कॉलोनी के थिएटर में दिखाई जाने वाली साप्ताहिक फिल्मों के सबसे करुण दृश्यों पर अगर किसी को रोने की आवाज़ सुनाई दे जाए, तो समझ लिया जाता था कि मिस्टर एंड मिसेज डेविड आज बहुत इमोशनल हैं और घर जाते-जाते रास्ते में घंटों प्यार करेंगे। सालाना जलसा तब तक ख़त्म घोषित नहीं होता था, जब तक डिंपा की मां और राधेश्याम डेविड साथ-साथ ठुमके न लगा लें। और महीने-पखवाड़े की किसी रात जब दूर किसी महिला की दारुण चीख़ें गूंजती थीं, रात भर लोगों के दरवाज़ों पर कोई सिसकी आहट करती थी, तो बाक़सम, वह भूत नहीं होता था, डिंपा की मां रो रही होती थी। वह जितना धीमे हंसती थी, उतना ही चिल्लाकर रोती थी।

डिंपा की मां का पिटना एक सार्वजनिक कर्म था। ऐसा दृश्य, जिसे देखने के बाद लोग देर तक दरवाज़ा नहीं खोलते थे। खोलें, तो क्या पता, डिंपा की मां ही बाहर खड़ी हो, कब दौड़कर आपके घर के भीतर आ जाए और राधेश्याम डेविड उस पर से ध्यान हटाकर आप पर लगा दे, उसे गालियां देना छोड़ आपको देने लग जावे और कह देवे कि आपके साथ ही सोती है यह। तभी तो इसे पिटते देख आपकी गांड़ नरम हो गई है और आप इसे बचाने के लिए दरवाज़ा खोलकर खड़े हो गए हैं।

और जितनी शालीनता से यहां कहा गया है, डेविड इसके पास भी नहीं होता था। उस समय उसके मुंह से तो आग निकल रही होती थी और सामने जो आ जाए, भस्म होना तय है। आप आयं-बायं करते रह जाएं, लड़ा जाए या पहले इसे शांत कराया जाए, इसका सिर फोड़ दिया जाए या इसके सिर पर ठंडा पानी डाला जाए, आपको समझ में नहीं आता। आप और कुछ बोलें, तब तक डेविड आपसे धक्का-मुक्की कर चुका होगा। आपके घर में घुसकर डिंपा की मां को पकड़कर बाहर ला चुका होगा और उसे गालियां देते हुए ले जा चुका होगा, 'साली कोंबड़ी, अक्खी कॉलोनी में तमाशा कर दिया है। इधर भाग रही है, उधर भाग रही है, चल घर।'

हम सबको लगता कि अब घर ले जाकर डेविड उसे और फोड़ेगा।

पहली बार ऐसा कब हुआ था?

कोई तपती हुई दोपहर थी, जब बाहर खेलते कई बच्चों ने डिंपा की मां को पेटीकोट और ब्लाउज में ही बाहर दौड़ते देखा था। उसके पीछे बेल्ट लेकर डेविड दौड़ रहा था—नाड़े वाला धारीदार कच्छा पहने। वे दोनों शायद अपराह्न-अंतरंगता में थे और उसी समय किसी बात को लेकर तनातनी हुई थी। दोनों में जब भी तनातनी होती, शुरुआत में कोई संभालना न चाहता। बात बढ़ती रहती, बढ़ती रहती और बढ़ ही जाती। फिर बहुत बड़ा हंगामा होता, चीख़ें गूंजतीं, पकड़ा-पकड़ी होती और उसके बाद दोनों में से एक को कुछ ख़्याल आता और वह दूसरे को पकड़कर घर में ले जाता।

इस वक़्त डिंपा की मां पेटीकोट और ब्लाउज में कॉलोनी की काली, डायर से बनी साफ़-सुथरी सड़क पर दौड़ रही है और डिंपा का बाप पीछे है। इस वक़्त कॉलोनी की औरतों ने पहली बार जाना था कि वह पेटीकोट भी सैटिन का पहनती थी। जैसा फिल्मों में हिरोइनें। ज्यादातर औरतें कॉटन का रद्दड़, सस्ता पेटीकोट पहनती थीं और डिंपा की दौड़ती हुई मां का धूप में चमकता सैटिन का सफ़ेद पेटीकोट उन्हें गहरे आश्चर्य में डाल देता। अगले दिन जब कुछ औरतें हाल-चाल जानने उसके घर गई थीं, तो उनकी दिलचस्पी उसकी पिटाई से ज़्यादा यह जानने में थी कि उसके पास और कौन-कौन से पेटीकोट हैं। वे उसके पेटीकोट में लगी सिल्क की झालरों के पैटर्न को भी छू-छूकर देख रही थीं। वहीं पर लोगों को पहली बार पता चला था कि डिंपा की मां कितनी अच्छी कारीगर है। एंब्रॉयडरी, क्रोशिया, बुनावट, सिलाई सब में एक्सपर्ट।

तो डिंपा की मां सैटिन का सफ़ेद पेटीकोट और सफ़ेद ब्लाउज पहने कॉलोनी की पतली सड़कों पर दौड़ रही थी और उसका पति बेल्ट ताने उसके पीछे। उसके होंठों के नीचे ख़ून टपक रहा था। उसके कमर तक के बाल खुले हुए थे। उस वक़्त तक वह इतनी मोटी नहीं हुई थी। छरहरी-सी भव्य लग रही थी। पिटने से बचने के लिए दौड़ती एक भव्य स्त्री। संवार-संवारकर बनाए रूप को सबको दिखाते हुए दौड़ती एक भव्य स्त्री। डर के लिहाफ़ में लिपटकर अनावृत दौड़ती एक भव्य स्त्री। बेल्ट लहराते दौड़ते आते पति को बार-बार पीछे मुड़कर देखती एक भव्य स्त्री। थोड़ी देर पहले तक प्यार के महासागर में गोते लगाने के बाद नफ़रत के रंग से पगी हुई एक भव्य स्त्री। कुछ देर पहले तक साहिब की छुअन से लाल हुई और उजलेपन से आक्रांत एक भव्य स्त्री।

पेटीकोट और ब्लाउज में उसे दौड़ते देखने के लिए कई लोग बालकनी में खड़े थे। कई दिनों तक महिलाएं उसके पेटीकोट के बारे में बोलती रहीं और पुरुष उसकी फ़िगर के बारे में सोचते रहे।

यहीं कहीं सैटिन के सफ़ेद पेटीकोट में उसका पैर अटका और वह सड़क पर ढुलक गई। बहुत तेज़ी के साथ उसके पेटीकोट के अंदर का शरीर दिखा और फिर छिप गया। उसका सिर किसी पत्थर से लगा और हाथ उसके पेट के नीचे आकर दब गया। उसकी चीख़ ने कुछ नहीं पहना था। डेविड उसके पास पहुंच गया था। सनाक से एक बेल्ट दे मारी। डिंपा की मां बिलबिला उठी और उठने की कोशिश में फिर गिर पड़ी।

उसने पलटकर पति को देखा। वह ग़ुस्से में कांप रहा था। गालियां बक रहा था। डिंपा की मां के काले चेहरे पर उसके काले बाल बिखरे हुए थे। चेहरा नहीं दिख रहा

था। बाल हटाते हुए वह चीख़ी, जो न जाने किस स्वर-भाषा में थी कि हमें आज तक नहीं सुनाई पड़ी।

ख़ून बह रहा था। आंखों में था। माथे से चूता हुआ। कोहनी छिल गई थी। उल्टी हथेली जहां आत्मा का वास हुआ करता, वहां ख़ून की रगड़ थी। डिंपा की काली मां, डिंपा की लाल मां में बदल गई थी। रंगरेज़ ने फिर उसका रंग बदल दिया था।

उसका साहिब रंगरेज़ है। उसके रंगों से खेलता है। उसके बदन की चुनरी में अपनी मर्ज़ी का रंग भर देता है। उसकी मर्ज़ी पूछता तक नहीं। मन ना रंगाए, रंगाए जोगी कपड़ा।

5

नहीं, घर आकर नहीं मारा उसने मुझे। वह मुझे देर तक अपनी बांहों में ले रोता रहा। फिर बोला, तुझसे कितनी बार कहा है न, ज़्यादा देर तक घर से बाहर मत रहा कर। क्या करूं, मैं सुबह 8.40 की लोकल से निकल जाती हूं, फिर शाम को आने में टाइम लग जाता है। स्टेशन से कॉलोनी तक आना भी तो टेंशन का काम है। रस्ते में बिरला गेट से भाजी भी लेती हूं। बस मिल जाए, तो ठीक, नहीं तो ऑटो करना पड़ता है कई बार। पन इनको मेरे पे हमेशा डाउट रहता है। इनको लगता है कि मैं हॉस्पिटल नहीं जाती, कहीं और जाती हूं। क्या बोलूं, शायद एक-दो बार ये मेरे पीछे-पीछे हॉस्पिटल भी आए हैं। अब कितना समझाऊं, ये बात तो समझने की ही होती है। हर वक्त बोलता है कि मुझ पर विश्वास करता है। जब शांत रहता है, तो बहुत अच्छा रहता है, पर जाने क्या हो जाता है बीच-बीच में।

डिंपा की मां घर आई औरतों से कह रही थी या ख़ुद से, नहीं पता। कल का वाक़या ऐसा था कि डिंपा की मां का मन ही नहीं हो रहा था कि वह किसी का चेहरा देखे। वह ऊपर से मुस्कुरा रही थी, पर भीतर ही भीतर उसके दिल में हल्ला हो रहा था। कल दोपहर पूरे प्रकरण के बाद डेविड उसे घर ले आया और देर तक प्यार करता रहा। मतलब उसके घावों को सहलाया। देखता रहा। वह चुप थी। समझ नहीं पा रही थी कि कैसे रिएक्ट किया जाए।

डेविड उसके घावों पर कॉटन से डेटॉल लगा रहा है। जलन के मारे डिंपा की मां की रूह हंगामा कर रही है। उसके भीतर जैसे कोई जुलूस निकल रहा है। हज़ारों लोग सड़क के किनारे खड़े हैं और नारे लगा रहे हैं। लेकिन जैसे किसी ने रिमोट पर म्यूट का बटन दबा दिया है। देखने पर पता चल रहा है कि बहुत हंगामा हो रहा है, लोग उछल रहे हैं, शब्द अपने रूप का सबसे भयंकर नृत्य कर रहे हैं, हवा में हाथ

भांजे जा रहे हैं, मुट्ठियां तनी हुई हैं, लेकिन कोई आवाज़ नहीं हो रही है। या तो उस आवाज़ को जिन कानों के रास्ते भीतर की दुनिया में जाना था, जिस जुबान के रास्ते बाहर की दुनिया में आना था, वे कान अंधी खाई की मानिंद हो गए हैं, वह जुबान काठ हो गई है।

वह उसके बालों में उंगली फिरा रहा है। उसे याद आता है कि एक वक़्त वह इन बालों को पेड़ की छांव की तरह महसूस करना चाहता है और दूसरे वक्त इन्हें जला देना चाहता है। वह उसकी आंखों की कोर पोंछ रहा है, देर तक उनमें झांक रहा है। उसे याद आता है कि वह एक पल इन आंखों को समंदर में चहकती हुई सीपी कहता है और अगले पल इन्हें फोड़ डालना चाहता है। डिंपा की मां की आंखें झुक रही हैं। वह बार-बार उसका सिर उठा रहा है। वह बार-बार सिर झुकाकर आंखें हटा रही है। कैसी विडंबना है, उसने सड़क पर मुझे मारा है, फिर भी कितनी ज़ोर-आज़माइश कर रहा है नज़रें मिलाने की, मैंने सिर्फ़ उसे कुछ गालियां दी हैं, पर मैं नज़रें भी नहीं उठा पा रही। इसलिए भी नहीं कि क्या अब इससे कभी प्यार के दो बोल भी बोले जा सकेंगे?

पार्वतीबाई सावंत ने एक बार बहुत सही कहा था कि कभी मर्द को अपने दिल के बारे में पूरी तरह मत बताना। वह तेरे दिल में हमेशा छेद करता रहेगा कि वहां से कोई बात निकलकर उस तक आ जाए। उसे सिर्फ़ उतना ही बताना, जितने में वह ख़ुश हो जाए, जितने में उसे अहसास हो कि हां, वही है सब कुछ। उसके आगे जहां बढ़ी, जहां उसे यह बताया कि उसके आगे भी कुछ है, वहां वह हाथ से निकला। वह तेरा जीना हराम कर सकता है। बहुत प्यार करे, तो उससे डरना। बहुत नफ़रत करे, तो भी डरना। मर्द क़ाबू करने की चीज़ होता है। और उसके लिए कभी मशक़्क़त वाला रास्ता मत अपनाना। कोशिश करना कि सिर्फ़ एक निगाह हज़ार हर्फ़ बोल दे।

डिंपा की मां ने हज़ार हर्फ़ों वाली वह निगाह उठाई, जो बाहर सड़क पर दौड़ते वक़्त जाने कहां बिला गई थी। जब वह दौड़ रही थी, तो क्यों नहीं पलटकर एक बार उसी हज़ार हर्फ़ों वाली निगाह से देख लिया?

डार्लिंग, पता नहीं, क्या हो जाता है मुझे...माफ़ कर देना यार...फिर हाथ उठाया तुझ पर...नहीं मारना चाहिए था तुझे...जो भी बात थी, बात करके हो सकती थी...पर क्या करूं, मैं ग़ुस्से में रहता हूं, तो तू संभाल लिया कर...तू भी ऐसे जवाब देती है कि और आग लगती है...

साहिब...हज़ार बार मार...हर रोज़ मार...तेरा ग़ुस्सा...तेरी मार...सब सिर माथे है। बहुत प्यार करता है न मुझसे...इसीलिए तो इतना हाथ भी उठाता है...तुझे दे दिया है मैंने अपना ये शरीर...सजाकर दिल में रख...या खाल उतारकर दीवार पर टांग...सब

तेरा है...तेरे रंग में है...सिर्फ़ तेरे रंग में...पर ये न बोला कर कि मैं कहीं और जाती हूं...किसी और के साथ...जो कुछ है, सिर्फ़ तू है...और तेरे होते इन सबके लिए कोई समय नहीं रे साहिब...मत बोला कर ऐसा...

और वे फिर इमोशनल हो गए। नाइटवॉक पर निकल गए। दिन में जिस सड़क पर डिंपा की मां देर तक दौड़ाई गई थी, उसी सड़क पर वह राधेश्याम डेविड की बांहों में बांहें डालकर घूम रही थी। उसने अपनी पसंदीदा सफ़ेद साड़ी पहनी थी, जिस पर गुलाबी एंब्रॉयडरी उसने ख़ुद की थी। गले में वह हार पहना था, जो उसके पति ने उसे शादी के कुछ ही महीनों बाद लाकर दिया था। वह सड़क पर चल रही थी और सोच रही थी कि जिन लोगों ने उसे दिन में देखा है, कम से कम वही लोग उसे रात में भी देख लें। देखें कि उसके साहिब ने फिर उसका रंग बदल दिया है। देखें कि उसका साहिब कितने प्यार से उसकी चूनर में प्रेम का रंग बांधे है। कैसे रात की हवा में उसकी चूनर लहरावे है...कैसे खोया-खोया है उसके रंग में, गंध में, देखो कि रात की इस हलकी रोशनी में मेरे दुखते हुए शरीर से भी सूरज की सुगंध आ रही है...मेरे साहिब ने सूरज की हल्दी बनाकर मेरे ज़ख़्मों पर लगाया है...इस हल्दी से कैसे मेरा सियाही जैसा रंग झक उज्जर-उज्जर होवे है...बांधणी चूनर मेरी...स्याही रंग छुड़ाए के रे दियो मजीठा रंग।

देर रात तक डेविड दंपती सड़क के किनारे भटकते रहे। फिर उन्होंने सुधीर फड़के के गाने गुनगुनाए। फिर उन्होंने एक-दूसरे की हथेली में बसी आत्मा को चूमा। फिर उन्होंने आंसुओं से दिन की कलुषता का आचमन किया। आत्मा का प्रक्षालन।

6

डिंपा की मां जितनी काली थी, डेविड उतना ही गोरा, तगड़ा और ख़ूबसूरत। कमाल का रेसलर। बदन ताक़त का झरना था। छह बाई छह की सेटी को टांग से धक्का मारकर खसका देते थे। डिंपा की मां जब ख़ासी मोटी हो गई थी और उसके नितंब पूरे कॉलोनी में चर्चा का केंद्र हो गए थे, तब भी डेविड उसे अपनी गोद में उठाकर दिन-भर घूम सकता था। और उसके बाद भी थकान नहीं। इस तरह की बातें डिंपा की मां ही कॉलोनी वालों को बताया करती थी।

शिरपूर में डेविड ने जब डिंपा की मां को पहली बार देखा था, उससे पहले तक उनके जीवन में कुछ ख़ास नहीं हुआ था। जो हुआ भी था, उसे वह उसके ख़रगोशों को देखने के बाद भूल गया था। उसने उसके भाई से अपने दिल की बात कही थी–बहुत डरते-डरते। हालांकि इस बारे में वह कई दिन तक सोचता रहा था कि पहले

बात किससे की जाए, डार्लिंग से या फिर उसके भाई जॉन विश्वनाथ बटन वाला से, जिसका बिजली के बटन बनाने का कारख़ाना था, जहां डेविड काम करता था। उसने अपनी मां के रास्ते जॉन तक जाना चाहा। वह और ज़्यादा रिस्की थी। दस सवाल पूछने लगी। क्या जानता है तू लड़की के बारे में? पता नहीं, किदर-किदर मुंह मारा होगा। कभी उसको ढंग के कपड़ों में देखा है? क्या-क्या नहीं लगाती वह थोबड़े पर? साली कलूटी। तेरे लिए गोरी लड़की ढूंढ़कर लाऊंगी मैं।

मां के सपने अलग क़िस्म के थे। डेविड सुंदर था। गली से गुज़र जाए, तो हर लड़की के दिल में उछल-कूद मच जाए, पर उसे ख़रगोश बुला रहे थे। उसने बटन वाला से बात कर ही ली। और जाने क्या राज़ था कि वह पहली ही बार में मान भी गया। डेविड ने कहा कि एक बार वह छकुली से मिलना चाहता है। बटन वाला ने मना कर दिया।

शाम को डेविड ने कारख़ाने में सबको बता दिया कि वह बटन वाला की बहन से शादी करने वाला है। सब चौंक गए थे।

उसने बटन वाला की बहन से शादी की और तीसरे ही दिन बटन वाला ने कल्याण में कांबा के पास उसे नौकरी दिला दी। फिर भी डेविड को शिरपूर से निकलते-निकलते तीन महीने लग गए। उसमें से ज्यादातर दिन अपनी मां के साथ लड़ने में बीते। फिर मां शिरपूर में ही अपने भाई के पास रहने चली गई।

डेविड ग़ुस्सैल, हर बात में आस्तीन खींच लेने वाला और शौक़ीन क़िस्म का। उसे नाटकीयता बहुत पसंद थी। सादा-सा गुलाब भी वह इतने ड्रामे के साथ देता कि आप गुलाब छोड़ उसके ड्रामे पर मर जाएं। रजनीकांत की तरह सिगरेट उछालकर पीने में मज़ा आता था। बस जब तक सड़क पर खड़ी है, डेविड उसमें नहीं बैठेगा। बस चल पड़ी है, तो डेविड अपनी जगह से हिलेगा। बस रफ़्तार पकड़ चुकी है, तो डेविड अपनी जगह से उठेगा। बस अब बहुत दूर हो गई है, तो डेविड बला की तेज़ी के साथ दौड़ेगा और हत्था पकड़कर बस में कूद जाएगा। वह जितनी बार दौड़ती हुई बस में चढ़ता, उतनी बार ड्राइवर को मन ही मन गाली देता–साला, अपुन से पंगा?

कमोबेश यही बात उसके काम में भी थी। शिफ्ट मैनेजर ने 11 बजे काम सौंपा है। सात बजे तक पूरा करके देना है। डेविड को काम की कोई टेंशन नहीं रहती। पांच बजे तक घूमता रहेगा। फिर एक घंटे में धड़ाधड़ सब कुछ निपटा देगा। सात बजे से पहले काम पूरा। डेविड अपनी अदाओं पर ख़ुद ही मरता था। बाक़ी मज़ाक़ उड़ाते।

कॉलोनी जाने के चार महीने बाद जब वह शिरपूर लौटा था, तो उसकी मां ने हथेली पीटते हुए कहा था, 'मैं बोली थी न, बहुत फ़ेमस है वो। बहुत कुछ सुना उसके बारे में मैंने। यही वास्ते तो बटन वाला एक बार में ही मान गया था।'

शिरपूर की इस यात्रा में डेविड का इतना ज्ञान बढ़ा था कि वह उसे संभाल नहीं पाया और आकर डिंपा की मां पर उल्टी कर दी। वह उसे बार-बार समझाती रही कि उसके बारे में बातें उड़ी होंगी, पर वह ऐसी है नहीं।

और एक रात जब डेविड ने बहुत इमोशनल होकर उससे पूछा कि सच बताना डार्लिंग, कोई था न। शिरपूर में सब बोलते हैं। कोई था, तभी तो बोलते हैं।

'साहिब...लड़की के बारे में सब बोलते हैं। वह जैसी जगह थी, वहां ज़रा-सा लिपस्टिक लगा लो, तो चार बात फैल जाती है। ज़रा-सा स्लीवलेस पहन लो, तो मान लेते हैं कि आपने कुछ भी नहीं पहना है।'

डेविड ने फिर पूछा, 'बता दो। कोई तो था। प्लीज़। बता दो।'

'कोई नहीं था। हां, मेरी क्लास में एक लड़का था, जिसे बहुत पसंद करती थी। उसके साथ रहना चाहती थी। एक बार उसका हाथ भी पकड़ा था। हम सब लोग पिक्चर देखने गए थे तब। फिर कुछ भी नहीं हुआ। वह अपने घर। मैं अपने। उसके बाद वह लड़का ख़ुद ही दूर रहने लगा। शायद उसका कोई अफेयर था। बाक़ी, कभी किसी को देख लो, तो वह पसंद आ ही जाता है। ऐसा तो होता है। किसी को देखो, तो देखने को दिल करता है। पर ऐसे कई लोगों से तो बात भी नहीं हो पाई। शादी-पार्टी में जाते थे हम लोग। तो ऐसा कुछ भी नहीं था रे। भरोसा कर।'

'है रे भरोसा। पर जो सुना, वही तो पूछा है। ये मत सोचना कि तेरा साहिब तेपें डाउट करता है।'

'कभी-कभार अच्छा भी लगता है, जब तू ऐसे सवाल पूछता है।'

पर डेविड का ज्ञान धीरे-धीरे बढ़ता गया। कोई बेताल था, जो पीठ पर लदा था। बेताल आपका अतीत ही तो होता है। जब तक पेड़ पर टंगा रहे, आप ख़ुश रहते हैं। जैसे ही पीठ पर आता है, दस सवाल पूछने लगता है। आप उसके सवालों के जवाब खोजने दौड़ते हैं, दौड़ते रहते हैं। वह आपको पस्त कर देता है। राजा विक्रम पागल हो गया था उसके पीछे दौड़ते-दौड़ते। डेविड राजा विक्रम की संतति था। उसकी किसी पुश्त के लहू से निकला। डेविड को अपनी पीठ ताक़तवर लगती। बेताल पेड़ पर टंगा था। गया, उसकी पूंछ खींच दी। बेताल पेड़ छोड़ उसकी पीठ पर आ लदा।

7

डेविड एक खेत था। लिहाफ़ ओढ़ा खेत। लिहाफ़ तले उसने कुछ बीज बिखेर रखे थे। लिहाफ़ के कारण अंदर गर्मास रहती थी। लिहाफ़ के बाहर पानी बरसता था, तो रिस-रिसकर भीतर जाता था। जैसे स्पंज के भीतर पानी जमा होता है। जैसे ककड़ी

के भीतर पानी रहता ही है। ककड़ी खाओ, तो मुंह पानी से भर जाता है। लिहाफ़ को दबाओ, तो पानी उलचने लगता है। जब पानी के साथ गर्मास मिलती है, तो बीज का मुंह खुल जाता है।

डिंपा के पैदा होने के कुछ साल बाद उसकी मां ने नौकरी शुरू कर दी थी। शिरपूर के समय से ही वह ट्रेंड नर्स थी। शिरपूर के एक अस्पताल में नौकरी करती थी, पर शादी के कारण उसे छोड़ना पड़ा था। शादी के बाद उसका बड़ा मन था कि वह कोई नौकरी करे। कुछ नहीं, तो पास के प्लेस्कूल में जाकर बच्चों को ही पढ़ा आए।

थोड़े हाथ-पैर चलाए, तो उसे दादर के एक बड़े अस्पताल में नर्स की नौकरी मिल गई। उसे सिर्फ़ एक-दो बार ही जाना पड़ा था। बटन वाला ने सिर्फ़ एक बार बोलने पर ही रिश्ता मंज़ूर कर लिया था। जंबो सिर्फ़ आठ महीने ही उसके पेट में रहा था। डॉक्टर ने बहुत दुखी होकर बताया था कि बहुत कमज़ोर पैदा हुआ है, समय पूरा नहीं कर पाया। कॉलोनी में उसे डिंपा की मां के पति के रूप में जाना जाता था। वह किसी भी घर में बेरोट-टोक जा सकती थी। नाइटगाउन पहनकर भी। बाहर वाला कोई टोके, तो बात मज़हब की हो जाती कि हमारे में तो ऐसा अलाउड है। डेविड टोके, तो क्या साहिब, इतने भी पिछड़े मत बनो। कपड़ा तो है, पूरा बदन ढकता है। देखो, कुछ दिख रहा है क्या? चाहे शादी हो या पार्टी, डेविड और वह साथ खड़े हों और कॉलोनी के लोग आ जाएं, तो वे डेविड से नमस्ते करते और फिर डिंपा की मां से मुख़ातिब हो जाते। कोई घर आता, तो हॉल में बैठकर डेविड से सबसे पहले यही पूछता, काय भाऊ? वहिणी कुठे? और जब वहिणी आकर हॉल में बैठ जाती, तो भाऊ की कोई बख़त ही नहीं। जो आता, वो डिंपा की मां से ऐसे बात करता, जैसे एक-दो जन्मों की पहचान हो। कॉलोनी के गेट से बाहर निकलो, तो ऑटोवाले तैयार, डिंपा की मां को बिठाने के लिए। आओ-आओ भाभी। अच्छा, तो आज भाईसाब भी साथ में ही जाएंगे। बिरला गेट पहुंचो, तो भाजी वाले पहले ही बोलने लग जाएं–भाभी, आज करेला मस्त...अ...आएला है। ले के जाओ। केले वाला दूर से ही आवाज़ लगाने लगे। साला, कई बार तो देखा है कि नईम केले वाला पैसे ही लेने से मना कर देवे। आनंद कट-पीस सेंटर में घुसो, तो काउंटर वाला तीन बार मुस्कराए देखकर। बोले सिंधी में–अचो सैहब, अचो। वंज, स्टूल खणी अच। बैठो भाभी। और भाभी भी पूछ लेवे–क्या जी, कैसी है थाईज़ अभी? अभी जास्ती तो नहीं दुखता ना? अब आनंद वाले की थाईज़ का दर्द इसको कहां से मालूम पड़ गया? आनंद वाला बोले–इधर तो दिखा नईं सकता, पन दर्द तो कम है। आप अच्छा दवा बताया था।

डिंपा की मां से हर कोई बात करता है, डेविड से कोई नहीं करता। ऐसे ही थोड़े कोई औरत इत्ती फेमस हो जाती है?

ये सारे बीज खेत में बिखरे हुए थे। एक-एक बीज अलग-अलग सोने के दाने की तरह। हर बीज का खेत के साथ एक अलग रिश्ता होता है। उसे बीज और खेत के सिवा कोई नहीं जान सकता। जबकि ऊपर से देखने पर ऐसा लगता है कि सारे बीजों का खेत के साथ एक जैसा जुड़ाव है।

डेविड के दिमाग़ में घूमता रहता था एक-एक बीज। वह रस्ते भर डिंपा की मां को छेड़ता रहता, 'क्या मैडम? बहुत चलती है आपकी तो? लीडर बन जाने का।'

और डिंपा की मां ख़ुश हो जाती। उसे लगता कि उसके पीआर ने आज फिर उसके पति को प्रभावित कर दिया है। वह और जोश से अपने पीआर को खाद-पानी देती। डेविड को लगता, यह औरत बहुत बड़ी बेशर्म है। अब और चिढ़ा रही है। डिंपा की मां डेविड के सामने नईम केले वाले से दो मिनट और ज़्यादा बात करती। बताती–ये मेरे मिस्टर हैं। नईम केले वाला नमस्ते बोलकर फिर डिंपा की मां की सेवा में लग जाता। आनंद वाला बोलता–अरे, बहुत हैंडसम हैं आपके मिस्टर। और डिंपा की मां एक ऐंठ से भर जाती। डेविड को लगता–साला, दुनिया मानती है कि मैं इससे जास्ती हैंडसम हूं, यही नहीं मानती। फिर भी दस लोगों के मुंह लगी रहती है।

डिंपा की मां बोलती, 'साहिब, तेर्को मेर्पे बहुत डौट होता रहेंगा न?'

साहिब बोलता, 'कायका डौट रे? ठीक है न।'

'फिर कायको मेर्को ऐसा बोलता?'

डेविड मौन में चला जाता। ऐसी ढाल, जो तलवार टूट जाने के बाद काम में आती है।

उसने कई लोगों से सुना है कि डॉक्टर और नर्स के बीच ख़तरनाक रिश्ता होता है। कैसे सब्जी वाले घर के भीतर घुसते हैं और फिर घर बनाकर रहने लग जाते हैं। कैसे लाइट फिटिंग करने वाले एक बार घर में आकर मरम्मत कर जाते हैं और कैसे उस घर की लाइट बार-बार ख़राब होने लगती है। उसे उल्हासनगर की सिंधी औरतें याद आ गईं, जो पूरी दोपहर बालकनी में खड़ी रहती हैं। बाबू संपत ने बताया, तो उसे यक़ीन नहीं आया–इन सबके मरद बिजनेस में जास्ती रहते हैं, घर में कम। तो बेचारी दिन भर बालकनी में खड़ी रहती हैं और कोई जास्ती देर तक टापे, तो घर में बुला लेती हैं। एक बार जाओ, तो बार-बार जाने को मिलता है।

उसे बाबू संपत याद आने लगा। उससे छोटा है। ऑर्डर पर एसी ठीक करने जाता है। क्या एक से एक क़िस्से सुनाता है। विश्वास ही नहीं होता। कैसे एसी ठीक करने के बाद उसी घर में मज़े करता है। बोलता है, 'मेर्को ऑफिस में फोन आता है कि कल दोपहर को मेरा एसी ख़राब हो जाएंगा, आने का ठीक करने को। मेर्को क्या, मैं भी एड्रेस नोट कर लेता है। फिरी-फुक्कट-फक्क-फैसीलीटी! कायको छोड़ने का?'

रातपाली में गेट पर जब पीजी पांडे सांप पकड़ने वाले बंडू नागमोड़े की कहानियां सुना रहा होता, आंखें मूंदकर दीवार पर टेक लगाए बैठा डेविड, बाबू संपत के क़िस्सों को वर्जित किताबों की तरह छूता और सुबह होते-होते पाता कि डिंपा की मां भी उनका एक किरदार है।

8

डिंपा की मां सिर्फ़ छह महीने नौकरी कर पाई। छोड़कर घर बैठना पड़ा। अस्पताल में बताने तक नहीं जा पाई कि क्या हो गया है और क्यों उसे नौकरी छोड़नी पड़ रही है।

लंबे समय के बाद उसके जीवन में ऐसी दोपहर आई थी। जब से वह जॉब करने लगी थी, उसकी दोपहर घर में नहीं होती थी। अस्पताल में ड्यूटी पालियों में होती थी, लेकिन उसे एक घंटे ट्रेन का सफ़र करना होता है और घर में छोटा बच्चा है, यह कहकर उसने मोहलत ले ली थी कि वह सिर्फ़ दिन में ही काम कर पाएगी। संडे घर में रहती थी। डिंपा के बाप से ज़्यादातर शाम या सुबह ही मुलाक़ात हो पाती थी। बहुत दिनों से वह कुछ नहीं बोल रहा था, पर एक दिन डिंपा के बाप ने सुबह उसे लोकल नहीं पकड़ने दी।

वे ऐसे दिन थे, जब डिंपा की मां कहीं से काली नहीं थी। उसका साहिब घंटों उससे बात करता और उसका रंग नीला हो जाता। छुअन के कुछ लम्हों में वह आईने में देखती, तो गुलाबी टपक रही होती। निश्चित ही वे सफ़ेद दिन थे, जब हर वजूद पर बर्फ़ पड़ी हुई थी। उससे फैल रही हलकी ठंड थी। धूप थोड़ी देर से आई थी। वह बरामदे में गीले कपड़े डाल रही थी। चिड़ियां ख़ूब बोल रही थीं। वह डिंपा को बुलाकर चिड़ियों को शोर करता दिखा रही थी। कभी एक चिड़िया उड़कर कुर्सी के पास आ जाती, तो अचानक कई सारी चिड़ियां उड़कर ऊपर की ओर जातीं। डिंपा उन्हें देख चिल्ला रहा था–चिऊताई...चिऊताई...ये माझ्या घरात...चिऊताई...चिऊताई...ये तुला मी तांदूळ देईन....

तभी धड़धड़ाता हुआ डेविड आया। आते ही सनक गया।

'तू दिन में खाना कहां खाती है?'

'अस्पताल में। डब्बा लेकर जाती हूं न मैं।'

'अस्पताल में किसके साथ?'

'अरे, स्टाफ रहता है साथ में। कैंटीन है।'

'नहीं, कस्बेकर के साथ खाती है तू।'

'वो तो एक ही दिन खाया था। उसका डब्बा नहीं आया था घर से, इसलिए मैंने पूछ लिया कि खाओगे क्या? बोला हां, तो उधर ही बैठकर खा लिया।'

'एक ही दिन? रोज़ खाती है तू उसके साथ। तेर्को क्या लगता है, मेर्को कुछ भी मालूम नहीं पड़ेगा क्या?'

और उसके बाद दोनों में फिर हो गई। ऐसे माहौल में संवादों का कोई महत्व नहीं होता। किसी भी भाषा में कहे जाएं, सबका असर एक-सा पड़ता दिखता है। दोनों की जुबान लाल मिर्च की नोक जैसी हो गईं। उस दिन जो लड़ाई हुई कि बाप रे बाप! अक्खी कॉलोनी सहम गई। उनके घर की दीवारें उड़ गईं। दरवाज़े टूटकर बिखर गए। दीवार पर लगा पलस्तर पपड़ियों में तब्दील होकर फ़र्श पर झरने लगा। पहले चूना फैला, फिर मिट्टी और उसके बाद बहुत तेज़ हवा आई, जिसमें पहले उनकी छत उड़ी, फिर फ़र्श पर पड़ी मिट्टी और उसके बाद पूरी फ़र्श ही उड़ गई। वह ज़मीन इतनी बेतरतीब और नालायक़ लग रही थी कि वहां अरसे से कुछ रहा ही न हो। लादियों पर बने गुलाबी फूल सूख गए। एक-एक पंखुड़ी बहकर पूरी कॉलोनी में फैल गई। खिड़कियों के पल्ले पहले ज़ोर-से टकराए, फिर ऐसे लड़े जैसे किसी ने पीछे से गरदन पकड़ उन्हें भिड़ा दिया हो। फिर अचानक खिड़की उछलकर दूर जा गिरी। दरवाज़े ख़ौफ़ में दीवारों और चौखटों का साथ छोड़ भागे। चार-आठ दीवारों के पीछे जो कुछ बंद था, दीवारों के हट जाने के कारण एक अजीब-सी नंगई में आ गया।

जैसे पानी के फ़व्वारे उछलते हैं और आसमान को छूने की ज़िद करते हैं, गालियां निकल रही थीं और आसमान की ओर बड़े फूहड़ तरीक़े से दौड़ रही थीं। हर गाली, पिछली से आगे निकलने की होड़ में थी।

एक बार फिर डिंपा की मां पस्त होकर ज़मीन पर पड़ी थी। डेविड के हाथ में कैंची थी। वह उसे डिंपा की मां की आंख में भोंक देना चाहता था। उसके पेट में डाल देना चाहता था। उससे उसके शरीर के ख़ास अंगों को चीरकर दो फांक कर देना चाहता था। डिंपा की मां बार-बार बच रही थी। डेविड ने उसके कमर तक लहराते बालों के बीच कैंची खुभो दी और झटके से बाहर खींची। एक बड़ा-सा गुच्छा ज़मीन पर बिखर गया। डेविड की कैंची चलती रही। ज़मीन बालों से पट गई। डिंपा की मां के बाल कट गए। इतने छोटे कि वह खुद भी आईने में अपना चेहरा देखे, तो न पहचान पाए। कहीं से छोटे, कहीं से बड़े। कहीं सिर की चमड़ी झलकती, तो कहीं कानों तक लटकती लट झूल रही होती। जैसे तूफ़ान के बाद दांतों में धूल का आभास होता है, आंखों में किरकिर कुछ बजता रहता है, कानों की लौ मिट्टी में सराबोर होती है, और उंगलियां आपस में रगड़ो, तो कणों की खरखराहट रूह को खरोंच जाती है, वैसे ही डिंपा की मां के पूरे शरीर में होने लगा। उसे लगा, वह बाल-झड़े खजुआ कुत्ते

की तरह हो गई है, जिसके शरीर के बचे-खुचे बाल दूसरे कुत्तों के साथ लड़ाई के कारण जगह-जगह से नुच गए हैं। उसके पीछे से ज़ख़्म झांक रहे हैं और उन पर मक्खियों ने बुरी तरह हमला कर दिया है। उसके शरीर में इतनी भी ताक़त नहीं बची कि पूंछ हिलाकर मक्खियों को भगा सके।

उस घर में दीवारें नहीं बची थीं। दरवाज़े, खिड़कियां नहीं बचे थे। छत और फ़र्श भी नहीं थीं। सोफे, पलंग, मटके, टेबल, गिलास और थाली की आड़ में ही जाना था। डिंपा की मां उठ नहीं पा रही थी। उसने महसूस किया, उसका पेटीकोट गीला हो चुका था। गीलेपन ने उसके दर्द को और बढ़ा दिया। उसे लगा, न केवल दीवार-दरवाज़े, बल्कि शरीर का हर कपड़ा उड़कर दूर जा गिरा है। पूरी कॉलोनी उसी को घूरे जा रही है। वह अपने कटे हुए बालों की आड़ लेकर छुपने की कोशिश करने लगी। वह घुटने दबाकर अपना जिस्म मोड़ रही थी, जैसे गोल कर सिर और घुटने के बीच सरका देगी। उसका पूरा शरीर कांप रहा था। बचपन में उसने एक मरती हुई गौरैया पर मग्गे से पानी डाल दिया था। वह ऐसे ही कांप रही थी उस वक़्त। गौरैया की आंख से चींटियों की पूरी क़तार बाहर निकल रही थी। हमारी आंखों में भी चींटियां रहती हैं। जब हम गीले होकर मर जाते हैं, तो चींटियां हमारी आंखों से निकलकर चली जाती हैं, किन्हीं और आंखों की तलाश में। डिंपा की मां की आंखों में खुजली होने लगी। उसे ज़मीन पर क़तार बांधकर चलती चींटियां साफ़ दिख रही थीं।

डेविड की कैंची दूर छिटकी पड़ी थी। वह आसपास कहीं नहीं था। डिंपा की मां के नथुनों में उसकी बदबू बसी हुई थी। दरवाज़े पर जहां तोरण टंगे हुए थे, वे वहां नहीं थे। वहां गालियां किसी धागे में गूंथकर टंगी हुई थीं। डेविड ने सिलबट्टे के बीच रखकर डिंपा की मां को पीस दिया था। उससे जो रस निकला था, उसकी अल्पना बनाकर उसने द्वार की सजावट की थी। जो रस बच गया था, उसे कॉलोनी की तरफ उलीच दिया था।

पीछे दूसरे कमरे के दरवाज़े के पास खड़ा डिंपा रो रहा था। वह बुरी तरह डरा हुआ था। वह किसी श्मशान में पड़ी थी। आसपास दुखी पिशाचिनियों की सिसकियां थीं बस, जो कानों तक आने से पहले मद्धिम हो जाती थीं।

9

डिंपा की मां ने एक सपना देखा था। कोई लड़का है, जो पेट के बल लेटा है। उसके हाथों में एक किताब है। मगरमच्छ की तरह लेटा वह अपने कंधे उठाए है। कोहनियों के बल पर टिका है। किताब में आंखें धंसाए है। उसका पेट निकला हुआ नहीं है।

उसका रंग क्या है, उसे याद नहीं। उसने क्या पहन रखा है, यह भी उसकी नींद में खो गया। उसने उस लड़के से कोई बात की थी, वह लड़का पलटा था और उठकर उसकी ओर आया था। उसने क्या कहा था, शब्द नींद की किसी अबोध करवट में दब गए थे। वह उठी थी, तो उसे अपने बिस्तर पर पिसे हुए शब्द और एक आकृति मिली थी, जिसे लाख कोशिश के बाद भी वह पहचान नहीं पाई थी।

जब वह उठी, तो उसके शरीर को किसी ने आटे की तरह गूंद दिया था। वह कितनी सदियों से सो रही है। उसे बिलकुल भान नहीं कि इस बीच दुनिया में क्या हो गया है। नींद में ही उसने ख़ुद को कई हिस्सों में बांट दिया। उसमें से एक हिस्सा निकला और उसने दरवाज़े की शक्ल ले ली। और जाकर एक ओर खड़ा हो गया। एक और अंग निकला और खिड़की बन गया। उसने अपने बदन से खाल उतारी और ज़मीन पर बिछा दी। फिर देर तक रोती रही और आंसुओं को लकड़ी की एक क़लम में भरकर अपनी खाल पर चित्र बनाने लगी। उस चित्र में एक फूल था, कुछ पत्तियां, दूर कुछ पहाड़ियां थीं और उनके पीछे से निकल रहा सूरज था। सूरज के मुंह पर चिड़ियां उड़ रही थीं। उसने जमीन पर पड़े बालों को बुहारा और उनमें से कुछ बाल लेकर चिड़ियों के इर्द-गिर्द रख दिया। चिड़ियों को काले पंख मिल गए थे। अब वे उड़ रही थीं। उड़ते-उड़ते उन्होंने आवाज़ नहीं की। डिंपा की मां ने उनसे आवाज़ न करने की गुज़ारिश की थी। चिड़ियों ने मान ली वह गुज़ारिश। उस चित्र में उसने एक गुड़िया बनाई और अपने नुचे हुए बालों को उसके सिर पर लगाया। इस तरह गुड़िया बहुत सुंदर बन गई। गुड़िया के बाल उसकी कमर से नीचे तक जाते थे। किनारे पर एक बिल्ली बनाई और गुड़िया के बालों से रबर निकालकर बिल्ली के नाखून घिस दिए। फिर अपने छह बाल उठाकर बिल्ली के मुंह के दोनों ओर रख दिए। बिल्ली को मूंछ मिल गई थी। उसकी मूंछ खूंखार शेर से बड़ी थी, लेकिन उसके पास नाख़ून नहीं थे। उसने अपनी खाल से फ़र्श बनाई। फिर अपने हाथों को काटकर अलग कर दिया। उन्हें किसी रोल की तरह खोलने लगी। उसे दीवारें भी बनानी थीं। इस वक्त वह बिन दरवाज़े-दीवार-खिड़कियों के मकान में थी, जिसके ऊपर छत तक नहीं थी और फ़र्श भी नहीं। उसने अपने टुकड़े-टुकड़े करके घर को पूरा बनाया। ख़ुद वही दीवार थी, दरवाज़ा भी वही।

फिर उसने अपनी आंखों को निकालकर दीवार पर दे मारा। उससे एक आईना बन गया। उसने आईने में ख़ुद को देखा। सामने डिंपा की काली मां खड़ी थी, जिसका रंग कुछ समय पहले तक सफ़ेद था। उसका साहिब बहुत बड़ा रंगरेज़ है। उसे अपनी मर्ज़ी का रंग पहना देता है। आईने में जो सामने खड़ी थी, उसने कोई सपना नहीं देखा था।

जब वह छोटी थी, तब से उस युवक का सपना देखती थी। जब उसकी शादी हो गई, तो उसे वह सपना आना बंद हो गया। शादी के बाद एक बार उसने डेविड को बताया कि मुझे अब वह सपना नहीं आता। डेविड ने मुस्कुराते हुए कहा था कि वह लड़का अब सपने से निकलकर उसके जीवन में आ गया है, उसकी तलाश पूरी हो गई है, तो फिर भला सपने में क्यों आने लगा? डिंपा की मां ने कभी इस तरह नहीं सोचा था। सपने का रहस्य बहुत अलग तरह से उसे समझ में आया। क्या वह कोई परी थी, जिसे सपने में आकर दिखाया जा रहा था कि दुनिया में कोई है, जो तेरा इंतज़ार कर रहा है? कोई है, जो उठकर तेरे पास तक आएगा, और तुझसे ख़ूब प्यार करेगा। कि उसके बाद तुझे किसी चीज़ की ज़रूरत नहीं होगी।

डेविड ने कहा, 'तू उस लड़के के पास नहीं गई थी, वह लड़का तेरे पास आया था। मैं आया था न तेरे पास, तेरे भाई के ज़रिए। तुझसे हाथ मांगा न मैंने? अगर तू मेरे लिए नहीं बनी होती, तो भला एक बार में ही क्यों मान जाता तेरा भाई? ऊपर वाला जोड़ी ऐसे ही बनाता है। कोई सोच सकता है कि मैं इतना हैंडसम, तू... मतलब...उतनी नहीं, फिर भी तुरंत हो गई शादी।'

और दोनों इस बात से इतना भावुक हुए थे कि आने वाले संडे को दोनों हाथ में कैंडल लेकर कल्याण के सेंट जोसेफ चर्च गए थे जीसस का शुक्रिया अदा करने। वहां एक तस्वीर में मैरी जीसस को गोद में लेकर खड़ी है। मैरी के चेहरे पर मातृत्व की प्रसन्नता है। पर ध्यान से देखो, तो ऐसा भी लगता है कि मैरी अभी बिलखने लगेगी। कोई कैसे एक ही वक़्त में ख़ुश भी हो सकता है और दुखी भी, मैरी बता रही थी। डिंपा की मां ने मैरी की गोद देखकर अपने बारे में उससे कुछ कहा था।

जो रिश्ता ऊपर वाले ने बनाया था, जिसके कारण एक ही बार में बटनवाला ने हां कर दी थी, वह रिश्ता आज ऐसा हो गया था कि डेविड कह रहा था–तेरा तेरे भाई के साथ ही चक्कर था। वह तुझे किसी के मत्थे करना चाहता था और वो मैं निकला। तभी एक बार में ही मान गया था वो। तूने आठवें महीने में ही बेटा जन दिया था और उसे लेकर भी गया तेरा भाई। भांजे को नहीं, अपने पाप को लेने आया था वो।

डिंपा की मां काग़ज़ की तरह हो गई थी। डेविड की कैंची उसके पेट से आरपार निकल गई। वह चिंदियों में तब्दील हो गई। उसने अपना सिर झटका और वापस पलंग पर ढह गई। पता नहीं, कितनी देर तक वह वैसे ही पड़ी रही। घर में कोई नहीं था। डेविड तब का गया है, डिंपा को दीनानाथ कांबले की वाइफ ले गई। वह चाहती भी थी कि कम से कम डिंपा यहां न रहे। वह चाहती थी कि कोई भी ना रहे। उसके घर में हर कोई देख रहा है। उसका घर एक स्टेज में तब्दील हो गया है, ऊंचाई पर है।

चारों ओर लोग गोल बनाकर खड़े हैं। उसे नंगा देख रहे हैं। काग़ज़ की नाव और हवाई जहाज़ बनाकर उसकी ओर उछाल रहे हैं।

बाहर अंधेरा हो गया था। उसने घर के भीतर कोई बत्ती नहीं जलाई है, फिर भी रोशनी बहुत है। उसने देखा, उसी के शरीर से निकल रही है रोशनी। पूरी कायनात को उसका शरीर रोशनी दे रहा है। क्या बिसात है उसकी, एक बुझा हुआ दीया तो है, पर रोशनी फेंकता हुआ बुझा हुआ दीया, जिसे किसी ने अपने गीले रंगों से जलाया है।

वह उठी। फिर आईने के सामने गई। ख़ुद को देखा नहीं जा रहा। कितनी बेढब लग रही है। जिन बालों पर परफ्यूम छिड़ककर डेविड सूंघा करता था, उन बालों को कैसे काट डाला उसने? एक लट अभी भी साबूत बची थी। डिंपा की मां ने मापकर देखा, वह हिप्स के बीच गटरलाइन तक जाती थी। उसके सारे बाल वहां तक पहुंचते थे। सब उससे लंबे बाल का राज़ पूछते थे। बटन वाला उससे जब लड़ता, धमकी देता था कि तेरे बाल काट दूंगा। जब वह छोटी थी, तो एक बार बटन वाला ने उसे कैंची दिखाते हुए कहा था, 'आज तू सोई और मैंने तेरे बाल काटे।' डिंपा की मां सो ही नहीं पाई थी। उसने सारे बालों को इकट्ठा कर गोल बना लिया था और उसे स्कार्फ में समेट दिया था। बार-बार आंख खोलकर देखती कि जॉन कहीं आ तो नहीं गया कैंची लेकर? कई रातें उसने बालों के कट जाने के ख़ौफ़ में बिताई थीं। बटनवाला उसे देखकर हंसता रहता। बार-बार कैंची की याद दिलाता। एक दिन बटनवाला उसके लिए दो लीटर का शैंपू का पैक लेकर आया। एक बार बीयर की दो बोतल देकर गया और बोला—ये शैंपू से भी अच्छा है। एक बार उसके लिए रोलर कंघी, ड्रायर और अलग-अलग रंगों के कई रबर बैंड देकर गया। तब डिंपा की मां का ख़ौफ़ थोड़ा कम हुआ। उसने बीयर का इस्तेमाल बहुत दिनों बाद किया, क्योंकि उसे डर था कि यह कोई दवा है, जिसे लगाया, तो बाल साफ़ हो जाएंगे।

उसने लंबी बची उस इकलौटी लट को गोल किया और एक स्कार्फ में समेट लिया। स्कार्फ सिर के चारों ओर लिपटा हुआ था। वह किसी नन की तरह लग रही थी। नन के चेहरे पर हमेशा अवसाद की लकीरें होती हैं। अवसाद गांभीर्य देता है। वह बताता है कि लौकिकता से अब इन चेहरों का कोई लेना-देना नहीं। यह अवसाद ही इन्हें दूसरी दुनिया में ले जाएगा। डिंपा की मां ने मन ही मन अवसाद के लिए प्रार्थना की। अपना चेहरा पकड़ा और निचोड़ दिया। जो पानी निकला, उसे एक तश्तरी में रख दिया। धीरे-धीरे यह पानी नमक के एक पहाड़ में बदल जाएगा।

स्कार्फ पहनकर वह बरामदे में गई। चारों ओर अंधेरा था। आज तो कोई स्ट्रीट लाइट भी नहीं जल रही। उसे नीचे कुछ भी नहीं दिखा। उसने चालीस वॉट वाला बल्ब जलाया। नीचे सारे बाल बिखरे हुए थे। सब मर गए थे। किसी ने उठकर यह

नहीं कहा–उठाओ हमें, अपने सिर में रोप लो। ऐसे रोपो कि कोई कैंची कामयाब न हो पाए। उसने झाड़ू उठाया और सबको एक झटके में बुहार दिया। वह जल्दी-जल्दी यह मंज़र साफ़ कर देना चाहती है। इस तरह कि यहां एक बाल भी न हो। दुनिया मुझे ढूंढ़े मगर मेरा निशां कोई न हो।

10

डेविड और डिंपा की मां में इससे पहले भी कई बार झगड़े हुए थे, लेकिन इस झगड़े ने गहरा असर छोड़ा था। सबसे बड़ा असर उनके बेडरूम में पड़ा था। इससे पहले भी कई बार झगड़े हुए थे, लेकिन दोनों कभी अलग नहीं सोए थे। पलंग एक ही रहता था। वे लड़ते, झगड़ते, एक-दूसरे का ख़ून पीने को उतारू हो जाते, पर रात गहराती और जब आंखें बग़ावत करने लगतीं, तो एक ही बिस्तर पर धंसते थे। और नींद की ही किसी अनजानी करवट में कब वे दोनों एक-दूसरे से चिपके होते, दोनों को नहीं पता चलता। वे मानते थे कि नींद में वे एक-दूसरे के क़रीब हो जाते हैं। डेविड फिर कहता, 'देखा न, एक-दूसरे के लिए ही बने हैं हम। तू जागते में कितना भी लड़, नींद तो निर्दोष होती है। उसमें हम क्यों क़रीब आ जाते हैं फिर?' वे एक थाली में नहीं खाते थे, एक ही बाथरूम में एक साथ नहीं जाते थे, पर एक साथ न होकर भी एक-दूसरे का साथ महसूस करते रहते थे।

इस झगड़े के बाद डिंपा की मां ने दो पलंगों को जोड़कर बनाए गए डबल बेड को अलग-अलग कर दिया। बीच में चार फीट का गैप। निर्दोष नींद न पाट सके, इतना गैप। अब कोई जागकर ही इतनी दूर आ सकता है और किसी की जाग में जब इतना ज़हर भर गया हो, तो नींद भी निर्दोष कहां रह जाती है?

डिंपा की मां ने घर के भीतर ही बंटवारा कर दिया था। अगर कोई एक चीज़ साथ थी, तो वह था खाना पकना। पूरे परिवार के लिए डिंपा की मां ही खाना बनाती थी। बाद के दिनों में जब जंबो उनके साथ रहने आ गया था, तब खाना बनाने और घर को साफ़ करने की ज़िम्मेदारी उस पर आ गई थी, पर उसमें बहुत समय था। डिंपा की मां के सिर पर हमेशा स्कार्फ बंधा रहता था। काले रंग के बदन पर टंगे काले चेहरे के ऊपर काले नुचे बालों को छिपाता हुआ काला स्कार्फ। उस स्कार्फ के साथ ही वह बाथरूम में घुसती थी, उसी स्कार्फ के साथ ही वह बाहर निकलती थी। डेविड चाहकर भी नहीं देख पाया कि उस स्कार्फ के नीचे क्या था। दोनों में बातचीत तो वैसे भी होती नहीं थी, सिर्फ़ इशारों में ही होता था। डिंपा पुल था। डिंपा, जाकर बाप को बोल दे, उसका खाना थाली में लगा पड़ा है, किचन से जाकर उठा लेवे। और

डिंपा की मां अपनी थाली लेकर बेडरूम में चली जाती थी। पहली पलंग से चार फीट दूर रखी दूसरी पलंग पर बैठकर खाती थी। एक बार डेविड ने चार फीट पहले रखी पहली पलंग पर बैठकर खाने की कोशिश की, तो डिंपा की मां अपनी थाली लेकर बरामदे में चली गई। डेविड अपनी थाली लेकर वहां भी चला आया, तो डिंपा की मां ने थाली उठाकर कौओं के सामने फेंक दी। उसने अलमारी से अपने कपड़े भी अलग कर दिए थे। पहले डेविड बाथरूम में घुसता था, तो उसे वहां अपनी अंडरवियर, तौलिया टंगे हुए मिलते थे। वह अपनी गीली अंडरवियर बाथरूम के फ़र्श पर ही छोड़कर चला जाता था कि उसके जाने के बाद डिंपा की मां उसे उठा लेगी और धोकर बरामदे में सूखने को टांग देगी। उस दिन ऐसा हुआ कि डेविड नहाने के लिए बाथरूम में घुसा, पर उसके पास तौलिया नहीं था, अंडरवियर भी नहीं। उसने ध्यान नहीं दिया। जाने की जल्दी में फटाफट पानी डाला और अंडरवियर गीली करके साइड में गिरा दी। तब उसका ध्यान गया कि कल की अंडरवियर अभी तक वहीं गिरी पड़ी है। उसे उस दिन बिना अंडरवियर पहने ऑफिस जाना पड़ा। एक दिन उसके पेट में बहुत दर्द हुआ और वह दर्द से चिल्लाता रहा। पर वह अपनी जगह से नहीं उठी, तो नहीं उठी। चार फीट दूर रखी अपनी पलंग पर 'बाइबल' पढ़ती बैठी रही। डेविड में हिम्मत नहीं हो रही थी कि वह उठकर किचन तक जाए और वहां अलमारी में रखी अपना दवा ले आए। उसने डिंपा को आवाज़ दी। डिंपा के लिए वह अलमारी ऊंची थी। उसने स्टूल लगाकर वहां तक पहुंचने की कोशिश की, पर दवा क्या उतार पाता, ख़ुद ही गिर गया। उसकी पें-पें ने डेविड के पेट का दर्द और बढ़ा दिया। वह उठकर गया। डिंपा की ठुड्डी फट गई थी। उसको स्कूटर पर बिठा डॉक्टर के पास ले गया। तीन टांके आए डिंपा को। वहीं से डेविड ने अपने लिए भी दवा ली और घर आया। देखा, डिंपा की मां बिल्कुल नया गाउन पहनकर बरामदे में खड़ी थी। उसे डेविड ख़रीदकर लाया था और डिंपा की मां ने कहा था—वह अपनी शादी की सालगिरह पर पहनेगी। डेविड को बहुत बुरा लगा। डिंपा मां को बाहर खड़ा देख रोने लगा। जाकर अपना टांका दिखाने लगा। डिंपा की मां ने उसे झिड़क दिया और भीतर भेज दिया। भीतर घुसते वक़्त डेविड उसके पास थोड़ी देर तक खड़ा रहा कि वह कुछ बोलेगी या पूछेगी, लेकिन उसने कुछ नहीं कहा। वह झुटपुटे को देख रही थी या हवा को, नहीं पता। लेकिन वह जिस ओर देख रही थी, उस ओर से डेविड का चेहरा नहीं दिख सकता। थोड़ी देर बाद डिंपा ने उससे कहा कि होमवर्क करा दो, तो उसने जवाब दिया—हट जा, नहीं तो जान ले लूंगी तेरी। और इतनी ज़ोर का धक्का दिया कि डिंपा पीछे दीवार में जाकर टिका। इतनी ज़ोर से रोया कि पेट-दर्द से जूझ रहे डेविड ने पलंग के नीचे पड़ा गिलास उसे खींच मारा। वह उसकी बांह पर लगा। फिर ज़मीन पर आवाज़ करते

हुए डोलने लगा। उसने अपनी बांह देखी और शोर करते डोलते गिलास को। फिर गिलास उठाया और किचन की तरफ़ जाने लगी। अचानक क्या सूझा कि पलटी और गिलास डेविड को दे मारा। वह पहले लेटे हुए डेविड के पेट पर गिरा और उछलकर दीवार से टकराकर चिंचियाया। डेविड ने सपने में भी नहीं सोचा था कि गिलास इस तरह उसके पास लौटकर आएगा। वह बुरी तरह डर गया। इससे पहले कि कुछ करता, उसने देखा, वह दौड़कर किचन में जा रही है। उसने वहां जाकर दरवाज़ा बंद कर लिया। डेविड उसी तरह बिस्तर में पड़ा कराहता रहा।

डिंपा की मां ने एक दिन सोनी ब्यूटी पार्लर वाली को घर में बुलाया। उसके चेहरे पर चोट के दाग़ अभी भी थे। सोनी वाली ने उसके चेहरे की सफ़ाई करनी थी। उसने अपने शरीर के बाल भी साफ़ कराए। उसने सोनी वाली के सामने स्कार्फ खोला। जब सोनी वाली गई, तो स्कार्फ फिर अपनी जगह बंधा हुआ था। डिंपा की मां ने सिर मुंड़ा लिया था। पति के जीते सिर मुंड़ा लिया था।

उसे इस वक्त उस लड़के की याद आने लगी, जिसे वह शादी से पहले पसंद करती थी। वह अगर उसके साथ रहती, तो क्या ज़िंदगी का रूप कुछ और होता? पिछली बार जब दादा आया था, तो बता रहा था कि वह लड़का अमेरिका चला गया है। उसने अभी तक शादी नहीं की थी। दादा को पता था कि छकुली उस लड़के से प्यार करती है, पर उसने यह भी कह दिया था कि वह लड़का कभी भी छकुली से शादी नहीं करेगा, क्योंकि वह जिस ख़ानदान से था, वहां कभी अपनी जात के बाहर शादी नहीं हुई है। वह ब्राह्मण लड़का था और डिंपा की मां के क्लास में ही था। डिंपा की मां जब इंदौर से शिरपूर आ रही थी, तो सेंधवा में मिला था पहली बार। शिरपूर का ही था। डिंपा की मां उसके साथ काफ़ी आगे बढ़ चुकी थी, जब दादा ने आकर उसे डेविड की तस्वीर दिखाई थी। दादा ने घंटों उसे समझाया था, तब उसने हां कर दी थी। एक संडे को उन्होंने चर्च में जाकर छकुली और डेविड की शादी कर दी। हफ़्तों बाद तक उस लड़के को पता नहीं चल पाया था कि छकुली की शादी हो गई है। शादी के कुछ दिनों बाद ही दादा ने उसे बाज़ार में मारा था। दादा जब भी कॉलोनी में आता, डिंपा की मां उससे कुरेद-कुरेदकर उसके बारे में पूछती है। दादा टालता रहता है, लेकिन छकुली को पता है कि जो बात दादा नहीं बताना चाहता, उसे कैसे उसके मुंह से निकाल ली जाए। दादा ने एक बार कहा था–अगर मुझे पता होता कि वह तेरे लिए इतना मरता है, तो मैं कभी तेरी शादी डेविड के साथ नहीं करता। एक बार वह लड़का मेरे कारख़ाने में आया था, जब मैंने उसे मारा था उसके बाद। बोला–छकुली तेरी बहुत इज़्ज़त करती थी। बोलती थी, तेरी किसी बात को नहीं टाल सकती। तूने बोला होगा उसको शादी करने को, तो उसने किया होगा। पर वो मुझको कभी भूल भी

नहीं पाएगी। बटन वाला, तू जानता है न, मैं क्या हूं, मेरा बाप क्या है, तेरे बटन कारख़ाने के साथ तुझको उठवा दूं, तो कोई घंटा भी नहीं उखाड़ सकता मेरा...पर ऐसा करके कोई फ़ायदा नहीं। तुझे जो नुकसान करना था, कर दिया तूने। तूने मेरा नहीं, अपनी बहन का नुकसान किया है बटन वाला...

बताते हुए दादा रोने लगा था। रोते हुए ही वह बता रहा था कि वह लड़का किस तरह रो रहा था। उसके बाद जब धीरे-धीरे वह दोनों के झगड़ों के बारे में जानने लगा, तो उसे हमेशा उस रोते हुए लड़के का ख़्याल आता और वह ख़ुद भी दुखी होने लगता।

डिंपा की मां बरामदे में खड़ी है। पीली स्ट्रीट लाइट कहीं पर जल रही है, कहीं पर नहीं। दूर पार्क में अब भी कुछ बच्चे खेल रहे हैं। उनका शोर यहां तक आ रहा है। क्लब की ओर जाने वाली सड़क पर एक स्ट्रीट लैंप के नीचे कोई बैठा है। इतनी दूर से समझ में नहीं आ रहा है कि कौन होगा। कोई है, जिससे पूरी दुनिया नाराज़ हो गई है, जिसके पास छिपने के लिए अपना निजी कोना तक नहीं है। जो सिर झुकाकर सड़क पर रोशनी के नीचे बैठा अंधेरे की शक्ल ले रहा है। उस दिन जब उस लड़के को पता चला होगा कि छकुली ने चर्च में शादी कर ली है, तो वह भी ऐसे ही किसी सड़क के किनारे खंभे की मरियल रोशनी के नीचे सिर झुकाकर बैठा होगा और रो रहा होगा। डिंपा की मां का मन हुआ कि वह उसे आवाज़ देकर बुला ले। उसे अपने साथ बरामदे में खड़ा कर देवे। उससे बातें करे और कहे कि अकेले मत रहना ऐसे समय में। किसी को साथ ज़रूर ले लेना। इंसान का सबसे बड़ा दुश्मन होता है अपनी मर्ज़ी के ख़िलाफ़ मिला अकेलापन। पर उसके गले से आवाज़ ही नहीं निकल रही। सिर्फ़ हिचकियां हैं। उसने गालों पर हाथ फिराया। वह पानी की तरह गीले थे। उंगलियां डालो, तो शीत हो जाएं।

कहीं से हवा आ रही है। कहीं को जा रही है। सड़क पिघली हुई है। उस पर पत्तियां गिरी हुई हैं। स्ट्रीट लैंप के नीचे बैठी आकृति में कोई हलचल नहीं हो रही।

वह बुदबुदाई, 'एली, एली, लमा शबक्तनी!'*

11

डिंपा की मां जहां पूरी कॉलोनी से बातें करती थी, वहीं अब चुप रहने लगी है। बहुत कम लोगों से बात करती है। अगर किसी के घर जाने की ज़रूरत पड़ भी जाए, तो डिंपा को भेज देती है। कॉलोनी वालों को भी समझ में आ गया था कि डिंपा की मां

* बाइबल–मैथ्यू 25:46–'हे मेरे परमेश्वर, तूने मुझे क्यों छोड़ दिया?'

इस समय मातम मना रही है। डेविड की तो ख़ैर किसी से बात होती भी नहीं थी। लोग वैसे ही उससे दूर भागते थे।

डिंपा घर का प्रवक्ता बन गया था। वह जिसके घर जाता, उसे चाय के साथ बिस्कुट या बन मिलता और उसकी मां का हालचाल पूछा जाता कि आजकल उसके घर में क्या चल रहा है। और डिंपा चाय में डुबोकर बिस्कुट खाते हुए विस्तार से बताता कि कल पापा ने मम्मा को फिर मारा या फिर मम्मा ने कल पापा को गिलास खींचकर मारा था। डिंपा ने ही कॉलोनी वालों को बताया था कि उसकी मां ने अपना सिर टकला कर लिया है और पापा इस बात के कारण उससे बहुत नाराज़ हैं। दोनों में बात नहीं होती। जब मम्मा ने पापा को गिलास मारा था, तो पापा दर्द से रो रहे थे। मम्मा ने ख़ुद को किचन में बंद कर लिया था और पापा सो गए थे, पर दूसरे दिन सुबह जब पापा की तबीयत ठीक हुई, तो उन्होंने ज़मीन पर पड़ा वही गिलास उठाया और मम्मा को ढूंढ़ने लगे। मम्मा बरामदे में खड़ी थी। गए और गिलास उसके सिर पर मार दिया। मम्मा ज़ोर-ज़ोर से रोने लगी। मैंने मम्मा को चुप कराया। उसके बाद मम्मा किचन में गई और संड़सी उठाकर लाई। पापा को ढूंढ़ने लगी। पापा तब बाथरूम में नहा रहे थे। मम्मा ने दरवाज़ा खटखट किया और पापा से कहा, 'दो मिनट सुनना ज़रा।' पापा ने आधा दरवाज़ा खोलकर सिर बाहर निकाला, तो मम्मा ने संड़सी उनके सिर पर दे मारी। पापा ने तुरंत दरवाज़ा बंद कर लिया। बाद में बाहर निकले, तो उनके सिर पर गोल गुम्मड़ उठा हुआ था। पापा ने मुझसे बोरोलीन मांगी और गोल गुम्मड़ पर लगा लिया। टिक-टिक, टिक-टिक, टिक-टिक, टिक-टिक...

एक दिन किसी आंटी ने पूछा कि डिंपा, तुझे पापा और मम्मा में से कौन पसंद है, तो उसने कहा, कोई नहीं। मम्मा को मैंने कितनी बार बोला है कि अपने बटक्स कम करो, पर नहीं सुनती। जब वह मुझे लेने स्कूल आती है, तो मेरे सारे फ्रेंड्स मुझे चिढ़ाते हैं कि अशोक की मम्मी के बटक्स अप एंड डाउन होते हैं। और पापा हमेशा ड्रिंक करते हैं। ड्रिंक करके वो मम्मा को मारते हैं। वह मुझे भी कपड़ा उतारकर मारते हैं।

डिंपा जितना बताता, उससे उतने ही सवाल पूछे जाते थे। वह भी जब तक सवाल समझ में न आते, बताता रहता। फिर चुप हो जाता। जब वह थोड़ा बड़ा हो गया, तो वह कॉलोनी के लोगों से कटने लगा। कोशिश करता था कि कॉलोनी वालों से मिला ही न जाए। क्योंकि कॉलोनी वालों की सवाल पूछने की आदत गई नहीं और उसे सवालों के मतलब समझ में आने लगे थे। जब वह दसवीं में गया, तो एक बार दामू अण्णा की बीवी ने उससे पूछ लिया, 'क्या रे डिंपा, अभी भी तेरी मम्मा के बटक्स अप एंड डाउन होते हैं?' डिंपा तप गया। बोला, 'क्यों, तुम्हारे नहीं होते, तो मैं कर दूं

क्या आकर? दामू अण्णा की बीवी, जिसे सब वहिणी कहते थे, का मुंह फटा रह गया। टिक-टिक, टिक-टिक, टिक-टिक, टिक-टिक...

उन दिनों डिंपा बहुत तपा हुआ होता था। कॉलोनी की एक लड़की पुष्पा के साथ उसकी अच्छी दोस्ती थी। बचपन से ही दोनों साथ थे। एक दिन दोनों पार्क में बैठे हुए थे, तो पुष्पा ने ही उसे आइडिया दिया कि वह शिरपूर में अपने मामा को चिट्ठी लिखे कि वह आकर उसे ले जाए। डिंपा ने कहा कि उसे यह आइडिया पहले ही आया था, पर वह जाना नहीं चाहता। उसे नहीं पता कि उसे वहां पुष्पा जैसी कोई दोस्त मिल पाएगी। यह कहते हुए उसने पुष्पा का हाथ पकड़ लिया था। टिक-टिक, टिक-टिक, टिक-टिक, टिक-टिक...

जब डिंपा ने अपने मामा को चिट्ठी लिखकर यह कहा था कि मेरा यहां रहने को मन नहीं करता, मुझे आकर ले जाओ, तो बटन वाला आया भी था। जब वह आया था, तो दिन बदले हुए थे। रंगरेज़ ने चुनरी का रंग बदल दिया था। डिंपा की मां जब स्विचबोर्ड को कपड़े से पोंछ रही थी, तो उसे करंट लग गया। वह बेहोश होकर गिर पड़ी। डिंपा ने मां के चेहरे पर पानी डाला। फ़र्क़ नहीं पड़ा, तो तिड़के के घर से गेट पर फोन किया डेविड के पास। डेविड जैसे था, वैसे ही दौड़ता आया। ऑटो में बिठाकर डिंपा की मां को डॉक्टर के पास लेकर गया। दो घंटे बाद डिंपा की मां वापस आई, तो डॉक्टर ने कई ताक़ीदें कर दीं। डेविड ने पांच दिन की छुट्टी ले ली और पूरी तरह से डिंपा की मां के लिए समर्पित हो गया। गिरने से डिंपा की मां के दाहिने हाथ में मोच आ गई थी। उस पर पट्टी बंधी थी। डेविड ख़ुद घर के सारे काम कर रहा था। चौबीसों घंटे साये की तरह उसके आसपास। उसे किसी चीज़ के लिए पलंग से उठने की ज़रूरत नहीं। समय पर खाना, नाश्ता, धुले हुए कपड़े। और मज़े की बात, घर भी पूरा साफ़-सुथरा। वैसे, डिंपा की मां से ज़्यादा सफ़ाईपसंद तो डेविड ही था। पहले भी बी शिफ्ट से रात के बारह बजे जब घर पहुंचता और देखता कि सामान बिखरा पड़ा है, तो उसे कितना भी नशा हो, कितनी भी नींद आ रही हो, जब तक सामान क़रीने से नहीं रख देता, बिस्तर तक नहीं जाता था। यही नहीं, कभी नंगे पैर चलते समय फ़र्श पर धूल-मिट्टी का आभास हो, तो सारे काम छोड़ पहले झाड़ू-पोंछा करता। इसी बात पर कई बार वह डिंपा की मां से लड़ भी पड़ता। बात धूल से शुरू होती, फिर उसके गाउन तक जाती, और उसके बाद जोशी-बटनवाला-शादी-के-पहले-क्या-क्या-किया-सब-पता-है-मुझे-तेरा-तो-कैरेक्टर-ही-ऐसा-है तक। अगर उस वक़्त उनकी कुंडलियों में सारे ग्रह शरीफ़ होते, तो बात किसी मोड़ पर जाकर हंसी में बदल जाती, वरना सिर फूटता, तलवार-चाक़ू चलते और कोई एक धराशायी होता। ज़्यादातर डिंपा की मां को ज़मीन चूमना होता था।

पर वो पांच दिन! डेविड जैसा सेवाभाव शबरी में भी नहीं था। रामायण के सारे पात्र दूरदृष्टि वाले थे। शबरी ने हज़ारों साल बाद कलियुग में घटने वाली इस घटना को पहले ही देख लिया था कि कैसे एक पुरुष, बिस्तर में लेटी एक स्त्री को अपने मुंह से संतरे काट-काटकर खिला रहा है। बस, शबरी ने वो आइडिया कॉपी कर लिया, राम आए, तो उन पर अप्लाई कर दिया और वर्ल्ड फेमस हो गई। बेचारे डेविड को घंटा क्रेडिट नहीं मिला।

फिर भी डेविड ने रग-रग सेवा और प्रेम में पगकर डिंपा की मां की सेवा की। वह पति में आए इस बदलाव को सहन नहीं कर पा रही थी। वह बिस्तर में ही पड़ी थी, वह पीछे से कब आ गया, पता ही नहीं चला। चार फीट दूर रखी पलंग, जो बार-बार अपनी जगह बदलती थी, उस पर बैठकर डेविड ने इस्तरी निकाली और बड़े इतमीनान के साथ उसके एक-एक गाउन, साड़ी, सूट को प्रेस करने लगा। ड्रेसिंग टेबल खोला और हर सामान को क़रीने से जमाया।

और ख़रगोश फिर उछलने लगे। डिंपा की मां बर्फ़ का लिहाफ़ ओढ़ने लगी। डेविड के होंठों पर फिर अरुण दाते और सुधीर फड़के के गाने आने लगे। फिर रात को दो साए कॉलोनी की पतली डाबर वाली सड़क, जिस पर खूब पत्तियां बिखरी होती थीं, जिन पर से ठंडी हवा चलकर गुज़रती थी, पर दिखने लगे हाथों में हाथ डाले। किन्हीं बातों पर जमकर एक-दूसरे के कंधे पर सिर रखकर रोते हुए। बहुत सारी रुलाहटें लंबे समय से उनके भीतर जमा थीं। पहले डेविड रोया, तो डिंपा की मां ने अपनी क़समें दे-दे चुप कराया। फिर डिंपा की मां रोने लगी, तो डेविड ने उसके होंठों को चूमना शुरू कर दिया। फिर वे दोनों देर तक घूमते रहे। उन्हीं सड़कों पर, जहां बहुत हलकी पीली रोशनी पड़ती थी। डिंपा की मां डेविड के साथ चलते-चलते उस लैंपपोस्ट के नीचे तक पहुंची, जहां एक बार उसने दुख के गहन क्षणों में किसी को सिर झुकाए बैठे देखा था। आज वहां कोई नहीं था। डिंपा की मां मुस्कराई। बोली, 'साहिब, कभी मन उदास होगा, तो इसी लैंपपोस्ट के नीचे आकर बैठ जाना। तुम्हें पता भी नहीं चलेगा कि मैं तुम्हें देख रही हूंगी। जब तुम मुझसे बात न कर पाओ, भले तुम्हारा कितना भी दिल कर रहा हो, तो तुम कुछ मत करना, यहीं आकर बैठ जाना। आसपास बहती पत्तियां देखना तो समझ जाना, मैं उन्हें फूंक मारकर हिला रही हूं...'

डिंपा की मां ने अपनी बरौनियों से उसके होंठ छुए। जल्दी-जल्दी तीन-चार बार पलकें झपकाईं। डेविड को होंठों पर गुदगुदी हुई। वह मुस्कराने लगा। उसका साहिब रंगरेज़ है। उसे बर्फ़ का रंग पहना दिया है। उसके आंसू जो टपक रहे थे, उन्हें उसने बीच राह बर्फ़ बना दिया। बर्फ़ की नथ उसकी नाक से लटक रही है। कानों में उसने

बर्फ़ के बुंदे पहन रखे हैं। वह उसकी पीठ पर बर्फ़ की क़लम से उन दिनों का नाम लिख रहा है, जिन दिनों में वह आग थी। उसके साहिब के हाथ में बर्फ़ का मोरपंख है, जिससे वह उस पर पसरे सारे बुरे असरों को हवा कर रहा है। उसके साहिब ने जेब से रंगों की पुड़िया निकाली और उस पर छिड़कने लगा। राग रंग, प्रेम रंग, अंग अंग रंग रंग। दुख देह मैल लुटाए दे रे खूब रंगी झकझोर।

डिंपा की मां की बड़ी-बड़ी सफ़ेद आंखें एक बहुत बड़े कैनवास में बदल गई हैं।

...अरुणाचे मी गंध लावले...

12

बटनवाला अपने साथ जंबो को भी ले आया था। डिंपा की मां ने बहुत दिनों बाद जंबो को देखा था, तो उसके दुलार में लगी रहती। पर जैसे ही डेविड सामने आता, वह उसके पीछे-पीछे लग जाती। डिंपा की मां को समझ में नहीं आ रहा था कि वह किसके प्रति प्रेम का ज़्यादा प्रदर्शन करे। बहुत दिनों बाद नज़र आए बेटे को या बहुत दिनों बाद वापस आए पति को। कुछ समय पहले तक वह जैसा सोच रही थी, उससे बिल्कुल अलग हो गई थी। वह डेविड के मुंह पर तपा हुआ लाल चिमटा रख देना चाहती थी, वह उसकी आंखों में एक सलाख़ भोंक देना चाहती थी, वह उसे प्रेशर कुकर में बंद करके स्टोव पर रख देना चाहती थी, पर ऐसा कुछ नहीं कर पाई और इस वक़्त उसका ऐसा करने का मन भी नहीं कर रहा।

कॉलोनी वालों ने डिंपा की मां के घर में सिर्फ़ तीन मेहमानों को आते देखा था। एक बटनवाला था। दूसरा डेविड की रिश्ते में एक बहन थी, जो दूर पंजाब के जालंधर में रहती थी। वह अब तक दो-तीन बार आ चुकी थी। और तीसरा था डेविड का लंदन में रहने वाला एक भाई, सच में भाई नहीं था, लेकिन डेविड और वह दोनों बचपन से साथ में पढ़े थे, इसलिए भाई ही कहते थे। हालांकि कॉलोनी वालों की मानो, तो उनमें से किसी ने श्री.पुं. जोशी, दीनानाथ कांबले, शिरढोनकर और पीजी पांडे को कई-कई बार डिंपा की मां के घर में पीछे वाले रास्ते से घुसते देखा है। यही नहीं, उन्होंने तो कई बार कई ऐसे लोगों को भी उसके घर के भीतर देखा है, जिन्हें वे जानते तक नहीं। पर किसने देखा है, यह किसी को नहीं पता। हर कोई कहता है, कोई बता रहा था, उसका नाम नहीं बोलना चाहिए।

–पीजी पांडे के साथ तो एक बार बहुत ही अजीब वाक़या हो गया था। डिंपा की मां अपने बरामदे में खड़ी होकर बाल सुखा रही थी।

–बाल क्या सुखा रही थी, धूप सेंक रही थी।

–धूप क्या सेंक रही थी, किसी को सड़क पर टाइम दिया होगा, उसे टापने आई थी।

–टापने क्या आई थी, सड़क पर जो भी खड़ा होगा, उससे इशारों में बात कर रही थी।

–बात क्या कर रही थी, टाइम फिक्स कर रही थी कि किस वक़्त डेविड घर में नहीं है, और वो किस वक़्त आ सकता है।

–फिर, तुमको मालूम नहीं है क्या, किसी अस्पताल-फस्पताल थोड़े जाती थी वो, किसी न किसी को टाइम दिए रहती थी, उसके पास जाती थी। दिन भर उसके साथ रहती थी, फिर रात को घर आती थी।

–दिन में इतना थक जाती थी कि रात को डेविड जब साथ में सोता था, तो आनाकानी करती थी और डेविड को मिर्ची लगती थी तब। इसीलिए तो जम के धोया था उसने और उसकी नौकरी ही छुड़ा दी थी। अब कहीं जाके दिखा?

–डिंपा की मां नहीं जा पाई, तो कॉलोनी में आ गए लोग उसके घर। आख़िर, आदत ऐसे ही थोड़े जाती है। जिसको एक बार कई की आदत पड़ जाए, फिर उसका पेट नहीं भरता एक से।

–भई, जिसको होटल के खाने की आदत पड़ जाए, उसका घर के खाने में मन लगता है क्या?

हज़ार क़िस्म की बातें होती थीं। हर कहने वाला दावे से अपनी बात कहता था। हर एक के पास एक बड़ा-सा स्कूप होता था। पता नहीं, किसकी बात सच होती थी, किसकी झूठ, पर बोलने वाले हर एक के चेहरे पर इतना तेज होता था कि दुबारा सवाल करने का मन ही नहीं होता किसी का। और कोई डिंपा की मां से तो पूछने जा नहीं रहा।

–उससे पूछने तो डेविड जाता है और अगर वह सही हो, तो डेविड भला क्यों मारा करे उसको? क्यों चौराहे पर नंगा करे? वह नंगी होगी, तो क्या डेविड भी नंगा न होगा?

कॉलोनी तो साली वैसे ही अफ़वाहों का कमाठीपुरा है। एक बात के दस मतलब निकालने का शऊर दुनिया को यहीं से तो मिला है।

तो पीजी पांडे की बात हो रही थी।

हां, तो डिंपा की मां अपने बरामदे में खड़ी थी कि सामने से पीजी पांडे की सात साल की लड़की साइकिल चलाते हुए गाते हुए आई कि मेरा रोता अशोक बेटा, सोता नहीं, चाचा बुलावे, तो जाता नहीं, चाची हरामज़ादी लेती नहीं....कौन-सा गाना है वो?

चाची को लगा कि लड़की उसको हरामज़ादी कह रही है। भड़क गई। वहीं खड़े-खड़े लड़की को गालियां देने लगी। ल्ले गंदी-गंदी गालियां। लड़की रोने लगी। बोली–चाची, मैं तो गाना गा रही हूं।

साली, मेरे सामने आकर मुझी को हरामज़ादी कह रही है। कैसा गाना सिखाया है तेरी मां ने?

चाची, मां ने नहीं, पापा ने सिखाया है।

पापा ने? जा बुला के ला अपने बाप को। चाची ने उसकी साइकिल ज़ब्त कर ली। बाप को बुला के ला। तभी साइकिल दूंगी।

लड़की रोते-रोते गेट तक गई और अपने बाप को बुलाकर लाई। वॉचमैन बाप ड्यूटी पर था। आया।

चाची उसको लेकर घर के अंदर। लड़की को साइकिल लौटा दी और पीजी पांडे की क्लास लगा दी। एक घंटे वे दोनों घर में थे।

–ज़ाहिर-सी बात है, डेविड तब घर में नहीं था।

–अरे, डिंपा भी नहीं होगा।

–होगा भी, तो चाची को क्या परवाह? एक कमरे में बंद कर दिया होगा उसको?

–हां, वैसे भी तो डिंपा कहता था न, मेर्को एक कमरे में लॉकएनकी में रखती है मां।

–फिर?

–आईला...मेरी भी कोई लड़की होती...मैं भी उसको चाची के घर के सामने हरामज़ादी वाला गाना सिखा के भेजता...

–हा...हा...हा...हा...

–तभी तो उस दिन डेविड ने उसको बहुत मारा था। डेविड से छिपती है क्या कोई बात? डिंपा की मां की हर हरकत जानता है वो।

–सही बात है। पीजी पांडे की क़िस्मत है, डेविड उसको मारने नहीं गया।

–पहले घर संभालेगा कि आंगन?

ख़ैर, डिंपा की मां के घर में सबसे ज़्यादा आता था बटनवाला। साल में दो-चार चक्कर मार देता था। कई बार उसे महीनों अपनी बहन का हालचाल नहीं मिलता, तो बिना बताए भी चला आता था। शादी के बाद जब पहली बार आया था, तो डेविड बहुत ख़ुश हुआ था। दौड़ा गया था बृजवासी तक। ख़ास मारवाड़ी पेड़े अपने सामने बनवाकर लाया। साथ में रबड़ी और रसमलाई भी। फिर दिन में ख़ुद ही किचन में जाकर उसके लिए बटाटा वड़ा बनाया था। तीन दिन की छुट्टी ले ली थी।

फिर एक समय ऐसा आया कि बटनवाला अगर घर में आया है, तो लाख बुलाने पर भी डेविड बेडरूम से बाहर नहीं आता था। पूछता तक नहीं था कि कैसे आए, क्या सफ़र रहा, चाय-पानी दी कि नहीं? डिंपा की मां ने एक बार उससे कहा, अरे, एक बार चाय के लिए तो पूछ लो, तो बोला, शिरपूर में चाय मिलनी बंद हो गई है, जो यहां आकर पिएगा? बटनवाला कुछ नहीं बोला। शादी के पहले की बात होती, तो कारख़ाने में डेविड की नाक में रस्सी डालकर रखता। डेविड ने एक स्क्रू ग़लत फिराया कि बटनवाला की फिर गई। ल्ले गालियां। सात पीढ़ी तक हिसाब-किताब चुकता, भाड़ में जाए गुप्ता।

बटनवाला जंबो को अपने साथ ले गया, तो डेविड और नाराज़ हुआ। वह बटनवाला को मना करना चाहता था, लेकिन उसके सामने उसकी जुबान नहीं खुल पाई। पहले ही उसका माथा ठनका हुआ था कि जंबो आठवें महीने में ही क्यों पैदा हो गया? अगर हुआ भी, तो उसे बहुत कमज़ोर होना चाहिए था, पर वह था भी लगभग तंदुरुस्त। और अगर हुआ भी है, तो उसका पहला बेटा है, कम से कम उसके साथ तो रहने दिया जाए। तीन साल बाद इधर डिंपा हुआ नहीं कि उधर बटनवाला जंबो को लेकर चला गया। डेविड देखता रह गया। साथ में बटनवाला की बीवी भी आई थी। एक्स्ट्राइच लाड़ दिखा रही थी।

जंबो बड़ा होता रहा और बीच-बीच में वह जाकर उसके बड़े होने को देख आता। शुरुआत में उसने कुछ नहीं कहा, पर बाद के झगड़ों में जंबो के आठवें महीने में आ जाने, उसको बटनवाला के ले जाने और शिरपूर में शादी से पहले डिंपा की मां के बहुत फेमस होने जैसी बातों को देखा जा सकता है। जब डिंपा की मां ने जंबो का भरा-भरा बाप जैसा चेहरा देखा था, तो उसने बटनवाला से कहा था–'दादा, है न अपने बाप का ही। तू फुक्कट में पूछ रहा था। तू क्या, साहिब भी पूछता रहता है। उसको नहीं दिखता इसका थोबड़ा?'

फिर एक दिन जंबो को डेविड के सामने करते हुए बोली, 'साहिब, देख लो जी-भर के। जब तुम छोटे रहे होगे, तो ऐसे ही दिखते होगे।' डेविड नहीं देख रहा था।

वह बोलने जा रही थी, पर कुछ नहीं बोल पाई। वह चाहती थी कि डेविड बोले, पर वह न देखने में व्यस्त था।

उस रात शिरपूर में दोनों बाहर निकल गए। डिंपा को मामी की गोद में छोड़कर। देर रात तक शिरपूर की सड़कों पर दो साए भटकते रहे।

फिर भी बटनवाला के साथ डेविड की दूरी रही, तो रही। वह अब भी उसे देखकर चिढ़ जाता था।

इन दिनों भी बटनवाला घर में है। जंबो भी यहीं है। लेकिन डेविड दोनों से बात नहीं करता। वह डिंपा की मां के पास ही बैठा रहता है। बटनवाला जंबो के साथ खाता है और डेविड के लिए खाना अलग से जाता है, उसके कमरे में, जहां दो पलंगों के बीच अब चार फीट का गैप नहीं है।

बटनवाला सुबह होते ही डिंपा और जंबो को लेकर चला जाता है। कभी उल्हासनगर के मार्केट, तो कभी टिटवाला के मंदिर। कभी साथ लेकर सामने उल्हास नदी चला जाता है। एक बार डिंपा ने बहुत ज़िद की कि उसे समंदर देखना है, तो सुबह की लोकल पकड़ी और उसे जुहू चौपाटी ले गया। कुछ ही दिनों में डिंपा को बटनवाला की इतनी आदत पड़ गई कि उसे उसी का साथ अच्छा लगने लगा। बटनवाला को बुलाया भी उसी ने था चिट्ठी लिखकर। हालांकि यह बात किसी को पता नहीं थी। मामा को वह पिछले दिनों की एक-एक बात बता रहा था और हर बात के बाद उसके साथ शिरपूर चले जाने की इच्छा जताता। टिक-टिक, टिक-टिक, टिक-टिक, टिक-टिक...

बटनवाला की हिम्मत नहीं हो रही थी कि वह डेविड से इस बारे में बात करे। उसने अपनी बहन से कहा कि वह डिंपा को अपने साथ ले जाना चाहता है, तो डिंपा की मां, जो उन दिनों सफ़ेद रंग में रंगी हुई थी, बोली—साहिब इस पर जान छिड़कता है। वह पहले ही तुझ पर नाराज़ है कि तू जंबो को ले गया। इसको भी ले गया, तो वो बोलेगा कुछ नहीं, पर मेरी जान ले लेगा।

फिर भी बटनवाला ने तय किया कि डिंपा की मां भी साथ में शिरपूर चल चले, जिससे दोनों का मन फ्रेश हो जाएगा। कई रातों को लैंपपोस्ट के नीचे ले जाकर डिंपा की मां डेविड को मना पाई कि एक महीने के लिए वह डिंपा को लेकर शिरपूर जाना चाहती है।

13

शिरपूर उसका अपना क़स्बा था। वहां की सड़कों, गलियों, पार्कों में उसकी यादें बिखरी हुई हैं। कांबा में वे कहीं घूमने नहीं निकलते थे। घर में कोई ज़्यादा आता-जाता न था। बटनवाला के साथ डेविड उसे एक-दो बार शिर्डी, एक-दो बार जुहू और बांद्रा तक घुमा लाया था। उसे याद है कि एक बार वे लोग सात संडे लगातार बांद्रा गए थे। वे दोनों बहुत प्यार करना चाहते थे, पर जाने कौन-सी बला थी कि दोनों के बीच हमेशा झगड़े होते थे। ऐसे में डेविड ने कहीं पढ़ लिया था कि बांद्रा के माउंट मैरी चर्च में सात संडे तक वैक्स कपल चढ़ाएं, तो जीवन में सुख आ जाता है।

सात संडे दोनों ने त्योहार की तरह मनाए। डिंपा को करमरकर के घर छोड़कर दोनों सुबह सात चालीस की ट्रेन से निकलते। मोम से बने दूल्हा-दुल्हन ख़रीदते और जाकर मदर मैरी के सामने रख देते। उनकी तरह वहां कई वैक्स कपल पड़े थे, वैक्स हैंड्स, वैक्स लेग्स, वैक्स डॉल्स। जिसको शरीर के जिस अंग में समस्या है, उस अंग को वैक्स में मदर मैरी को पेश करना होता है। उसके बाद हाईमास होती। ये दोनों साथ खड़े होकर मैरी से बातें करते। दाहिनी ओर एक झिरी थी। वह कन्फेशन बॉक्स था। डेविड जब भी चर्च जाता, डिंपा की मां से एक बार ज़रूर कहता, 'डार्लिंग, कुछ कन्फेस करना है, तो कर लो।'

और हर बार डार्लिंग मुस्करा देती।

बहुत सारी सीढ़ियां उतरकर वे नीचे पहुंचते। बैंड स्टैंड जाते। समुद्री चट्टानों पर बैठकर देर तक काग़ज़ की पुल्ली में मूंगफली खाते। डेविड कुछ नहीं कह रहा होता। डिंपा की मां को हवाएं और चीख़ता समंदर अच्छा लगता। वह उन्हीं को देखे जाती। उसे मूंगफली खाना अमोल पालेकर टाइप टुटपुंजिया काम लगता। वह आइसक्रीम ढूंढ़ती, पर डेविड मूंगफली वाले से दो पुल्ली और ख़रीद लेता।

उसने अपना हनीमून शिरपूर में ही मनाया था। उस वक़्त डेविड उसके साथ रोज़ बाज़ार के लिए निकलता था। भले कुछ न ख़रीदना हो, पर शाम को बाज़ार घूमना डिंपा की मां को बहुत पसंद था। उन दिनों डेविड उसकी पसंद का हर काम करता, बल्कि किसी जासूस की तरह उसकी पसंद का पता लगाता रहता। रात का खाना खाने के बाद वे दस बजे घर से निकल जाते, गली में घूमते रहते, रात को आइसक्रीम वाले बहुत घूमते हैं। डेविड उसके लिए रोज़ रात एक कॉर्नेटो लेता था। एक ही आइसक्रीम को जीभ से सहलाते हुए वे गलियों में घंटा गुज़ार देते थे। उसे याद है कि वह रात के इस एक घंटे के लिए पूरा दिन इंतज़ार कर लेती थी। इस रंग के लिए हर रंग का स्वीकार। धोय से छूटै नहीं रे दिन दिन होत सुरंग।

वह शिरपूर के बाज़ार में घूम रही थी। दादा ने कल ही बताया कि वह लड़का, जिसने अब तक उसके कारण शादी नहीं की थी और जो अमेरिका चला गया था, एक महीने से शिरपूर में है। दो-तीन बार दादा से मिल चुका है, और चाहता है कि एक बार तू उससे मिल ले। डिंपा की मां ने पहली ही बार में ना कह दिया, लेकिन फिर थोड़ी देर बाद बोली, घर पर ही बुला ले उसको। मैं उससे मिलने बाहर नहीं जाऊंगी।

शिरपूर की गलियां उससे पूछ रही हैं कि तुम वही हो, जो बाइक की पिछली सीट पर बैठकर चिल्लाते हुए यहां से गुज़रती थी? उसकी उंगलियां माथे पर गईं। यहां उसने एक बार एक लाल रंग की बिंदी लगाई थी। डिंपा की मां को बिंदियां बहुत अच्छी लगती थीं।

मैंने सपना देखा है कि तुमने अपने होंठों से मेरे माथे को छुआ है। तुम्हारे गोल होंठों ने वहां एक बिंदी बना दी है। थोड़ी देर बाद तुम मुझे फिर माथे पर चूम रहे हो। उससे मेरी बिंदी मिट जाती है और मैं बहुत रोने लगती हूं।

पगली! बिंदी मैंने ही तो लगाई थी। मैंने हीं हटाई है। मैं जितनी बार तेरा माथा चूमूंगा, वहां सूरज की बिंदी लगेगी। मैं तेरा माथा नहीं, तेरे भीतर बसे अपने आपको चूमता हूं और उससे कहता हूं कि आ, मेरे भीतर बस जा।

और उसने मुझे बाइक पर बिठाया, मार्केट पहुंच गया। एक दुकान में घुस गया। वहां उसने अपने हाथों से बिंदियां छांटीं। गुलाबी रंग की एक नेल पॉलिश ली और भवों के ऊपर लगाने वाले सितारे लिये।

मुझे ये सितारे अच्छे नहीं लगते?

लेकिन तुम पर बहुत अच्छे लगेंगे।

उसने बिंदी को अपने होंठों से पकड़ा और मेरे माथे पर लगा दी। फिर उसे देर तक चूमता रहा।

देखो, बिंदी को परमानेंट कर दिया मैंने। मेरे होंठों के दाब से वह हमेशा के लिए तेरे माथे पर चिपक गई है।

मुझे लगा, यह वही दुकान है। जंबो और डिंपा मेरे साथ थे। याद नहीं आ रहा, वही दुकान है या कोई और? मैंने एक गिलास पानी मांगा। देर तक वहीं सोफ़े पर बैठी रही। पूरी दुकान भरी पड़ी थी सामान से। बिंदियां, मेकअप, पाउडर, कॉस्मेटिक्स, रंग-बिरंगी चूड़ियां, बेंटेक्स के गहने...सड़क पर कई बाइक्स खड़ी थीं। वह भी ऐसे ही टेढ़ी बाइक लगाता था। उसे कितनी बार कहा था कि ऐसे कभी गिर जाएगी, वह हंस देता था। कई बार हम बाज़ार के बाहर ही बाइक छोड़ देते थे। और यहां तक पैदल आते थे। दिन का खाना किसी होटल में खाते थे। खाने का ऑर्डर देने से पहले वह सारे आइटम्स जोड़कर अंदाज़ा लगा लेता था कि कितना बिल आएगा। और मैं लाख बोलूं, दो रुपया टिप तो रख दो, कभी नहीं मानता था।

वह ऊंचा था। एक बार उसने मुझे उठाकर उछाल दिया था, जैसे मैं कोई छोटी बच्ची हूं। कितना डर गई थी मैं?

जान ले लोगे क्या? गिर जाती तो?

मेरे हाथ किसलिए हैं? जब गिरने का डर लगे, तो इन्हें पकड़ लेना।

तुमने मेरे माथे पर बिंदी क्यों लगाई थी?

तुम्हारे माथे ने कहा था।

क्या कहा था?

आओ, हमेशा के लिए यहां सुर्ख़ सूरज बनकर बस जाओ।

'लाल बिंदियों का एक पैकेट देना,' पानी का गिलास रखते हुए वह सोफ़े पर बैठी और दुकानदार से हौले-से कहा।

14

उसने गैस पर चाय की पतीली रखी, तो वह सीधा किचन में ही आ गया।

वह अब भी वैसा ही दिखता था। क्या उस समय भी ऐसा ही दिखता था? उतना ही ऊंचा, वैसा गोरा, सुंदर। चौड़ा माथा। पीछे की ओर समेटे सारे बाल। कॉटन की एक सफ़ेद शर्ट, आस्तीनें मुड़ी हुईं, हलकी-नीली रंग की एक जीन्स, स्पोर्ट्स शूज़, जिस पर लाल लाइनें खिंची हुई थीं। परेशान कर देने वाली एक महक अब भी उसके भीतर से आ रही थी। क्या यह तब भी ऐसे ही आती थी? उसका पेट थोड़ा-सा निकल आया है। तब भी इसका पेट निकला हुआ-सा न था? आंखें वैसी ही थीं, जैसे बादाम के दो टुकड़े माथे के नीचे दोनों ओर रख दिए गए हों। एक हरी मिर्च नुकीली जैसी नाक। आगे से थोड़ा झुकी हुई। और संतरे की फांक को बीच में से चीर दो, वैसे होंठ। जैसे संतरे में रसीले रेशे दिखते हैं, उसके होंठ का रस अब भी वैसा ही था। डिंपा की मां बीच-बीच में उसे देख रही थी। उसकी मूंछ के बालों में थोड़ी सफ़ेदी आ गई थी। क्या वह पहले भी मूंछ रखता था?

वह उसे देखकर मुस्करा दी। जवाब में वह नहीं मुस्कराया।

'बाइक अब भी टेढ़ी ही खड़ी करते हो?'

'हां, बाइक ऐसे ही खड़ी की जाती है।' बरसों पहले वह इस सवाल का जवाब नहीं देता था, बस, हंस देता था। समय के साथ हम जवाब खोज लेते हैं या निरुत्तर रहने की मासूमियत खो देते हैं?

'तुमने बाल इतने छोटे क्यों करा लिये हैं?' लड़के ने पूछा।

'ऐसे ही। बड़े बाल संभलते नहीं थे।' मैंने यह जवाब नहीं सोचा था।

मुझे याद है, उसने क़सम दी थी, इन्हें कभी काटना मत।

मुझे पता है, हमने एक-दूसरे की क़समें माननी कब की बंद कर दीं।

मैंने संड़सी से पतीला उठाया। हम दोनों के बीच गरम भाप का परदा तन गया। पतीले से छन-छन की आवाज़ आ रही थी। जैसे तपते तवे पर कोई पानी की बूंदें छिड़क रहा हो। उसकी झुकी आंखें कप में गिरती चाय देख रही थीं। भाप उड़कर मेरे चेहरे पर आ रही थी। एक बार इसने कहा था, जब मैं स्टीम ले रही थी–

छकुली, देख, भाप बनकर तेरे चेहरे से चिपक रहा हूं मैं।

मेरे चेहरे पर भाप-सी बेचैन सनसनाहट आ गई थी।

वह दूर खड़ा था। पहले के दिन होते, तो वह अब तक मेरी कमर से लिपट चुका होता।

सन-सन करती भाप मेरी कमर पर आ चिपकी।

मैंने दूध का पतीला खोला और चम्मच से मलाई उतारने लगी। उसे गरम चाय पर मलाई की परत अच्छी लगती है। फिर उस पर कॉफ़ी का थोड़ा छिड़काव।

वह अपनी जगह से नहीं हिला। चाय पर मलाई को बिछते, फिर डूबते, फिर ऊपर आते, उस पर चिपका कॉफ़ी का बुरादा देखता रहा।

फिर उसने हथेली बढ़ाई, जैसे कुछ मांग रहा हो। जब बहुत लाड़ में आता था, तो ऐसे ही हथेली आगे कर देता था, चाहते हुए कि मैं भी उस पर अपनी हथेली रख दूं।

मैंने ट्रे उठा ली और दरवाज़े की ओर बढ़ गई, 'आ जाओ हॉल में।'

वह हथेली फैलाए खड़ा रहा।

बटनवाला उस लड़के को घर में बिठाकर चला गया था। जंबो और डिंपा पहले ही क्रिकेट खेलने चले गए थे। हॉल में कोई नहीं था। वे दोनों आमने-सामने सोफ़े पर बैठे थे।

मैं उससे पूछना चाहती थी--क्यों मिलना चाहते थे तुम?

वह कहना चाहता था–बस, तुमको एक बार देखकर ताज़ा कर लेना चाहता था। फिर वह मुझसे पूछता–क्यों, तुम नहीं मिलना चाहती थी एक भी बार?

मैं सिर झुकाकर कहती–एक बार तो ज़रूर मिलना चाहती थी। तुमसे कुछ कहना था।

यह सुनकर उसे झुंझला जाना था–क्या कहोगी अब? ये कहोगी कि तुम्हें अब भी एक-एक बात याद है? मेरी चाय, मेरी बाइक, मेरी छुअन?

मैं चाहती थी कि वह पूछे–तुम्हें अब भी लाल बिंदी पसंद है?

...

उसे पता था कि मैं इसका जवाब नहीं दूंगी।

फिर उसे यह पूछना होता–मेरी बिंदियां खो दीं न तुमने?

मैंने बरसों से इसका जवाब सोच रखा है–मैंने इस लाल बिंदी के नीचे छिपाकर रखी है तुम्हारी बिंदी।

फिर हमें चुप हो जाना था। उसको मुझे याद दिलाना था–तुमने कहा था, जब तुम्हारी बहुत याद आए, तो उस लैंपपोस्ट के नीचे बैठ जाना। उसके नीचे अब भी पीली रोशनी आती है...हेमा, तुम्हें दिखता हूं मैं वहां बैठा हुआ? तुमने कभी उस लैंपपोस्ट तक जाने की हिम्मत क्यों नहीं की?

इस सवाल का जवाब तो मैं अभी तक नहीं खोज पाई, जबकि वह ठीक सामने बैठा है और किसी भी पल वह यह सवाल पूछ लेगा। निरुत्तर रह जाने की मासूमियत मुझमें अब भी बची है?

मुझे सुनाई पड़ा कि उसने पूछा–तू मेरे साथ चली चल...बच्चों के साथ...बटनवाला भी राज़ी है...

मैंने चौंककर उसे देखा, वह मूंछ में अटकी मलाई निकाल रहा था। मुझे नहीं पता, उस समय वह क्या बोल रहा था। बोल रहा था?

मैंने आंखें बंद कर लीं और पीठ टिकाकर गहरी सांस लेने लगी। उसे उठकर बग़ल वाले सोफ़े पर आ जाना था। उसे मेरा हाथ पकड़ लेना था।

मेरे माथे पर लगी बिंदी पर दबाव पड़ा है। कोई गरम भाप भवों और मुंदी हुई पलकों पर फिर रही है। मेरे गालों पर दो गीले हाथों का दबाव बनना है। उन हाथों को मेरे गालों को इस तरह पकड़ रखना था, जैसे गुलाब की कली और डंठल के बीच एक हरा पुष्पाधार होता है, फूल उसी की कोख से बाहर निकलता है, उसकी सुगंध और उसका बीज उसी हरे में महफ़ूज़ रहता है। हरा हटा दो, फूल नीचे गिर जाएगा।

भाप धीरे-धीरे नीचे आ रही थी। मेरी नाक की ठंडी कोर पर इस तरह टिक गई, जैसे उड़ते हुए बादल का टुकड़ा पेड़ की किसी टहनी पर अटक जाता है। उस टहनी पर, जहां एक चिड़िया अपने दो चुरुंगुनों के साथ घोंसला बनाकर रहती है। बादल को वहां थोड़ी देर तक रहना है और उसके बाद टहनी-बादल का एक रंग हो जाना है। बादल की सांसों से टहनी को झूलना है। टहनी के झूलने से बादल की रुई को बिखरना है। थोड़ी-सी रुई पिघलेगी और टहनी पर बरसात होने लगेगी।

जब डिंपा की मां ने आंख खोली, वह सामने बैठा हुआ था, सिर झुकाए।

गरदन घुमाई, बग़ल में डिंपा खड़ा था।

'हां बोल, क्या हो गया?'

'मम्मा, टेन रुपीज़ देना। मैच लगाया है हम लोगों ने।'

टहनी पर्स लेने भीतर चली गई।

15

बस अड्डे तक वह भी छोड़ने आया था। बस निकलते-निकलते उसने कहा था, 'ध्यान रखना मेरी बात का।' डिंपा की मां उससे पूछ पाती--कौन-सी बात, तब तक वह पीछे छूट चुका था। गले के भीतर इतने कांटे उग आए कि थूक तक लीलना

मुश्किल हो रहा था। उसे लगा, कोई चाक है, जिस पर उसे रख दिया गया है, वह घूमी जा रही है। कोई बहुत तेज़ रफ़्तार से उसे घुमा रहा है। किसी ने उसका आकार बदलना शुरू कर दिया है। आसपास सब-कुछ घूम रहा है। पृथ्वी, चांद, सूरज, आसमान, पेड़, इमारतें, बस, सब घूम रहे हैं। एक अंतहीन घूम है। जैसे कोई डायनामो घूमता है। उसने पलटंकर नहीं देखा। वह लड़का अपनी जगह खड़ा हाथ हिला रहा है। वह नहीं देख रही थी। वह वहां से चलता है। दूर एक लैंपपोस्ट के नीचे जाकर बैठ जाता है। वह नहीं देख रही थी। वह ख़ुद भी लैंपपोस्ट के पास जाकर खड़ी हो जाती है। वह सिगरेट सुलगा रहा है। वह नहीं देख रही।

शिरपूर गली-दर-गली छूट रहा है। सड़क-दर-सड़क पुराना पड़ रहा है। चक्का घूम रहा है। दुनिया चक्के पर रखी हुई है। चक्का दुनिया के गर्भ में है।

डिंपा ने कितनी मिन्नतें की थीं कि उसे वहीं शिरपूर में ही रहने दिया जाए, पर डिंपा की मां नहीं मानी। वह कितनी बार कह रहा था, जंबो को भी साथ ले लो, पर जंबो एक किनारे खड़ा हो गया। उसे नहीं जाना इन लोगों के साथ। डिंपा जंबो का साथ नहीं छोड़ना चाहता। टिक-टिक, टिक-टिक, टिक-टिक, टिक-टिक...

डेविड चाहता था कि जंबो अब बड़ा हो गया है, तो यहीं आकर इनके साथ रहे, पर जंबो ख़ुद ऐसा नहीं चाहता था और बटनवाला भी नहीं चाहता होगा। डेविड मानता है कि बटनवाला ने उसके बेटे को एक तरह से किडनैप कर रखा है।

इसी बात पर वह डिंपा की मां पर भड़क गया। उसने ढंग से कहा ही नहीं होगा कि जंबो को अब उनके साथ रहना है। बटनवाला को कोई संतान नहीं, तो इसका मतलब यह नहीं कि मैं हमेशा के लिए उसे अपना बेटा दे दूं।

वह उसे समझाती रही कि मैंने कहा था, पर ख़ुद जंबो नहीं चाहता। बोल रहा था, बुआ, जब भी तेरी याद आएगी, तेरे पास आ जाऊंगा। है ही कितनी देर का सफ़र। सच बात है, मैं उसकी बुआ हूं और तुम फूफा हो। बचपन से वह यही मानता आया है। भले उस यह पता है कि हम उसके मां-बाप हैं, लेकिन उसे इससे कोई मतलब नहीं। लेकिन डेविड का फनफनाना नहीं रुका।

तंग आकर डिंपा की मां ने उससे पूछा, 'एक बात बताओ, जब जंबो आया था, तब तो तुम उसकी ओर देखते भी नहीं थे, दो मिनट उसके साथ बैठकर बात तक नहीं करते थे, उससे पहले हमेशा तुम्हें यह लगता रहा कि वह तुम्हारी औलाद है ही नहीं, फिर अब क्यों इतना लाड़ आ रहा है उस लड़के पर?'

उसका इतना कहना था कि डेविड को ताव आ गया। इतने दिनों से वह अकेले था, तो बार-बार सोचा करता था कि अपने ताव पर क़ाबू रखेगा। रिश्ता ठीक करने के लिए वह माउंट मैरी तक हो आया है। इस बीच भी वह एक संडे गया था प्रेयर

करने। वह नहीं चाहता कि डिंपा की मां के साथ उसका झगड़ा बढ़ता रहे, पर कुछ न कुछ हो ही जाता है।

फिर से। फिर से। फिर। फिर। फिर। फिर से।

वह एक सपने से निकलकर आई थी, जहां जुबान पर मीठा ही मीठा लगा हुआ था, जहां मोरपंखों से उसके सिर पर हवा की जा रही थी, जहां कोई बादल उसे भिगा रहा था। उस सपने से वह एक भट्ठी में आई है, जहां उसे सींक में डालकर तपाया जा रहा है। बरौनियों से नमक उठवाया जा रहा है। किनारे पर बैठ चप्पू चलाने को कहा जा रहा है।

कॉलोनी में उससे बात करने वाला कोई नहीं बचा। जहां जाती है, समझ में आ जाता है कि उसे टाला जा रहा है, लेकिन टलना उसकी आदत है नहीं। वह विजू सावंत के घर जाकर बैठ जाती है। उसकी बेटी नंदू सावंत अलग क़िस्म की प्रॉब्लम में पड़ी हुई है। बेचारी, घर से भाग गई थी। उसके मां-बाप ने उसका घर से बाहर निकलना बंद कर दिया है। उसने पार्वतीबाई को समझाना चाहा कि वह जिससे शादी करना चाहती है, उससे करा दे, वरना आगे चलकर पछताना ही पड़ेगा, लेकिन पार्वतीबाई ने उल्टे उसी को चार बातें सुना दीं। वह नंदू से मिलती है। उसकी आंखें रो-रोकर सूजी हुई हैं।

डिंपा की मां पार्वतीबाई से बात करके उसे अपने घर ले जाती है। वह उसे 'बाइबल' के कई क़िस्से सुनाती है, जिससे दिल साफ़ हो जाता है, उस पर का बोझ कम हो जाता है।

नंदू पूछती है, 'चाची, तुम्हारे दिल पर बोझ आता है, तो क्या करती हो?'

'बाइबल पढ़ती हूं। चुपचाप। एक कमरे में बैठकर। बचपन से मेरी आदत है। जब भी उदासी होता है, मैं बाइबल का वो चैप्टर पढ़ने लगती हूं, जिसमें जीसस दुबारा इस धरती पर आता है। तुम्हें पता है, यह दुनिया की सबसे बड़ी उम्मीद है–गए हुए आदमी का लौटकर आना। जब तक आप उसका इंतज़ार करते हैं, आपमें ताक़त रहती है। जैसे किसी की आंख चली जाए, तो उसे इंतज़ार रहता है नज़रों के लौट आने का। एक दिन उसका इंतज़ार इतना गाढ़ा हो जाता है कि नज़र तो नहीं लौटती, लेकिन उसका इंतज़ार ही उसकी नज़र बन जाता है। चमत्कार का जन्म इंतज़ार के कारण ही हुआ होगा। और जीसस का दुबारा आना बताता है कि इंतज़ार की हमेशा जीत होती है। जिस दिन इंतज़ार ख़त्म होता है, आप जीसस के सबसे क़रीबी बन जाते हैं।'

वह अपने जीवन का सार सुनाती है। किताब से अपने पसंदीदा चैप्टर सुनाती है। नंदू रोज़ उसके पास आती है। डिंपा की मां उससे कुरबत महसूस करती है। एक

दिन कहती है, 'नंदू, तू तो भाग भी सकती है। उनके बारे में सोचा है कभी, जो अपनी मर्ज़ी का कर भी नहीं पाते?'

'मैं सिर्फ़ अपने बारे में सोचती हूं चाची। मुझे ज्यादा चीज़ें समझ में नहीं आतीं। सच कहती हूं, मन करेगा, तो मैं फिर घर से भाग जाऊंगी।'

'पर तुझे बदनामी से डर नहीं लगता क्या?'

'चाची, तुमको लगता है बदनामी से डर?'

चाची चुप हो गई। उसने अपना ध्यान किचन के काम में लगा दिया। नंदू सावंत वहां खड़ी थी, सिर झुकाए अंगूठे से ज़मीन में कोई चित्र बना रही थी या किसी का नाम लिख रही थी या किसी लिखे हुए नाम को दुरुस्त कर किसी और का नाम लिख रही थी या अंगूठे का व्यायाम कर रही थी।

'हां, मुझे तो लगता है।'

'नहीं डरना चाहिए चाची! तुझे पता है न, तेरे बारे में क्या-क्या बोलते हैं लोग, चाचा, तेरे पड़ोसी, इसी कॉलोनी के लोग? इसके बाद भी तू किसी की परवाह नहीं करती, यहां ऐश से रहती है। चाचा के साथ इतना लफड़ा होता है, तू क्यों नहीं छोड़ के चली जाती? जब बिना कुछ किए बदनामी होती है, तो फिर कर के लो न। अपना तो यही फंडा है चाची।'

डिंपा की मां सन्नाटे की दीवार के भीतर चिनकर खड़ी हो गई। वह अपने हाथ से एक-एक ईंट रख रही थी। एक ईंट उसने अपनी आंखों के सामने रखी और बस, कुछ भी दिखना बंद।

एक दिन नंदू ने कहा था, चाची, बहुत आसान होता है किसी को बदनाम कर देना। समझ ले, मैं एक मरद हूं। तुझसे बोलता हूं कि वो देख, वो सामने जो जा रही है न, बहुत कड़क है। परसों दिन में ली थी उसकी मैंने। तो बोलो, क्या सोचोगी तुम? उस औरत से पूछने तो नहीं जाओगी न। यक़ीन कर लोगी न मेरी बात पर। ऐसा ही होता है। मरद जिसकी सपने में भी लेता है, उसके कैरेक्टर को असल लाइफ़ में भी बदनाम कर देता है। जिस औरत के बारे में बोलता है कि वह बहुत ख़राब है, दरअसल उसे ख़राब करने में वह अपना भी हिस्सा देखना चाहता है। चाचा जिस दिन सपना देखेगा कि तू किसी और के पास से आ रही है, तो उस सपने पर विश्वास कर लेगा। उसे लगेगा कि भगवान उसे आगाह कर रहा है सपना दिखाकर।

ये सारी बातें एक ही दिन में नहीं हुई थीं। रोज़ के टुकड़े-टुकड़े को जोड़ दो, तो ऐसी ही बातें बनती थीं। डिंपा की मां को लगता है कि उसके भीतर भी थोड़ी-सी नंदू सावंत होती, तो अच्छा था। थोड़ी-सी नंदू सावंत कहां से मिलेगी? उसे नंदू सावंत

अच्छी लगी थी। नंदू हर वक़्त एक कोशिश करती रहती है। कोशिश करते इंसान से ख़ूबसूरत कुछ नहीं हो सकता।

डिंपा की मां ख़ुद अपने भीतर तलाश कर रही थी। उसके भीतर कई औरतों का वास था, पर वह किसी को पहचान नहीं पा रही थी।

16

गुड्डू गांधी को तो जैसे चस्का लग गया था। हाथ फिराते-फिराते साला क्या हो गया, रात-दिन डिंपा की मां के बारे में ही सोचे जावे। वो हम लोगों को पता ही नहीं था, जब एक दिन गुड्डू गांधी डिंपा की मां की पूरी जन्मकुंडली लेकर बैठ गया। वह पिछले कुछ दिनों से उसे लगातार फॉलो कर रहा था। वह रोज़ सब्ज़ी लेने आती थी बिरला गेट तक। हालांकि इस बात का कोई तुक नहीं था। कॉलोनी की ज्यादातर औरतें संडे टु संडे आती हैं और हफ्ते भर की सब्ज़ी लेकर चली जाती हैं, पर डिंपा की मां रोज़ क्यों आती है। आकर वह नईम केलेवाले के पास लगी कुर्सी पर बैठ जाती है। नईम से उसकी अच्छी बनती है। नईम उसके लिए बहुत से काम कर देता है। हम बोले, कुछ औरतों की आदत होती है चेले पालकर रखने की। कोई ज़रूरत हो, तो उसको दौड़ा दो। चेला 'प्रसाद' की उम्मीद में हर काम करता है। नईम भी वैसा ही था? उसकी ज़्यादा उम्र नहीं थी, जब वह केले की दुकान पर बैठने लगा था। एक दिन उसके हाथ में चोट लग गई। उसने सिंपल पट्टी बांध रखी थी। वह उससे फल लेती थी कभी-कभार। पट्टी देखी, तो पूछ लिया। नईम ने बताया--ऐसे ही फल पे चाक़ू चलाते समय कट गया। डिंपा की मां सामने के मेडिकल स्टोर में गई और एक पाउडर, कुछ दवाएं लेकर आई। पाउडर लगाकर पट्टी बांधी और उसे दवाइयां दे दीं। फिर उससे पूछा, 'तू कौन-सी क्लास में पढ़ता है?' बोला, 'ग्यारहवीं में।' वह उसके लिए ग्यारहवीं की चार किताबें और चार रजिस्टर ख़रीदकर लाई। बोली, आज से पढ़ाई में जास्ती ध्यान देने का। पता नहीं, क्यों किया उसने ऐसा, पर उसके बाद से नईम उसका भक्त हो गया। हम बोले, डिंपा की मां आदमी लूटना जानती थी।

तो गुड्डू गांधी एक बार उसके पीछे-पीछे तक उसके घर गया। पहले बिरला गेट से कॉलोनी की बस में उसके पीछे बैठा। बस कॉलोनी के अंदर रुकती थी। आख़िरी स्टॉप तक गया। पीछे-पीछे उसके घर तक, फिर वहीं से कॉलोनी के एक दोस्त के घर चला गया।

फिर उसका नियम बन गया। रोज़ उसके पीछे-पीछे कॉलोनी की बस में, फिर अंदर तक छोड़कर आवे। एक दिन डिंपा की मां के पास बहुत ज़्यादा सामान हो गया।

बेचारी उठा नहीं पा रही थी। इससे पहले कि वह आसपास देखे मदद के लिए, गुड्डू गांधी पहुंच गया। उठाकर बस में रखा सामान। बस में साथ बैठा। यहां-वहां की बात करते हुए टाइम पास किया और उसके बाद घर के दरवाज़े तक छोड़ आया। गांधी तो भीतर जाने की पूरी ट्रिक में था, पर उसने रोक दिया। कहा, 'यहीं रख दो। यहां से मैं एक-एक करके ले जाऊंगी।' गांधी बोलता रह गया कि अंदर तक छोड़ आता हूं, पर डिंपा की मां ने थैंक्यू-थैंक्यू बोलकर उसे विदा कर दिया।

गांधी इससे उत्साहित था। उसने डिंपा की मां के सामने बहाना बना दिया था कि वह कॉलोनी में फलां लड़के का दोस्त है और उसके साथ पढ़ने के लिए रोज़ शाम कॉलोनी में जाता है। तो रोज़ का साथ हो गया।

हम हर रोज़ उम्मीद करते कि आज गांधी कोई बड़ी मटकी फोड़ेगा। आकर बताएगा कि आज ये कर दिया, वो कर दिया, पर उसको इतने में ही बहुत ख़ुशी हो रही थी। वह डिंपा की मां का ज़बर्दस्त पीआर करने लगा था। अगर हममें से कोई उसके बारे में कुछ भी ग़लत बोलता, तो गांधी नड़ जाता। इतनी नड़ीबाज़ी उसने किसी चीज़ के लिए नहीं की थी।

एक दिन गांधी आया। बहुत सनका हुआ। वह किसी भी तरह डेविड को मार डालना चाहता था। हम हैरान।

'मार डालेगा उसको। गया वो साला। आठ इंच का डालेंगा उसके अंदर।'

'ए बाबा। बस कर। हुआ क्या?'

उसके बाद गांधी ने जो सुनाया, तो हंस-हंसकर हम सबका बुरा हाल था। इतना तो हम कभी येड़ा ढेपलू की हरकतों पर भी नहीं हंसे थे।

दो दिन से डिंपा की मां उसे घर में ले जाने लगी थी। पहले दिन तो सच में सामान बहुत ज़्यादा था। डिंपा की मां बोलती रही कि यहीं रख दो, यहीं रख दो। पर गांधी नहीं माना।

डिंपा की मां ने दरवाज़ा खोला, तो गांधी ने एक-एक सामान अंदर रख दिया। उसका घर देखने लगा। टाइमपास करने के लिए बातचीत करने लगा कि घर तो बहुत अच्छा मेंटेन किया है आंटी वग़ैरह-वग़ैरह।

आंटी ने भी उसकी बातें सुनीं और उसे पानी का एक गिलास पिलाया। उसके बाद गांधी बैठने के बारे में सोचने लगा, तो आंटी ने कहा, 'ठीक है गुड्डू। फिर कल मिलते हैं। उम्मीद है, कल मेरे पास सामान ज़्यादा नहीं होगा और मैं तुम्हें इतना परेशान नहीं करूंगी।'

अरे आंटी, अरे आंटी बोलता, शर्मिंदा होने का नाटक करता गांधी निकल गया। अपनी क़िस्मत को कोसता।

दूसरे दिन भी उसे घर के अंदर जाने में कामयाबी मिल गई। आज आंटी ने उसके लिए चाय रख दी थी। वह ख़ुद बोल रहा था कि आंटी, चाय फिर कभी पियूंगा, मैं जाता हूं। पर आंटी ने कहा, आज तो चाय पीकर ही जाओगे।

आंटी चाय बनाने लगी। इतने में दरवाज़े की घंटी बजी। गांधी घबरा गया। आंटी ने आवाज़ दी, 'दरवाज़ा खोलना।'

गांधी ने उठकर दरवाज़ा खोला, तो सामने डिंपा का बाप।

'कौन है तू?'

'म...म...'

डेविड उसे धक्का देता हुआ घर में घुस गया। वह चाय बना रही थी।

'कौन है ये?'

'ये...ग...ग...गुड्डू है।' वह सकपका गई। कांपने लगी। 'वो मेरा सामान ज़्यादा हो गया था, तो ये अंदर तक छोड़ने आ गया था।'

'कित्ता सामान था तेरा?'

गांधी की फट गई। उस दिन सामान था ही नहीं। एक झोला था, जिसमें थोड़ी-सी सब्ज़ी थी। कल ही तो इतना सामान लेकर आई थी बाई।

'इतने से सामान को तू नहीं उठा पा रही थी? असिस्टेंट लेना पड़ गया? तेरा असिस्टेंट और क्या-क्या करता है तेरे वास्ते?'

डिंपा की मां ने गांधी को जाने के लिए कहा।

'नहीं, रुक बेटा, रुक। दो महीने से तुम लोगों का नाटक चल रहा है। बहुत सामान होता है तेरा और तेकों घर के भीतर तक छोड़ने आता है ये। फिर दो-दो घंटे तक सामान ही छोड़ता रहता है। कितना अंदर तक लेती है रे तू इसका सामान?'

'अंकल, जास्ती मत बोलो।' गांधी ने बीच में कहा। उसे बुरा लगा, किसी ने उसकी वाली के बारे में ऐसा कहा। वह तप रहा था। एक तो पहले ही डरा हुआ था। कोस रहा था। आज ही जल्दी भागने की सोच रहा था।

डेविड को बर्दाश्त नहीं हुआ उसका टोकना।

'साले, तू मेरे घर में आकर अय्याशी कर रहा है और मुझको बोल रहा है, जास्ती नको बोलो। तू जास्ती कर रहा है कि मैं?'

और सनाक। डेविड ने गांधी को चैरिटी में दिया। रख के। कान के नीचे लाल।

वह बीच में आ गई। डेविड को एक ओर ले जाने लगी।

'साले, दिखना मत कल से यहां पर। जानता नहीं क्या मेकों? तेसें बड़ा लुक्खा हूं मैं?'

डेविड उस औरत के बस में आने से तो रहा। छुड़ाकर फिर मारने आया। गांधी को संपट नहीं, क्या करे? अगर इधर पब्लिक इकट्ठी हो गई, तो वांदे लग जाएंगे।

वह घूमा, पर तब तक डेविड का एक और हाथ उसके कंधे पर पड़ा। वह बिलबिला उठा। दरवाज़े पर गिरा। तेज़ी से दरवाज़ा खोला। और बाहर। बंदे ने एक शाणपणा किया। दरवाज़ा बाहर से बंद कर दिया। डेविड की गालियों के लिए दरवाज़ा बंद नहीं था। वे दरवाज़े के पार भी वैसे ही आ रही थीं। वह कॉलोनी के बाहर आया। रिक्शा पकड़ा और सीधे हम लोगों के पास। रास्ते भर वह डेविड को टपकाने का प्लान बनाता आया था।

हम जितना हंसते, गांधी को उतनी मिर्ची लगती।

अर्जुन गढ़वाली बोला, 'फोड़ने को तो अभी फोड़ देते हैं उसको। पन ये बता, डिंपा की मां का क्या हुआ? तू तो दरवाज़ा बंद करके आ गया, अब वो तो उसकी फाड़ देगा। बेचारी, भाग भी नहीं पाएगी पेटीकोट में।'

और सारे लुक्खे फन-फन करते हंसने लगे।

उसके बाद वह गांधी से नज़रें नहीं मिला पाई, न ही गांधी उससे। कई दिनों तक तो वह नज़र ही नहीं आई। एक दिन गांधी कॉलोनी में जाकर देख आया कि वह ठीक से तो है। उसे कुछ पता नहीं चला। एक-दो लोगों से पूछने की कोशिश की, तो वो लोग गांधी को ऐसे देखने लगे, जैसे मंगल ग्रह से आया हो। शाम होने के बाद काफ़ी देर तक छिपकर उसके घर के पास खड़ा रहा, तो ट्यूबलाइट की रोशनी में डिंपा की मां का अक्स खिड़की में दिख गया। उसे अच्छा लगा।

वह थोड़ी-थोड़ी देर में डेविड को टपकाने की बात करता, जिस पर गढ़वाली ने उसे हड़काते हुए पूछा, 'शादी करेगा उससे? तेरी उमर के बच्चे हैं उसके, पालेगा क्या?'

गांधी कुछ नहीं बोला।

'फिर कायको उछल रहा है? गप बस, और ढंग का माल ढूंढ़ अपने वास्ते। और हां, माल ढूंढ़, मालगाड़ी नहीं।'

गांधी को फिर बुरा लगा।

'बहुत अच्छी है वो। फुक्कट में उसका आदमी उस पर डाउट करता रहता है।'

'बहुत अच्छी है तो, तेर्को घर में कायको ले के गई?'

'वो तो दोस्ती हो गई थी। ये वास्ते।'

'दोस्ती से ही होता सब शुरू। तू क्या मां बनाने की नीयत से जाता था उसके साथ?'

'नहीं, उसका मरद बहुत ख़राब है। ख़ुद चौबीसों घटे तर्राट रहता है। रांडगिरी में लगा रहता है। अरे, हम दोनों ने साथ में कित्ती आइटम बजाई है। भोत बड़ा चमड़ी है साला।'

'और तू उसी की वाइफ को बजाने चला गया? जब तू उसके साथ ये संब कर चुका है, तो तेर्को अपने घर में देखकर वो क्या सोचेगा? सत्यनारायण करवाने आया है?'

हमें बहुत समय बाद महसूस हुआ कि गांधी दरअसल येड़ा ढेपलू से भी बड़ा फट्टू था। वह गढ़वाली से पूछ ही इसलिए रहा था कि वह मना कर दे। इतना ही मन था, तो बिना पूछे ही डेविड की बजाकर आ जाता। गढ़वाली रोक लेता क्या उसको?

17

इन दिनों डेविड का दुबई वाला भाई आया हुआ था। डेविड दिल से उसके साथ लगा रहता है। भाऊ बोलता है उसको। भाऊ डिंपा पर जान देता है। जब भी आता है, कुछ न कुछ बड़ा गिफ्ट लेकर आता है। पिछली बार आया था, तो डिंपा के लिए मस्त स्पोर्ट्स साइकल और एक स्टडी टेबल लेकर आया था। चॉकलेट-बिस्किट की तो गिनती ही नहीं। डिंपा की मां के लिए हमेशा मेकअप का सामान होता था। और डेविड के लिए दारू। महंगी विदेशी। डेविड से बहुत दोस्ती है उसकी। इतने साल बाद भी याद रखता है, कम है क्या? चार-पांच दिन रहता है, फिर डेविड को लेकर शिरपूर चला जाता है।

इन दिनों आया है, तो सारा समय डिंपा के साथ गुज़ारता है। डिंपा उससे दुनिया भर की बातें पूछता है। उसे बहुत अच्छा लगता है दुबई की बातें सुनना, फ्लाइट की बातें सुनना। एयरपोर्ट पर कितना मज़ा आता होगा, कैसे विदेश में काका अपनी मराठी सुनने को तरस जाता है। टिक-टिक, टिक-टिक, टिक-टिक, टिक-टिक...

भाऊ दुबई में एक होटल में काम करता है। उसका पूरा परिवार शिरपूर में है। वह कमाने के लिए दुबई गया है। उससे पहले दो साल वह बहरीन के एक होटल में रह चुका है। खाना बनाता है। साउथ इंडियन डिश। भाऊ के हाथ का सांबर कभी पी लो, तो अक्खी लाइफ इंडिया में सांबर पीने को दिल नहीं करेगा। काका एक से एक कहानी बताता है। जब वह बहरीन गया था, तो उसके पास बिल्कुल पैसे नहीं थे। एक दोस्त के साथ गया था। उससे पहले मुंबई में लीला में कुक था वो। पर पहले साल वो बहरीन से लौटा, तो सबसे पहले गांव में तीन एकड़ ज़मीन ख़रीदी थी उसने। उसके बाद एक-दो साल में आ जाता है महीने भर के लिए। यहां प्रॉपर्टी खड़ी करता है और फिर चला जाता है। ऐसे ही एक भांजे को उसने डॉक्टरी के कोर्स में डाल दिया है। भाऊ का अपना कोई परिवार नहीं है। शादी ही नहीं की। एक बार डिंपा की

मां ने पूछा था, 'भाऊ, अभी तक क्यों नहीं की? कोई पसंद नहीं आई क्या?'

'जो पसंद आई, उसने अभी तक हां नहीं की।'

बटनवाला के कारख़ाने में भाऊ भी आता था। वह भी दोस्त थी। वह हमेशा डिंपा की मां को हंसती हुई निगाह से देखता था। जवाब में वह भी उसे हंसती हुई निगाह का दान करती थी।

वह खाना परोसती है। भाऊ हमेशा उसके खाने की तारीफ़ करता है। वह अब भी ऐसी तारीफ़ों पर ख़ुश हो लेती है। भाऊ पलंग पर बैठकर खाता है। डेविड की आदत है यह। डेविड को कितनी बार बोला जाए कि डायनिंग टेबल पर बैठ जाओ, उसको नहीं जमेगा। ज़्यादा बोलो, तो ज़मीन पर बैठ जाएगा। ज़्यादा देर तक ज़मीन पर बैठेगा, तो फिर कमर दर्द कहकर चिल्लाएगा। बोलेगा, ठंडी ज़मीन सीधा कमर में घुस गई।

भाऊ तारीफ़ की नज़र से उसे देखने लगा। उसकी आदत है, देखेगा, तो देर तक देखता रहेगा, नहीं तो नज़र भी नहीं उठाएगा।

ये डेविड की तरह क्यों देख रहा है? नहीं, डेविड नहीं, यह तो उसकी तरह देख रहा है? वैसी ही मूंछ है, घनी-मोटी। इसकी भी शर्ट से सीने के जाल वैसे ही झांक रहे हैं? नहीं, यह तो गुड्डू गांधी की तरह देख रहा है? डिंपा की मां उसे देखे जा रही है। उसे लग रहा है, भाऊ को आज पहली बार देख रही है वह। इतने सालों में उसने देखा ही नहीं कि भाऊ उस लड़के की तरह लगता है, जो उसके इंतज़ार में अभी भी बैठा है। क्या उसका इंतज़ार कभी ख़त्म होगा? क्या डिंपा की मां भी किसी इंतज़ार में बैठी है? क्या डिंपा की मां का इंतज़ार ख़त्म होगा? क्या भाऊ का हां सुनने का इंतज़ार कभी ख़त्म होगा? जीसस लौटकर आएगा और कहेगा कि मुझसे यहां नहीं, गैलिली के पहाड़ पर मिलना।

उसने डेविड को वह सपना बताया था। डेविड ने कहा था, 'हां, तेरा इंतज़ार ख़त्म हो गया है।'

'कैसे ख़त्म हो गया?'

'जब मैं तेरे साथ नहीं था, तब भी तेरे साथ था। तेरे सपने में आता था मैं।'

'हां, तभी तो तुम जब बड़े मूड में होते हो, तो कहते हो, डार्लिंग, मैं जा रहा हूं। अब सपने में मिलूंगा तुझसे।'

'हां, सपने में मैं बिल्कुल अलग दिखता हूं। जब तू मेरा सपना देखती है, तो मुझे पता चल जाता है, मेरी आंखों में नींद उतरने लगती है। वे मुंदने लगती हैं। ऐसा लगता है, तेरी नींद मेरी आंखों को अपने पास बुला रही है।'

डिंपा की मां की आंखों में नींद उतरने लगी है। उसकी आंखें मुंद रही हैं।

भाऊ खा रहा है या डेविड? कौन है, जो उसके सामने बैठा है। कौन है, जो इतनी देर से उसे तके जा रहा है? कौन है, जिसकी आंखों का एक कोना उसके लिए गीला रहता है? कौन है, जो सपना देखता है और सामने वाले को सपना दिखाने के लिए अपनी पूरी नींद कुर्बान कर देता है?

भाऊ डिंपा को एक और कहानी सुनाने में लग गया है। डिंपा की आंखें चमक रही हैं। ये जो चमक है, वह खेत में पानी डालने की चमक है। ये बीज बिखेरने वाली चमक आई। उफ़! डिंपा की आंखें कितनी चौड़ी हो गई हैं। ये खेत में हल चलने की चमक है। आंखें फिर पानी से भर गईं। ये बरसात की चमक है। इससे बीज आंखें खोलते हैं। और ये, डिंपा की आंखें हरी हो गई हैं। सपनों की फ़सल लहलहा रही है। डिंपा, चल, सपनों की फ़सल काट लेते हैं, इससे पहले कि एक और बारिश हो और सारी फ़सल चौपट हो जाए। टिक-टिक, टिक-टिक, टिक-टिक...

डिंपा की मां के पास अकेलेपन का एक बीहड़ है। उसमें ये चमक कितनी सुंदर दिख रही है। जब अपनी आंखें बेनूर हो जाएं, तो दूसरों की आंखों की चमक दृश्य देती है।

डेविड की आंखों में ऐसी ही चमक आती थी, जब वह डिंपा की मां के क़रीब बैठता था। सारी ख़ुशियों को पुतली से पकड़ लेने की आकांक्षा।

डिंपा की मां के बदन का रंग बदल रहा है। साहिब बहुत बड़ा रंगरेज़ है। उसकी बातें याद करो, तो रंग बदलने लगता है। उसकी आंखों में उसकी रंग की सफ़ेदी छा रही है। उसका मन कर रहा है कि इसी वक़्त अंधेरा हो जाए, और वह किसी लैंपपोस्ट के नीचे देर तक चुपचाप बैठी रहे। उसका वादा है—जब उदास होना, लैंप पोस्ट के नीचे आ जाना। वहां, जहां रोशनी बहुत कम होती है और जो एक मैदान के किनारे है, जहां सारे विचार और भाषा खो जाएंगे...जहां इस ठसाठस भरी दुनिया के बारे में कुछ कहने को जी नहीं करेगा...जहां भी रहेंगे हम दोनों, वहां नज़र ज़रूर चली जाएगी। हम बिना भाषा, बिना विचार के वहां मिल लेंगे...उस मैदान में, जहां घास होगी हमारी आत्माओं के क़द से ज़्यादा...

कौन आएगा लैंप पोस्ट के नीचे, अगर कभी उदास होकर मैं बैठ गई तो?

18

'मम्मा, भाऊ कैसा लगता है तुझको?'

'अच्छा है न। क्यों, क्या हुआ?'

'मुझे भी बहुत अच्छा लगता है। मैं उसको बोल भी रहा था एक दिन कि काका, तू मेरा बाप होता, तो बहुत अच्छा होता!'

‘तेरा बाप ही अच्छा है रे।’

‘क्या अच्छा है? तू भी बोलेगी अब ये बात?’

‘क्यों? मैंने कब कहा कि अच्छा नहीं है।’

‘पर कहना तो चाहती है न?’

‘नहीं, मेरे लिए बहुत अच्छा है वो। तेर्को दूसरा बाप चाहिए, तो पूछ ले एक बार अपने बाप से।’ वह हंसने लगी।

‘क्या पूछूं कि पापा, मैं तुम्हें रिप्लेस करना चाहता हूं भाऊ से?’

‘हां, पूछ लेना।’ डिंपा की मां ने होंठ दबा लिये।

‘वो मेर्को कुछ नहीं बोलेगा, आ के तुझ पे भड़क जाएगा।’ टिक-टिक, टिक-टिक, टिक-टिक...

‘चुप्प।’ डिंपा की मां ने आंख दिखाई। ‘उसकी आदत है वो, पर दिल से बुरा थोड़े है।’

‘मम्मा, दिल को चाटना होता है क्या? और वैसे भी जो दिल में होता है, वो ही बाहर आता है।’

डिंपा की मां चुप हो गई।

‘मैंने भाऊ से बात कर ली है। मैं अपना पासपोर्ट बनवा रहा हूं। मैं दुबई चला जाऊंगा। यहां नहीं रहने वाला।’

‘क्या करेगा दुबई जाकर?’

‘काका ने बोला है, उसके होटल में बात कर लेगा वो।’

‘पापा से बात कर ले। वो जैसा बोलते हैं...’

‘पापा से बात नहीं करनी। वो कभी नहीं जाने देंगे।’

‘क्यों नहीं जाने देंगे? जाकर अच्छा कमाएगा, तो क्यों मना करेंगे?’

‘मना करेंगे क्योंकि तू भी मेरे साथ जा रही है।’

‘मैं क्यों जाऊंगी? तुझे जाना है तो जा। मैं क्यों जाने लगी?’

‘तू भी चलेगी, क्योंकि मेरे पीछे पापा तेरा जीना हराम कर देंगे।’

‘नहीं रे। मैं उसको छोड़कर नहीं जाऊंगी।’

‘इतना होने के बाद भी? हर दूसरे दिन का ड्रामा है। बात-बात पर मार-पीट।’

‘इसका मतलब घर छोड़कर तो जाना नहीं होता। और जाना ही होता, तो बहुत पहले चली जाती।’

‘चले जाना था, तुझे हम लोगों को लेकर चले जाना था। कम से कम इस माहौल से तो छुट्टी मिलती।’

'देख डिंपा, उसको बताकर जाऊंगी, तो वह जाने नहीं देगा। और बिना बताए जाऊंगी, तो बोलेगा कि भाऊ के साथ भाग गई है वो।'

'तो वैसे भी तो इतना बोलता है। तेरे बारे में कम बोलता है क्या?'

'पर मैंने तो ऐसा कभी किया नहीं। मैं तो सच्ची रही। मुझे क्या फ़र्क़? बोलता रहे।'

'वहीं, तो मैं भी बोल रहा हूं, बोलता रहे, सोचता रहे। कम से कम तेरी लाइफ तो अच्छी रहेगी न!'

'जो चीज़ मैंने नहीं की, उसके लिए क्यों सुनूं मैं?'

'देख, क्या किया तूने, क्या नहीं किया, इससे फ़र्क़ नहीं पड़ता। सवाल एक बेटर लाइफ का है। शिरपूर में क्या किया था, मैंने भी देखा था।'

'क्या किया था मैंने?'

'देखा था।'

'बोल ना, क्या किया था मैंने?'

'हाथ नहीं पकड़ा था उसका।' टिक-टिक, टिक-टिक...बरसों से टाइम बम की तरह बज रहा डिंपा फट पड़ने को था।

'मैंने नहीं पकड़ा था। मैंने सोचा तक नहीं था।'

'तूने हाथ पकड़ा था। पापा तुझ पर चिल्लाता है, तो ऐसे ही नहीं चिल्लाता। बोल ना, भाऊ क्यों आता है रात को तेरे कमरे में?'

सटाक। डिंपा की मां को अब बर्दाश्त नहीं है। उसने अपनी पूरी ताक़त से डिंपा के मुंह पर मारा है। गालों पर नहीं, होंठ पर।

'डिंपा! तू तो अपने बाप की भाषा बोलने लगा है। इतना बड़ा हो गया है तू?'

'तूने जो किया है, वही बता रहा हूं। इज़्ज़त से बोल रहा हूं कि यहां से चले चलते हैं।'

'अरे, तुझको जाना है, तो जा। मुझको क्यों ऐसा बोल रहा है?'

'और तू यहां, जो मर्ज़ी आए, करती रहे? भाऊ ने बोला है, तू आती है, तो वह मुझको भी काम दिलाएगा। तेरे लिए नर्सिंग का काम देखेगा वहां पर।'

'यानी तू मेरा सौदा कर रहा है। मैं जाऊंगी, तो वो तेरे लिए काम देखेगा, नहीं तो...'

'कोई सौदा नहीं है मम्मा। मुझे बाहर जाना है। बस उसके लिए पूछ रहा हूं तुझको। और मैं चाहता हूं कि तू उस आदमी के चंगुल से छूटे, इसलिए बोला।'

'घर से निकालकर बाज़ार में बिठाना चाहता है मुझको? घर में छत है। वहां जाऊंगी, तो भाऊ छोड़ेगा मुझको? जब वो तेरे सामने ऐसी शर्त रख सकता है, जब वो रात को मेरे कमरे में घुस सकता है ज़बर्दस्ती, तो तेर्को लगता है, छोड़ेगा मुझको?'

'मम्मा, अगर तू वहां भाऊ के साथ रहेगी, तो रोज़ तेकों चौराहे पर नंगा तो नहीं करेगा? मारेगा-पीटेगा तो नहीं। कम से कम इज़्ज़त से तो रह लेगी...'

उसने फिर उसके मुंह पर एक हाथ मारा। और फिर दूसरा। और फिर तीसरा।

'मैं मां हूं तेरी...मां हूं...भड़वे, ऐसे कैसे बोल सकता है तू...मां हूं तेरी...इतना ही भला चाहता है तो अपने साथ रख मां की तरह...रंडी की तरह नहीं...मेकों बेचकर तू नौकरी ढूंढ़ेगा...सपना पूरा करेगा...'

उस पर आग हाथ रख गई थी। एक तीली जली थी और उसके नथुनों के ज़रिए उसके फेफडों में घुस गई थी।

'तेकों इतनी ही फ़िकर होती मां की, तो लड़ता अपने बाप से...बोलता उसको कि मां को क्यों मारता है...क्यों शक करता है उस पर...इतना ही मरद था, तो पूछता उससे...पर तू मुझको बोल रहा है...बाप से भी गंदा है तू...वो तो सिर्फ़ इल्ज़ाम लगाता है...सोचता है...तू तो वैसा करके दिखाना चाहता है...छी डिंपा...कैसे बोल दिया रे तूने...'

उसे लग रहा है कि आज वह इतना रोए कि फिर कभी उसकी आंख से आंसू ही न निकलें। वह एक तकिए में मुंह छिपाए है। उसे लग रहा है, उसके पूरे बदन पर एक भी कपड़ा नहीं है। उसकी रूह को नंगा कर दिया गया है। उसने जो चूनर बहुत प्यार से पहनी थी, उसे कोई तार-तार कर गया है।

डिंपा के होंठ फट गए हैं। वह मां को उठाकर बिठाना चाहता है, पर वह उसका चेहरा भी नहीं देखना चाहती। वह चप्पल उठाकर हाथ में ले लेती है।

'हट पीछे...' डिंपा ने तेज़ी से उसे धक्का दिया। 'क़सम खा रखी है मेरी बात को न समझने की...तू न...मेरे बाप के लात खाने की आदी हो गई है...'

डिंपा दनदनाता हुआ वहां से चला गया।

उसकी मां ज़मीन पर एक तरफ़ पड़ी उसका जाना देखती रही।

19

अंधेरा बहुत हो गया है। आसपास कोई आग नज़र नहीं आती, लेकिन पूरी दुनिया का धुआं यहां जमा है। नाक से घुसता है, फेफडों को ज़ख़्मी कर देता है। पूरा धुआं आंख में जा रहा है। आंख की दीवार पर एक भारी खुरचन है। लाख कोशिश है कि आंखें खोल ले, पर कोई पलकों को रस्सी से बांधकर नीचे की ओर खींच रहा है। क़ाबू ही नहीं। मुंदी जा रही हैं। इतना गाढ़ा धुआं कहां से आ रहा है?

लैंप पोस्ट के नीचे आज रोशनी बहुत कम है। पीली रोशनी ने बग़ावत कर दी है। इतना गाढ़ा धुआं और इतनी कम रोशनी। एक पत्थर रखा है लैंप पोस्ट के नीचे।

सफ़ेद रंग का पत्थर। कोई एक बैठ सकता है बस। सिकुड़कर। घुटनों के बीच सिर छिपाकर। काली रंग की एक शॉल ओढ़कर। आधे चेहरे पर शॉल लपेटकर। चेहरे पर सिर्फ़ इतनी जगह बचती है कि एक जोड़ी आंखें उसमें से झांक सकें। आंख, जिसमें पिटा हुआ आंसू होता है। आंख, जिसमें उम्मीद और इंतज़ार का अर्क़ होता है। आंख, जिसे कोई ध्यान से देखे, तो उसकी भाषा सुन सकता है। आंख, जहां से रूह शरीर में प्रवेश करती है। आंख, जहां से ईश्वर अपनी रज़ा बताता है। आंख, जिसे देखकर ईश्वर हमारी रज़ा समझ जाता है। मैं बैठी हूं यहां एक काली शॉल ओढ़कर चेहरे को ढांप, रूह का बदन पहनकर। मुझे मिलना है तुमसे इस जगह, जहां एक मैदान है...

ऊपर से रोशनी गिरती है, जैसे मद्धिम बारिश में बूंदें। बेआवाज़।

बेआवाज़ पिटी है आज वह। सुबह से ही तांडव मच गया था घर में। डेविड अपने सबसे उग्र रूप में था।

तूने भाऊ को भी नहीं छोड़ा?

मैंने क्या किया?

तू रात को भाऊ के कमरे में क्यों घुस गई थी?

मैं कब घुसी उसके कमरे में?

भाऊ ने ही बताया मुझको। पूछ रहा था, तुझे नींद में चलने की बीमारी है क्या?

मैं नहीं गई थी भाऊ के कमरे में। वो आया था मेरे पास...हाथ जोड़कर कह रहा था...चल मेरे साथ दुबई चल...तेरे बिना नहीं जी सकता...

झूठी औरत।

पूछ ले उससे...आज से नहीं...दस साल से बोल रहा है वो मेकों...मेरे साथ चल करके...

डेविड का हाथ फिर चलने लगा था। एक चित्रकार, जो अपनी कृति पर तेज़ी से रंग फेंक रहा है, ऐसे कि पूरे चित्र को रंगों का कसाईबाड़ा बनाकर रख देगा। किसी की गरदन पर तलवार चला दी हो, तो सिर्फ़ एक ही रंग चारों दिशाओं में फैलेगा। डिंपा की मां पर एक ही रंग फैल रहा था। पहले उसकी आंखों का रंग बदला। फिर उसके गालों का। फिर उसके होंठों का। उसके पूरे बदन का रंग बदल रहा है। उसके रंगरेज़ साहिब ने आज फिर उसका रंग बदल दिया है। उसकी चूनर में फिर उसने अपनी ही मर्ज़ी का रंग भरा है। उसकी मर्ज़ी पूछी तक नहीं है।

वह रो नहीं रही थी। बस पिट रही थी। कोई आवाज़ नहीं। पहले चार खाती, तो एक लगा भी देती थी। चार गालियों के बदले एक बार भड़वा तो कह देती थी। उसने अपने बदन को चूनर की तरह बिछा दिया है। हरी घास के ऊपर बिछी हुई चूनर।

तेरी रज़ा। मेरी रज़ा। तू ही मेरा क़ाज़ी।

उसने आंखें बंद कर ली हैं। साहिब रंग रहा है उसकी चूनर। चूनर सीतल हो रही है। रंगरेज़ पियारा चतुर सुजान आज फिर दयाल हुआ है। लग रहा है सब कुछ उस पर बार दूं रे तन-मन-धन और प्रान। उसे लग रहा है कि कितना प्यार कर रहा है। सारा कुछ आज ही उड़ेले जा रहा है। मैं कैसी एक हलकी चूनर में बदल गई हूं। वह पीट रहा है। मैं उड़ रही हूं। मेरा बदन हवा से हलका हो गया है। रुई हूं मैं। सफ़ेद रुई का लिहाफ़ ओढ़ रखा है मैंने। मुझे घाव नहीं लग रहा। चूनर को घाव कहां लगता है? मैं तो एक रूह में बदल गई हूं। रूह कहां रोती है? वह तो बस देखती है ख़ुद पर चढ़ती हुई चूनर का रंग।

वह लैंप पोस्ट के नीचे खड़ी है, जहां उसने किसी को इंतज़ार करने के लिए कहा था। वह कब से कर रहा है इंतज़ार? उसका साहिब भी तो वहां इंतज़ार ही कर रहा है? वह ख़ुद भी वहां इंतज़ार कर रही है? वहां, जहां सिर्फ़ कोई एक बैठ सकता है। जहां सिर्फ़ एक पत्थर है। जहां सिर को घुटनों में छिपाकर बैठा जाता है। जहां रोशनी ऐसे गिरती है सिर पर बेआवाज़, जैसे बूंद गिर रही हो।

(2008)

●●●